全国财经类“十三五”规划教材·基础课系列

财经应用文写作

附全套范例模板

Finance and Economices Practical Writing

方玲 万立群 ◎ 主编　薛章林 陈回花 ◎ 副主编

人 民 邮 电 出 版 社
北 京

图书在版编目（CIP）数据

财经应用文写作 ：附全套范例模板 / 方玲，万立群主编. -- 北京 ：人民邮电出版社，2020.12
全国财经类“十三五”规划教材基础课系列
ISBN 978-7-115-52298-6

Ⅰ. ①财… Ⅱ. ①方… ②万… Ⅲ. ①经济－应用文－写作－高等学校－教材 Ⅳ. ①F

中国版本图书馆CIP数据核字(2019)第232695号

内 容 提 要

本书旨在帮助读者掌握各种类型财经应用文的写作方法。全共10章，主要内容包括财经应用文概述，财经应用文写作基础，通知与通报、公告与通告、请示与报告、会议纪要与函等财经公务文书的写作，条据、计划、总结、规章制度等财经事务文书的写作，市场调查报告、市场预测报告、财务分析报告、可行性研究报告、审计报告、财务预决算报告等财经报告文书的写作，产品说明书、财经新闻、经济评论、广告文案等财经宣传文书的写作，营销策划书、广告策划书、会展策划书等财经活动文书的写作，商务函电、招标书、投标书、合作意向书、协议书、经济合同等财经契约文书的写作，仲裁文书与经济诉讼文书等财经诉讼文书的写作，以及介绍信、证明信、表扬信、慰问信、感谢信、邀请信、贺信等社交礼仪文书的写作等。

本书可作为高等院校相关课程的教材，也可作为各行各业人士学习财经应用文写作的参考书。

◆ 主　　编　方　玲　万立群
　副 主 编　薛章林　陈回花
　责任编辑　许金霞
　责任印制　周昇亮

◆ 人民邮电出版社出版发行　　北京市丰台区成寿寺路11号
　邮编　100164　　电子邮件　315@ptpress.com.cn
　网址　https://www.ptpress.com.cn
　北京捷迅佳彩印刷有限公司印刷

◆ 开本：787×1092　1/16
　印张：14.75　　2020年12月第1版
　字数：372千字　　2025年2月北京第8次印刷

定价：49.80元

读者服务热线：(010)81055256　印装质量热线：(010)81055316
反盗版热线：(010)81055315

前言

应用文是人类在长期社会实践活动中形成的一种文体，具有独特的惯用格式，是人们传递信息、处理事务、交流情感的工具。随着社会的发展和科学技术的进步，应用文也将发挥越来越重要的作用，成为管理国家、处理政务、传递信息、发展科学，以及人们在社会交往、思想交流中使用的重要工具。财经应用文写作不仅是高校财经类和管理类相关专业的一门公共基础课，也是财经工作者经常需要面临的一种写作实践。因此，熟练掌握财经应用文写作的方法，不但是经济管理活动的具体要求，更是社会经济发展的必然趋势。

随着网络信息时代的来临，越来越多的人逐步丢失了基本的写作能力。各种数码通信设备上输入法的频繁使用，导致人们对汉字、词语越来越陌生。更可怕的是，对于行文结构、逻辑、文字表达也缺少积极主动的思考。对于财经应用文而言，完善的内容、合理的结构、清晰的逻辑，以及准确流畅的文字表达是非常必要的。

为此，本书以提高财经应用文写作能力为目的，希望通过对本书的学习，读者能够掌握各种财经应用文的写作方法，为将来工作、学习和生活提供帮助。

【本书特色】

- 先讲基础，后讲范例。本书对财经应用文的基础知识进行了全面讲解，并在此基础上，依次介绍各类财经应用文的写作方法，以便于读者更好地消化吸收。

- 种类齐全，范例丰富。本书针对各种类型的财经应用文，都给出了典型的范例；并对各类应用文的特点、种类、写作方法、写作格式进行了详细讲解，进而可以使读者对各种文种有更系统的认识。

- 栏目多样，知识面广。本书在讲解过程中使用了“新手解谜”“经验之谈”等栏目，在丰富本书内容的同时，可以使读者更加轻松的学习并获取更多与财经应用文相关的有实用价值的内容。

- 范文模板，举一反三。本书配备了大量的财经应用文范文，以提高读者的写作能力，达到举一反三的目的。

【本书内容】

本书共分 10 章，各章内容如下。

第 1 章　主要介绍了财经应用文基础知识。包括财经应用文的含义、特点、作用和类别，以及财经应用文的写作思路与撰写财经应用文应该具备的能力。

第 2 章　主要介绍了财经应用文写作基础。包括财经应用文的写作规范，以及财经应用文主题、资料、结构、语言的相关知识等内容。

第 3 章　主要介绍了财经公务文书写作基础，以及常见的通知与通报、公告与通告、请示与报告、会议纪要与函等财经公务文书的写作方法。

第 4 章　主要介绍了条据、计划、总结、规章制度等财经事务文书的写作方法。

第 5 章　主要介绍了市场调查报告、市场预测报告、财经分析报告、可行性研究报告、审计报告、财务预决算报告等财经报告文书的写作方法。

前言

第 6 章　主要介绍了产品说明书、财经新闻、经济评论、广告文案等财经宣传文书的写作方法。

第 7 章　主要介绍了营销策划书、广告策划书、会展策划书等财经活动文书的写作方法。

第 8 章　主要介绍了商务函电、招标书、投标书、合作意向书、协议书、经济合同等财经契约文书的写作方法。

第 9 章　主要介绍了仲裁文书与经济诉讼文书等财经诉讼文书的写作方法。

第 10 章　主要介绍了介绍信、证明信、表扬信、慰问信、感谢信、邀请信、贺信等社交礼仪文书的写作方法。

【特别说明】

若需获取本书范文的完整电子档资料，可登录人邮教育社区（www.ryjiaoyu.com），搜索本书书名后即可进行下载。

本书由方玲、万立群担任主编，薛章林、陈回花担任副主编。方玲编写了第 1 章、第 2 章、第 3 章、第 10 章，并负责全书统稿工作；万立群编写第 4 章、第 5 章；薛章林编写第 6 章、第 7 章；陈回花编写第 8 章，邵光编写第 9 章。对书中的纰漏和不成熟之处，恳请专家、读者批评指正。

编　者

2020 年 6 月

目 录

目 录

目 录

目 录

第1章

财经应用文概述

随着社会主义市场经济的不断发展和完善，各种经济活动也变得越来越频繁和重要，这就使得财经应用文有了更加广阔的发展前景。财经应用文是应用文的一个分支，它能够为经济活动提供必要的文字资料，以确保经济活动能够顺利地开展。

本章将介绍与财经应用文相关的基础知识，读者只有正确理解了这些知识，才能更好地学习后面章节中各种财经应用文的写作方法和技巧。

知识目标

① 了解应用文的含义与特点和财经应用文的含义。
② 了解财经应用文的特点和作用。
③ 熟悉财经应用文的类别。
④ 掌握财经应用文的写作思路。

技能目标

熟悉并掌握撰写财经应用文应具备的基本能力。

1.1 应用文与财经应用文

应用文是人类在长期的社会实践活动中形成的一种文体，主要用于以明文规定或约定俗成的惯用格式来传递信息和处理事务。财经应用文则是应用文中的一种，主要用于处理各种与经济活动相关的事宜。

1.1.1 应用文的含义与特点

严格来讲，应用文并没有统一和准确的定义。就写作目的而言，应用文的写作目的是解决实际的公务或个人问题，这与以艺术创作为目的文学写作有天壤之别。因此可以说，应用文是带有某种固定格式的、用于解决实际问题的一类文体。

应用文一般具有以下显著的特点。

- **实用性强**：应用文在内容上十分重视实用性，由于应用文主要用于处理各种事务、解决各种实际问题，所以具有实用性。
- **真实性强**：应用文叙述的事实是客观存在的，如一些党政公务，它所传达的上级指示精神是确定的，不能经过任何艺术加工，所以具有真实性。
- **针对性强**：应用文根据不同的领域、不同的具体业务、不同的行文目的，使用不同的文种，所以具有针对性。
- **时效性强**：应用文在传递信息、解决实际问题等方面具有很好的效果，但是须注意时间和效率，讲究时效性。
- **格式固定**：应用文有其惯用的格式和风格。一些应用文的格式是国家法律法规明文规定的，一些应用文的格式是在长期写作过程中逐渐形成的。应用文格式的固定，既提高了应用文的传达效率，同时也更好地发挥了它作为工具的作用。

1.1.2 财经应用文的含义

财经应用文作为一种专用文书，可以从广义和狭义两个角度进行理解。

广义的财经应用文是指人们在财经工作中所使用的各类反映经济活动内容的文书的统称，既包括财经专业文书，同时也包括一些在其他社会领域或部门被广泛应用的文书；狭义的财经应用文则专指各类只为财经工作所用的财经专业文书，是专门用于经济活动的经济应用文文体的统称。财经应用文是在财经活动中逐渐形成并发展起来的，是财经工作中经常使用的一种专业应用文文体。

1.2 财经应用文的特点

财经应用文有其自身的独有特点，了解这些特点，有助于后面更好地掌握财经应用文写作的规律、规范、要求和要领。

1.2.1 政策性

国家机关、社会团体、企事业单位和其他经济组织的财经业务活动，都是在国家的财经法规、规章、政策的指导下进行的。国家的方针政策是一切财经工作的生命线，作为反映财经业务活动的财经应用文，必然要以国家的路线、方针、政策为依据，以国家颁布的经济政策、法律、法规、条例、章程等为准则。

财经应用文的内容要符合国家财经政策法规的要求，不能存在与之相左的内容，必须体现出鲜明的政策性。同时，财经应用文写作的过程就是对国家财经政策的宣传、贯彻和落实，如法规性通知、意见、规章制度等。换句话说，财经应用文本身就是某一政策的载体。由此可见，财经应用文的内容具有很强的政策性。

1.2.2 真实性

真实性是对财经应用文内容的根本要求。反映在内容上，就是要求取材真实，文中所提供的信息必须客观准确，所反映的事件、处理的事务、表现的时间、引用的数字都应完全真实可靠，和实际情况没有出入，绝不允许任意编造、弄虚作假。

另外，财经应用文所反映的财经活动中的客观事物不能只局限于表面的真实，还应反映财经实践活动的客观规律，即本质上的真实。否则，没有反映事物的本质，同样会造成财经应用文内容的失真。

1.2.3 专业性

财经应用文反映的是财经领域的经济活动，传递的是各项财经工作的信息，这要求财经应用文应具备较强的专业性，这主要表现在以下3个方面。

- **内容的专业性**：财经应用文写作的最终成果就是各种财经应用文，它们主要运用于财经领域的各个管理部门。财经应用文反映的内容主要是具体的财经业务活动，具有显著的专业特征。
- **语言表述的专业性**：财经应用文结合了许多经济学和管理学方面的原理和方法，使用了较多的财经专业术语，运用了大量的统计数据、图表来说明问题，具有明显区别于其他专业应用文的语言表述。
- **作者的专业性**：内容的专业性和语言表述的专业性决定了财经应用文作者的专业性。财经应用文的作者必须熟悉并掌握财经领域的运行规律，了解各项财经工作的特点，判断不同财经信息的价值，发现财经活动中的新事物或新问题，提出解决问题的办法，预测经济活动的走向。

经验之谈

现在民间各种从事财经应用文写作的实体组织得到了迅速发展，如各类咨询公司、理财公司、律师事务所、会计师事务所、审计师事务所、调查公司等。这些实体组织都是通过高素质、专业化的专职人员来为从事财经活动的各种顾客提供服务。财经应用文写作的专业化、社会化、服务化是未来发展的方向。

1.2.4 规范性

虽然财经应用文的文体繁多、形式各样，但这并不影响它的规范性。文种的规范性、格式的规范性、语言的规范性等，都体现了财经应用文的规范性这一特点。

- **文种的规范性**：不同文种有其不同的撰写方式。例如，市场调查报告、经济管理决策报告适用叙述方式撰写；商业广告、产品说明书适用说明方式撰写。
- **格式的规范性**：财经应用文的格式包括法定格式和惯用格式。法定格式即强制规定的格式，如《党政机关公文处理工作条例》对党政公文的写作格式做了明确的规定；惯用格式即在长期使用过程中逐渐形成并被承认和接受的约定俗成的格式，如经济合同、招标书和投标书等的写作格式。
- **语言的规范性**：财经应用文的写作必须使用规范的财经语言，包括财经专业术语和数据、图示、缩写、符号、计量单位等，都应符合财经领域的专业规范。

1.2.5 实用性

财经应用文的实用性是指财经应用文作者在文中所提出的办法、措施要切实可行。财经应用文的写作目的并不是供人欣赏和收藏，而是回答和解决人们在经济领域中所发现和提出的各种问题，服务经济生活、经济活动、财经工作和经济建设的需要，推动国民经济持续、稳定、健康地向前发展。因此，财经应用文必须遵循实用性的原则，才能据以办事、解决实际问题。

1.2.6 时效性

财经应用文一般用于在特定时间内处理特定问题，具有一定的时效性。例如，通告、通知、批复等，一旦工作完成，就失去效用，转为档案备查；又如，市场调查报告、投标书、市场预测报告等，都是针对不同项目、在不同时期所做的工作，一旦错过时机，所做的工作也就付之东流。随着经济活动节奏的加快，机关、企事业单位的工作效率也必然加快，必然要求为之服务的财经应用文更加迅捷、高效。

1.3 财经应用文的作用

财经应用文对现代经济活动的进行和社会经济的发展起着重要的作用，而由于党政机关、企事业单位、社会团体等市场主体之间的经济业务活动日趋频繁，对财经应用文的重视也达到了前所未有的高度。财经应用文在经济全球化背景下的经济建设中发挥着越来越大的作用。

1.3.1 科学决策，加强财经管理

无论是国家制定的国民经济发展战略和规划、确定的经济目标，还是发布的与财经政策相关的文件，财经应用文都是这些对象的应用手段和载体。同样，无论是企业在前期进行市场调查、市场预测、行政请示，或是在项目实施过程中书写实施方案，招标/投标书，各种工作通知、报告，订立经济合同，又或是项目结束后撰写工作总结报告和产品说明书等，都需要运用财经应用文来落实具体的工作任务，利用财经应用文来指导财经工作、加强对财经工作的管理。

1.3.2 反映经济业务活动，提高经济管理效率

财经应用文在记录财经工作内容、反映经济业务活动情况的同时，还用文字记载了财经管理的要求和经济业务活动的情况，从而具备了反映经济业务活动的功能，并成为从事财经管理工作和经济业务活动的凭证。这种作用具体体现在以下 3 个方面。

（1）相关部门在制定经济政策、做出财经决策时，可以把财经应用文所反映的客观事实作为依据和凭证。

（2）下级机关、企事业单位在开展工作、处理问题时，上级机关发布的有关法规、指示、决定等文件是执行任务和解决问题的重要依据和凭证。事业单位在进行奖惩时，相关规章制度也是奖惩执行的依据。

（3）有些财经应用文不仅能指导当时的各项财经工作，在归档后也能对今后的经济工作起到查考、凭证的作用，具有重要的史料价值。

在经济管理方面，各市场主体在开展财经业务活动时要讲究规范性和效率性，要按照国内外市场的惯例、准则来规范活动行为，不能随心所欲、杂乱无章地从事财经业务活动，而应当在规范管理、规范经营的基础上提高自身的工作效率。财经应用文可以在这方面起到积极作用，例如各种法规性公文、规章制度、审计报告、合同、经济纠纷诉状等，都有助于有效提高经济管理效率。

1.3.3 宣传政策，传播财经信息

财经应用文有不少文种，如决定、通知、通报、条例等，本身就是政策载体，用于宣传党和国家的方针政策以及表彰先进、批评错误、推广经验等。在市场经济条件下，信息不仅是一种资源，还是一种产业。财经工作离不开对信息的搜集与传播，作为信息的载体，财经应用文在上传下达、内外交流、宣传产品和树立企业形象等方面发挥着越来越重要的作用。

1.4 财经应用文的类别

财经应用文因其编著目的不同、使用对象不同等原因，有着不同的分类标准。一般而言，可以将财经应用文按照文种性质的不同进行分类，其中包括财经公务文书、财经事务文书、财经报告文书、财经宣传文书、财经活动文案、财经契约文书、财经诉讼文书和社交礼仪文书等。

1.4.1 财经公务文书

公务文书是指党政机关、企事业单位、社会团体在处理公务时通常使用的文书。这类文书各行各业都要使用，主要包括公告、通告、通知、通报、意见、请示、批复、会议纪要与函等。财经公务文书也属于公务文书的范畴，即由财经部门或财经人员写作和发布的与财经活动相关的公文。

新手解谜——党政机关公文的种类

根据《党政机关公文处理工作条例》第八条的规定，党政机关公文共有 15 种，分别是决议、决定、命令（令）、公报、公告、通告、意见、通知、通报、报告、请示、批复、议案、函和纪要，其中纪要通常指会议纪要。

1.4.2 财经事务文书

财经事务文书指企业发生的与财经业务直接相关的、处理日常事务时常用的一种文书。财经事务文书不仅可以帮助企业发展业务，制订企业的发展目标与计划，还可以起到宣传教育、规范行为的作用。常见的财经事务文书包括条据、计划、总结与规章制度等。

1.4.3 财经报告文书

财经报告文书主要指调研决策类报告文书，即在经济活动开展的不同阶段、经济项目实施的不同环节所使用的专业性较强的文书。市场调查报告、市场预测报告、财务分析报告、可行性分析报告、审计报告与财务预决算报告等，均属于财经报告文书。

1.4.4 财经宣传文书

财经宣传文书指在商务活动中，可以帮助各单位、各部门进行传播与宣传，或有利于企业宣传销售产品的重要文书，它能够有效地帮助企业在市场上与其他产品进行竞争。常见的宣传文书包括产品说明书、财经新闻、经济评论与广告文案等。

1.4.5 财经活动文书

财经活动文书是用于活动的策划、宣传和推广的一系列文书，是事先对市场活动做出整体规划的一类书面文件，包括营销策划书、广告策划书与会展策划书等，这些策划书将为活动的顺利开展提供行动指南。

1.4.6 财经契约文书

财经契约文书是商务活动中贯穿整个经济合同签订流程的一系列财经应用文文书，包括商务函电、招标书、投标书、合作意向书、协议书与经济合同等。财经契约文书同时也是一种双方在平等商洽的基础上进行事务性合作的常用契约性文书。

1.4.7 财经诉讼文书

财经诉讼文书指与企业发生的经济纠纷相关的文书，可以用于帮助企业更好地解决各种经济纠纷问题，如起诉状、上诉状、申诉状等。

1.4.8 社交礼仪文书

人们在工作中必不可少地需要与人打交道，因此在处理财经相关事宜时，难免会用到一些必要的社交礼仪文书，这也是财经领域工作者应掌握的一类文体。常见的社交礼仪文书包括介绍信、邀请信、感谢信、表扬信、证明信、慰问信、贺信以及致辞信等。

1.5 财经应用文的写作思路

财经应用文的种类很多，但写作思路都是相似的，整体思路大致可以划分为3个阶段，即准备阶段、写作阶段和校验阶段。其中，准备阶段包括对财经应用文的主题的明确和材料的搜集；写作阶段分为财经应用文的框架的创建和内容的写作；而校验阶段则为检查校验已经完成的文章。

1.5.1 明确主题

明确主题，就是要弄清这份财经应用文的写作目的是什么。主题的形成大致有3种情况。

（1）主题在成文前确定，即所谓的“主题先行”，这也是财经应用文有别于其他文体的主要特征之一。根据领导意图、上级有关精神，或有关文件、政策等的要求，预先确定一个主题，再围绕它组织材料、实施写作。因此，财经应用文的主题不是通过提炼产生的，而是预先确定的。

（2）有时在领会上级有关精神后，确立的只是一个临时的主题；围绕该主题进行调研后，再对得到的材料进行分析、归纳，此时产生的结论才是真正的主题。

（3）如果调研后对原先的主题进行了修改，那么就需要重新确定主题。

实际上，以上这3种主题的产生情况是相辅相成的，互相运用才能确定出最好的主题。明确主题后，为了更好地搜集资料并着手写作，还应该思考这篇财经应用文应该选择什么文种、受文对象和范围如何、主要写什么内容等，具体如下。

- **选择文种**：给上级领导的文书，应该写报告还是请示？如果写报告，应该写专题报告还是综合报告？如果写请示，应该写请求批准的请示还是请求指示的请示？写给下级的文书，应该用针对下级机关的请示、意见被动式行文，还是发现普遍存在问题而主动发文？如果是写批复，应该写指示性批复还是批准性批复？

- **弄清财经应用文发送的对象和范围：**主要是弄清财经应用文拟制后，是向上级领导汇报，还是向下级机关指导工作，或是给领导和机关人员阅读，或是向其他群体传递某种信息等。弄清了发文对象和范围，也可以进一步判断文种的选择是否正确。

- **财经应用文的主要写作内容：**如果是写报告，就要思考汇报什么内容，或反映什么情况；如果是写请示、意见，则需要思考要上级审批什么、指示什么，还是解决什么问题；如果是写通知，则需要思考是安排任务，还是传达信息或精神等。

1.5.2 搜集资料

发文的目的和主题确定后，要围绕主题搜集资料，并进行一定的调研工作。搜集资料和调研是一个需要充分酝酿和构思的过程，通过对大量材料的搜集、掌握与分析，可以更加透彻地理解财经应用文的主题。当然，这里所说的搜集资料，针对的是工作计划、调查报告等内容较复杂的文种，而不是通知、请示、公告等相对简单的文种，虽然这类公文也需要搜集资料，但过程比较简单，也不需要酝酿和分析。

假设需要搜集撰写部门年度工作报告的资料，可以从以下几个方面着手。

（1）国家的有关方针政策。

（2）上级的有关精神、要求和布置的任务。

（3）本部门去年的工作报告和本年度的工作计划。

（4）上级机关下达的工作计划。

（5）本部门一年来制发的主要文书，下级机关单位报送的工作报告、统计报表，有关重要会议的文件，本部门大事记等。

经验之谈

搜集资料包括搜集直接资料和搜集间接资料两种。如拟制调查报告，搜集的直接资料可能就有调查的结果、调查对象的信息等；搜集的间接资料则包括教科书、专著、期刊、索引等。总之，搜集资料应该全面而细致，不能滥竽充数，否则会影响公文写作的质量和效率。

1.5.3 创建框架

创建框架指拟制财经应用文的提纲，安排财经应用文的结构。简短的文书不需要拟制提纲就可以直接写作，但对于篇幅较长的财经应用文，拟制一个写作提纲可以使作者更熟悉它的结构，有利于作者顺利进行写作，避免半路返工。

拟制提纲前，可以思考先写什么，再写什么，内容一共分几段、分几层等。篇幅长的、非常重要的文书，需拟出较详细的提纲，如正文分为几个部分，每部分讲哪些内容，各个内容的要点是什么等。提纲也有个反复修改补充的过程，即拟出提纲后还需要进行反复讨论、修改、补充，以保证后期写作时不会偏题或是跑题。

1.5.4 撰写内容

撰写内容就是开始财经应用文的起草。这个过程一是要注意财经应用文的观点要鲜明，观点和材料要充分结合；二是文字要简练，交代的问题要清楚。只有观点和材料结合得好，才能使这篇财经应用文符合准确性、鲜明性、生动性的要求。例如，只有观点而没有材料，受文对象就很难理解观点，或者即使理解观点后，也不知道怎么学习、怎么贯彻等；而只有材料没有观点，就更不知道应该学习什么和贯彻什么了。

1.5.5 检查校验

财经应用文的内容拟定后，一定要反复地看几遍，并耐心仔细地检查、修改，通过检查、修改既可提高文件质量，也为领导人顺利审核签发这份文件打下了良好基础。好的文书都是反复修改出来的，财经应用文更是如此。例如，删除可有可无的语句和段落，改正没有说清楚的地方，使观点更加鲜明；推敲词句，调整结构，使表达更加准确得当。

1.6 撰写财经应用文应具备的能力

财经应用文因其特有的专业性，要求作者应当具备一定的专业能力，才能在写作时得心应手，最终写出高质量的文书。

1.6.1 熟悉经济理论和国家政策

要想熟练地进行财经应用文的写作，作者应具备一定的政策理论水平。任何社会工作的顺利开展都离不开政策理论的指导与制约，财经工作同样也是如此，它的开展也不能离开党和国家的方针政策及理论的正确指导与宏观制约。因此，要想写好财经应用文，就应当认真研究党和国家的路线方针，加强政策理论学习。

例如，我国将不断增强可持续发展能力，而改善生态环境作为全面建成小康社会的目标之一，应当在进行某些财经工作规划时，就将此项财经工作的开展对可持续发展的影响、对生态环境的影响考虑进去。在预测某项财经工作的效益时，也要将这项财经工作的可持续发展成本考虑进去，不能因盲目追求经济效益而与国家政策背道而驰。

所以，财经应用文作者应当重视学习与研究党和国家的经济方针政策以及各种法律法规，弄清现行经济方针政策的实质，进而有效地通过财经应用文去宣传、贯彻党和国家的各项经济方针政策，达到推动经济可持续发展的目的。

1.6.2 综合分析能力

综合分析指将对象的各个部分、各个方面、各个环节、各个因素都联系起来加以整体分析，是认识事物、形成概念的重要思维方法。综合分析能力是写好财经应用文应具备的能力之一，只有依靠作者的分析能力和综合判断能力，对现象进行研究分析，才能找出问题所在。

特别是对于一些财经数据而言，综合分析并不仅仅只是数字之间的简单对比，而是通过数字之间的对比产生的结果，找出数字之间的内在联系，以反映根本的问题。例如，某企业 2016 年的主营业务收入为 11 720 万元，较 2015 年增加了 1 520 万元，增长率为 14.9%；利润总额为 860 万元，较 2015 年增加了 82 万元，增长率为 10.5%；流动资产平均余额为 720 万元，较 2015 年减少了 30 万元，增长率为-4%；流动资产周转天数为 30 天，较 2015 年减少了 5 天，增长率为-14.3%。

通过对上述数据进行综合分析可以得知，该企业主营业务收入增长了 14.9%，同时流动资产平均余额降低了 4%，实现了销售收入增长的同时存在小幅减资；因此，流动资金周转速度加快了5天，这样相对节约了占用的流动资金。但是，利润的增加幅度低于主营业务收入的增加幅度，说明主营业务利润率在下降。

从上述分析可以看出，综合分析能力的强与弱，可以决定一篇财经应用文质量的高与低。综合分析能力是财经应用文作者应当不断培养并加强的能力之一。

1.6.3　逻辑判断能力

在财经应用文写作中，要想得出正确的概念，或给客观事物做出正确的判断，必须依靠较强的逻辑判断能力，通过综合、比较、抽象、概括等方法对经济现象进行分析，反映经济现象的本质，体现经济现象的内在联系及经济工作的内部规律。因此，财经应用文作者应当有意识地进行逻辑判断能力的训练，努力做到能够全面、具体、严密、深刻地思考和分析客观事物，并正确地通过财经应用文表现出来。

1.6.4　财经业务能力

高质量的财经应用文的作者无疑是非常熟悉经济业务的。应用文写得好不好、问题揭示得深不深入、制定的规章起不起作用，与作者是否熟悉经济业务有着十分密切的关系。专业性较强的财经应用文，会要求作者具有较强的业务能力。只有平时多学习、多思考，通过不断地积累和总结，不断提高财经业务能力，作者才能胜任财经应用文撰写工作。

思考与练习

（1）应用文、财经应用文、财经应用文写作是相同的概念吗？
（2）财经应用文有哪些特点？
（3）财经应用文是如何反映经济业务与经济活动，提高经济管理效率的？
（4）财经应用文的写作思路有哪些环节？
（5）撰写出一篇高质量的财经应用文，需要作者具备哪些能力？

第2章

财经应用文写作基础

财经应用文作为一种在各种商贸活动中使用的文书，种类较多。因写作对象和事项的不同，依照不同的标准，财经应用文可分为不同的类别，但实际上，财经应用文大多拥有固定的格式。其中，主题、资料、结构、语言手法作为基础要素贯穿财经应用文写作的始终，奠定了财经应用文写作的基调。

本章将从财经应用文的写作规范、主题、资料、结构和语言手法等基础知识出发，介绍财经应用文写作的基础要素和技巧，为后面学习各个文种的写作打下基础。

知识目标

① 了解财经应用文的写作规范。

② 掌握财经应用文主题。

③ 掌握财经应用文资料的选取方法和运用技巧。

④ 掌握财经应用文结构。

⑤ 掌握财经应用文语言。

技能目标

熟悉并掌握财经应用文写作的基础要素和技巧。

2.1 财经应用文的写作规范

财经应用文作为应用文的一种，应遵守一定的写作规范，写作内容应符合要求。一般来说，财经应用文写作应满足下面5个方面要求。

2.1.1　观点正确

经济与政治密切相关，党和国家的路线、方针和经济政策、法规等是一切经济部门、单位工作的依据，财经应用文中表述的经济现象和财经工作成果也与国家、社会、人民的发展息息相关，财经工作直接关系到国计民生。因此，财经应用文写作必须要有鲜明的政治性和政策性——无论是起草公文，还是拟写财经专业文书等，均要以法规政策为依据，维护党和人民的利益，保证政治正确，这是财经应用文写作的基本要求。

2.1.2　格式规范

财经应用文中的文书，不仅包括财经事务文书、财经诉讼文书、财经报告文书和财经契约文书等，还包括请示、通报、函等党政机关公文。这类公文是人们在一定范围内的行动准则与规范，具有明显的规范和约束作用，甚至某些文种还具备法律效应，一旦生效，党政机关或企事业单位也可通过强制手段保证公文的执行。因此，财经应用文的写作必须规范标准，这样才能更好地维护它的权威性与严肃性。此外，财经应用文在应用的过程中大多形成了一定的惯用格式，内容构成要素、前后顺序、行文格式、书写位置以及习惯用语等，都有一定的规范与要求，并被社会公众认可。因此，财经应用文作者必须遵循规范的格式进行写作，才能达到财经应用文写作的目的。

2.1.3　专业严谨

财经应用文的作者需要有较强的专业知识、经济基础理论知识，因为财经工作涉及的方面很广，有农、商、服务、财务、金融、税收、审计等方面，还包括各级民营企业、国有企业、个体户等经济体。财经应用文作者只有熟悉自己所处系统内的业务、了解行业知识、熟悉该领域内的专业术语，才能写出符合财经工作客观实际的文章；如果不熟悉本行、本职业务，就会说外行话，乱用专业词汇，以至于表述不当，让读者缺失信任感，也就发挥不了财经应用文的效用。

2.1.4　求真准确

财经应用文具有一定的政策性与严谨性，真实、准确是这类文书的显著特征。因此，在财经应用文的写作过程中，一定要保持求真务实的工作作风，慎重选择写作财经应用文时使用的数据与资料，一丝不苟地进行反复核对，确保数据与资料的来源可靠，展现客观事物的本来面貌，做到文真意切。

2.1.5　语言精当

《文心雕龙·议对》有言：“文以辨洁为能，不以繁缛为巧；事以明核为美，不以深隐为奇。”要求人们在写作文章，尤其是论说文的时候，以说理明晰、言约义丰为佳；文章阐述的道理、例证的事实也应忌用艰涩隐晦的语言，以明白简练为佳。财经应用文也应遵循这样的道理。《易经》上说“修辞立其诚”，要求语言措辞准确、实事求是，做到“不以巧辩饰其非，不以华辞文其失”。

因此，财经应用文的文辞要少文饰、忌奇巧，强调行文简明、清丽、诚实、得体，表达的意思要清楚、贴切，不引起歧义或误解。财经应用文应叙事完整，而又长话短说，做到篇中无冗章、句中无冗字，在提倡朴素求实的前提下，达到与写作目的、写作事项的和谐一致，这样会对文章欲达到的预期效果提供很大的帮助。

2.2 财经应用文主题

主题又称主旨、立意，是通过文章的具体材料传递给读者的中心思想。主题奠定了整篇文章的写作基调，为文章的后续展开起到引导和指示的作用。下面将介绍财经应用文主题的相关知识。

2.2.1 财经应用文主题的特点

文章主题是文章的中心，对文章内容的选取、铺陈具有决定性作用。综合来看，财经应用文的主题具有以下特点。

- **与时俱进**：财经工作与当代社会的发展、企事业单位的发展密切相关，是特定历史时期经济现象和财经活动的反映。因此，财经应用文的写作主题必定与现状相适应，体现鲜明的时代特征。一方面，财经应用文主题中包含的认识与实践知识势必要受到时代的制约；另一方面，在写作中所表现出来的写作格式和思维方式也要力争创新，提出新思路、新举措，展示崭新的时代精神。
- **制约性**：财经应用文写作总是会受到一些主客观因素的制约。财经应用文写作作为一种被动式写作，其主题的提炼、确定并不完全取决于作者自己，势必要受到领导、决策部门、具体事项、约稿对象的制约。其次，财经应用文写作也要受到国家有关法律、规定、方针政策以及具体实际情况和行文规则等的制约。
- **客观性**：财经应用文要求对人、对事的分析、评价要站在客观的立场上。财经应用文作者必须在符合国家法律，党的路线、方针、政策，以及企事业单位等的规定的前提下做出公正、客观的判断。因此，财经应用文主题必须具有较强的社会性、公正性与客观性。

2.2.2 确定主题的方法

财经应用文的种类繁多，根据不同的划分标准可以确定出不同的主题。一般来说，可以根据以下 3 种情况来确定财经应用文主题。

1. 以任务为主

财经应用文写作一般以我国阶段性的任务为主题内容，如旅游发展、城市建设、处置“僵尸企业”、乡村振兴战略等都可能成为财经应用文主题。不同的地区、不同的发展阶段，财经应用文的写作主题也各不相同。因此，在财经应用文的写作中，要学会结合当前发展任务的大环境，结合实际，挑选具有现实社会意义的话题作为文章写作的主题。

2. 以领导意图为主

财经应用文作为一种被动式写作，领导意图是确定其主题的依据之一。财经应用文作者要学会根据领导意图和工作需求对主题进行立意，定位文章主题思想。例如，领导者提出需要优化财政支出，以保证对三大攻坚战项目的支持，那么“优化支出结构”就可以成为财经应用文写作主题。

3. 以材料为主

财经应用文需要以丰富的经济现象和经济生活资料为基础，花时间分析出来的关于这些经济活动的规律也是形成主题的必要条件。因为资料如果在文章中占据了较大篇幅，也构成了体现主题的一大内容，也可根据收集的资料来确定本次写作的主题（当然资料必须实用、真实）。例如，一篇名为《××区蔬菜基地建设可行性分析报告》的文章，其内容就是在生产技术、生产过程、经济效益等客观真实的资料的基础上得出的，主题一目了然。

2.2.3　财经应用文主题的写作方法

在思考财经应用文主题时，需要掌握财经应用文主题的基本要求和突显主题的方法，下面分别对此进行介绍。

1. 主题的基本要求

财经应用文的主题对文章结构的安排、资料的取舍、语言表达手法的运用等都起着决定性的作用，因此对主题的写作应有所要求，具体内容如下。

- **主题先行：**财经应用文写作常常是先确定主题，再组织写作资料。这类应用文通常是依据领导的意图写作，或者是为了解工作问题而写作，以事为主、意在笔先，针对性与实用性更强。主题事先确认，再按领导的要求或事先确定好的主题选择资料展开写作，才能明确体现文章中心。
- **单一集中：**不管是什么文章，都切忌主题分散、旨意不明，财经应用文也不例外。财经应用文写作要求一文一事、主题集中、内容单一，即便篇幅较长，也应只针对一个中心进行写作。
- **鲜明突出：**财经应用文写作需要将文章主题凸显出来，清晰、明确地表达出自己的观点。无论是需要阐述的事实、批评或表彰的事项，还是需要表达的意见或者主张，都要注意写作重心要能被一把抓住，不拖泥带水，干脆利落、旗帜鲜明。

2. 突显主题的方法

有些作者即便确定了主题，在写作时也常出现中心分散的问题，导致文章表意含糊，显得写作没有重心，即便读完文章，读者也会因为内容混杂而很难明白作者的意图。因此，在写作时作者还需注意在文章中将本篇主旨明确地表现出来，起到“点题”的作用。

（1）标题点题

标题点题就是在标题中直接点明主题，将文章的中心内容面向读者。要做到标题点题，一般可以选择用关键词、字将文章的主要内容串联起来，从而形成准确、简洁、醒目的标题。例如，一篇名为《××年××集团公司第三季度财务分析报告》的文章，一下就能让读者明白这是一篇关于公司财务、盈利情况、收支情况等的相关数据的财务分析报告。

（2）开篇显题

开篇显题即在文章开篇就开门见山、直接点题，将中心意义、主张或基本观点放在文章的开头。这种写作手法有利于增强文章的说服力，让读者在一开始阅读时，就能体会到文章的核心观点，而后面的正文实际上是对主题的细节性描述，使读者的思考重心不知不觉地转移到作者期望其关注的地方，大大增强达到写作目的的可能性。

（3）段首点题

段首点题可以分为两种，一种是在文中各段段首处重复点题，这样可以起到渲染与强调的作用，但要注意文章结构，点题不要过多；另一种就是将文章主题以合理的逻辑关系分成几个部分，每个部分用一个小标题或段首句来显示，将零散的观点综合起来就是主题，类似于“总分结构”中的“分”。

（4）文中点题

在文中点题的较好方法是在文中的关键处或醒目处点题。例如，在文章内容的转换处揭示主题，能起到高举主张、突出主题的作用。

（5）首尾显题

首尾显题指正文的开头和结尾前后呼应，突出主题。常见的首尾显题的结构是开篇提出问题，或者点明题意，篇末再彰显主题。

经验之谈

还有一种突显主题的方法叫“篇末显题”，就是在文章的结尾处用一两句话点明写作的主题。但在财经应用文中最好是篇首点题，结论先行，这样读者可以在开头部分就对文章的核心观点有大致了解，尤其在职场中，篇首点题可节省对方的阅读时间。

2.3 财经应用文资料

财经应用文资料是构成文章、实现作者写作意图的物质基础，包括作者在各种财经工作与活动中调查、搜集的事实与理论依据，是支撑整篇文章结构的重要基石。

2.3.1 财经应用文资料的作用与分类

财经应用文资料是文章写作的重要参考依据，下面简单介绍财经应用文资料的作用与分类。

1. 作用

一般来说，财经应用文资料的作用主要体现在支撑结构、组成正文和突显主题上，下面分别进行介绍。

- **支撑结构**：结构是整篇文章的框架，一般是在所搜集资料的基础上形成的，所以资料对于结构框架的形成有重大意义。
- **组成正文**：资料是组成文章的基础，若没有资料或者资料太少，文章便难以拥有强大的表现力去支撑作者的观点，文章内容也必然是口头大话、言之无物。只有资料丰富，才能使支撑观点的事实与理论依据充足，正文才会更充实、更有吸引力。
- **突显主题**：主题就是整篇财经应用文的核心观点，强有力的资料可以作为例证和依据去证明文章的观点、凸显主题，达到观点与资料的有机统一，使文章逻辑清晰、严密，而不是脆而不坚。

2. 分类

按照不同的划分标准，可以将财经应用文资料划分为不同类型，下面对常见的 3 种类型分别进行介绍。

（1）直接资料和间接资料

以获取资料的途径为标准，财经应用文资料可以分为直接资料与间接资料。直接资料来源于写作者的亲身感受，是写作者获取的第一手资料。通过查阅文件、书刊，或是听取别人介绍所获得的信息则属于间接资料，间接资料的范围比直接资料更广泛，但直接资料的可靠度更高。

（2）正向资料和反向资料

按资料的表现角度划分，财经应用文资料可以分为正向资料与反向资料。任何事物都有正反两个方面，写作时如果可以占有正反两方面的资料，就能更正确地反映事物的本来面目。正向资料指可以解决实际问题的事实依据；反向资料可以是事物中出现错误和偏差的相关知识，以此来建立对事物的全面认识。

（3）综合资料和典型资料

以资料的内容为标准，财经应用文资料可以分为综合资料与典型资料。综合资料指与事物相关的整体资料，该资料具有覆盖面广、概括性强的特点，适用于表现事物的广度。典型资料则是指一般资料所不具备的、最能概括和揭示事物本质，并且特征性明显的代表性资料。典型资料集中于某一个点，对资料内容的挖掘更深，内容细致具体，属于对事物的深度研究。

经验之谈

除上述分类之外，财经应用文资料还可按资料的属性进行划分，将其划分为事实资料和理论资料；按资料存在的时间划分，将其划分为历史资料和现实资料；按资料与主题的关系划分，将其划分为背景资料、主要资料和比照资料；按资料的表现内容划分，将其划分为生活资料和心理资料等。

2.3.2 财经应用文资料的选取要求

财经应用文资料是支撑财经应用文观点、帮助作者实现写作意图的事实依据与重要理论，因此对财经应用文资料的选取不能随便、大意。一般来说，被选取的财经应用文资料应该满足以下 4 个方面的要求，下面分别进行介绍。

1. 切合主题

在财经应用文写作中，资料是服务于文章主题的，因此在选择资料时，作者要根据主题的需要来决定资料的取舍，进行针对性选材。例如，可以选择那些既具体、准确，又能说明、表现文章主题的资料，舍弃那些与文章主题关系不大甚至无关的资料。

在这个过程中，要注意资料的多少，要去除杂物，挑选更简练并能体现文章主题的资料。罗列的资料既不能过多，也要注意不能太少，否则不能支撑主题，要保证能给读者留下清晰而深刻的认识。

2. 真实

选材真实、准确是财经应用文具有说服力和能够解决问题的保证。财经应用文中所述的人、事、时间、地点、事例甚至细节，都应是经过反复查证的，既没有拔高，也没有拉低，更没有随意捏造，而是如实地反映事物的本来面貌。文章中引用的文字、数据也要准确无误，经得起核实与校验，这样才能保证文章所述内容的可靠性。这是对财经应用文资料的基本要求。

3. 典型

选择财经应用文资料时要慎重，普通的材料缺乏特色，没有典型性，难以达到支撑文章观点和实现写作目的的效果，所以最好选择能体现主题的典型材料，以做到小中见大、见微知著，深化文章主旨。

4. 新颖

资料新颖一方面是指资料要符合时代特征、具有时代精神，能反映事物发展的最新面貌；

另一方面指选用的资料时间要新、思想要新。新颖的资料是现在人们比较热衷和关心的内容，只有资料新颖，写出来的文章才能生动活泼、充满吸引力。

2.3.3 财经应用文资料的运用技巧

财经应用文必须使用事实资料和理论资料来证明行文的主张、目的的正确性和科学性，这需要通过对资料的恰当挑选与组织得以实现。这样的文章更具有说服力，既言之有物，又言之有理，也从侧面体现了资料的辅助作用与表现作用。下面介绍常见的财经应用文资料的运用技巧。

1. 梳理资料的方法

在广泛地搜集资料后，可以通过合理的方法筛选出适用于文章的部分，使资料与主题、结构融会贯通、互助互补。梳理资料的主要方法包括筛选法、类化法、截取法和浓缩法4种，下面分别进行介绍。

- **筛选法**：对搜集到的资料进行甄别、筛选，从众多资料中选出最切合文章主题、可靠性最强的资料。
- **类化法**：按照与主题的相关性或一定的类目，建立一个与文章核心观点有关的划分标准，对纷繁复杂的资料进行梳理归类。
- **截取法**：从较完整的事件或事物中，截取其中某一侧面的片断或者某一部分来表现观点的一种资料处理方式。这种方法不求事件的连贯性与完整性，其目的在于能言简意赅地说明问题和阐明观点，如简报、通报、调查报告等叙事性较强的应用文书就常用此法。需要注意的是，在截取资料时，需根据资料与观点的密切程度、读者对资料的熟悉程度来确定截取资料的多少或详略。在这个过程中，切忌断章取义、歪曲本意，不能牵强附会、生拉关系；同时还要注意上下文的衔接问题，以确保整篇文章的表述角度一致。
- **浓缩法**：对资料进行压缩提取，突出精华部分，主要是针对具有一定价值但内容多而杂的资料。具体做法：对叙述性的事实资料，往往保留主干、要点和关键线索，将描写、详述进行略写、概述，不追求感性色彩，注重对事物的简单概述与把握。

经验之谈

认清资料的性质、真伪，评估资料的意义等资料鉴别工作也是财经应用文作者在梳理资料时应注意的问题，只有做好这些工作，才能更好地体现其才学、能力与胆识。

2. 使用资料的技巧

作者在写作过程中，可以通过以下方法对资料进行合理的安排，使资料在文章中发挥更大的作用、增强文章的说服力。

（1）妥善取舍资料

面对许多资料，作者要根据文章的主题对资料进行筛选择取。有时一份资料或内容多而不精，或与主题稍有偏差，或与另一份资料联系较深……可恰当地对资料进行取舍提炼，将其中与主题相关的理论或精华信息择取出来，运用到文章的写作当中。

（2）合理安排资料顺序

不同的资料，与文章主题的联系程度不同，展现出来的观点也有差别。作者在写作中要注意对搜集、选择的资料，按照行文的需要进行分类排列、有序安排，按照文章的写作思路、表现手法和行文需要分辨哪些资料用在前半部分、哪些资料用在后半部分，使文章逻辑结构更为合理，上下文联系更加紧密。

另外，资料来源的不同导致资料的可靠度也不一样。使用资料时，作者要优先考虑使用第一手资料，再考虑使用第二手资料，这样可以使文章可信度更高。

（3）确定资料的详略

资料的详略能直接影响文章的整体观感和篇幅。详，是指详尽周密，体现在财经应用文写作中，就是通过各方面资料的描述，从不同角度反映财经活动。略，是指简洁明了，要求用尽可能简洁的资料来说明问题。作者应根据文种的不同以及资料与主题的关系来确定资料的详略程度。例如，工作报告、总结等，可以先用综合资料反映全貌，再用相关方面的具体信息来说明取得的成绩、存在的问题等。

在财经应用文的写作中，要根据实际情况，做到详略得当，该详则详，能略则略。表现主题的资料应详，偏离主题的资料应略；重要资料应详，次要资料应略；典型性的资料应详，耳熟能详的资料应略，做到对资料的合理分配。

（4）善用对比性资料

财经应用文在说明情况、叙述事实时常常使用对比性或比较性较强的资料，这样可以比较鲜明地突出作者想要表达的主张，使财经应用文主题更突出、说服力更强。例如，分析报告、调查报告、策划书中可能出现的正反比较、前后比较、新旧比较、目标与实际比较等，可以帮助揭示事物的发展情况和发展可能性，增强读者的信任感。

2.4　财经应用文结构

结构是指文章内容的组织和构造，作为一个汉语词汇，结构的意思可以理解为对组成整体的各部分的组织与安排。衍生到写作层面，结构则是指对文章内容的具体安排，也就是要求作者能按照文章主旨的需要恰当地对文章涉及的资料进行合理的组织，然后依据这种组织安排来写作文章。这种组织好的行文方式就被称为结构，也叫谋篇布局。

财经应用文结构可以分为两层：一层是宏观结构，即文章的总体构思、整体框架设计等；另一层是微观结构，即文意结构的具体内容，包括标题、开头、主体、结尾、落款、附件，以及段落与层次、过渡与照应等结构要素的设计。大部分的应用文都有固定的格式，下文将进行具体介绍。

2.4.1　财经应用文结构的特点

结构能在文章的表现力上产生巨大的作用——结构清晰、明朗的文章，阅读感更强，可以让读者一下就接收到作者想传达的信息。结构混乱，行文容易受到影响，可能使整个文章逻辑混乱，导致读者不知所云，从而大大降低文章的表现力。财经应用文作为工作中常用的一种写作文体，更是要求文章结构分明、行文流程规范。财经应用文的结构应该具备以下 3 个特点，下面分别进行介绍。

- **格式固定**：应用文不像其他的文章“文无定法”、形式变化多样，它具有一定的格式与写作要素要求。《党政机关公文处理工作条例》对各类事务性文书的格式和外在结构做出了相应的规定，要求作者遵守约定俗成的格式，规范写作。因此，财经应用文的结构具有格式固定的特点。

- **具有条理性**：条理性是对财经应用文结构的主要要求。在财经应用文写作的过程中，常涉及对一些条款的说明与例证，以及计划、策略的铺陈。因此，作者应有计划地对自己要讲的内容进行整理分类，使开头与结尾、段落层次间的结构关系严谨有序，充分展现作者清晰的逻辑思维。
- **使用惯用语过渡**：使用惯用语过渡也是财经应用文结构比较显著的一个特点。例如，从文章开头到主体部分常使用“现将……如下”，结尾则根据具体情况使用“盼复”“特此函商”“综上所述”等。通过简单恰当的过渡，将文章各部分内容自然地衔接起来，不仅使结构精练利落，也能避免文章内容的冗杂。

2.4.2 财经应用文结构的基本要求

应用文的结构就像人体的骨干，确定整个文章的脉络与框架对财经应用文写作十分重要。因此，财经应用文写作需满足一些基本的要求，以保证文章整体安排合理。

1. 紧贴文章主题

财经应用文的主题就是作者的写作意图，是财经应用文写作的起点和归宿；财经应用文结构必须突出主题、符合主题的表达需要、与主题紧密相连。紧贴文章主题具体表现为作者在组织文章结构时，要按照主题对文章的结构层次进行划分，合理安排写作资料，凸显主题。

2. 结构与内容联系严密

财经应用文结构的安排主要是为主题服务的，结构划分出来后，各部分内容作为结构的分支，由统一的主旨统领，成为统一的整体。因此，组成结构的各部分之间应有顺承转接的关系，不能互相矛盾或不相关联。即文章的结构、内容应全面周到、联系紧密、相互支撑、相互衔合。

例如，在安排文章结构时，可以使财经应用文各部分之间呈现因果关系、表里关系、主次关系、并列关系、递进关系等关系类型，各部分应互帮互补，使财经应用文的结构、内容联系更加紧密，而不是互相矛盾、互相拆台。结构不完整，行文就难以达到目的，这是作者在确定结构时必须注意的地方；例如，在写通报时，不写明通报缘由；写批评性通报时，没有从中进行分析，提供经验与警戒。

3. 遵照不同文种的体式规范

财经应用文有许多不同的文种，虽然这些文种都有相对稳定的结构格式，但不同的文种使用范围、对象和条件不同，因此在内容、格式上这些文种存在不同程度的差异，作者应注意区别，并根据不同的文种需要对文章进行结构安排，满足规范要求。例如，写经济起诉状时，要写明双方当事人的基本情况、案由、诉讼请求、事实理由、致送法院以及署名等。而在写规章制度时，则一般按照条款式结构来写。

4. 尊重客观事实与规律

财经应用文描述的财经活动、经济现象等都属于客观事物的范畴，其存在形式、发展变化等都有一定的规律。客观事物作为文章的内容，在遵循结构安排的同时，也必须遵守并体现客观事物本身的内在本质联系。因此，在财经应用文书写作的过程中，不管是传达重要信息，还是进行总结、规划，都必须把事实叙述清楚，并遵循客观事物的发展规律，这样才能展示出文章结构的规范性与科学性，反映对象的内在本质及规律。

2.4.3 财经应用文结构的具体内容

笔者通过对大部分应用文结构的分析发现，财经应用文的结构一般包括标题、开头、主体、段落与层次、过渡与照应、结尾、落款、附件等要素，下面分别进行介绍。

- **标题：**标题是对全文主题思想的高度概括，统率全文，奠定文章的基调。
- **开头：**开头是全文的开始，可以起到统领全篇、开启全文的作用。在财经应用文的写作中，开头一般是“开篇入题”“开门见山”式，直接表明文章来意，常以原因、目的、根据、概述、引述、提问及结论等作为开头。在财经新闻、调查报告、广告文案等文种中也会使用迂回的“形象法”作为开头。
- **主体：**主体指开头后的正文写作，是对文章所述内容的详情描述，也是文章最主要的部分。例如，市场预测报告中有关市场情况、预测及建议等部分，情况通报中对总体情况、抽查发现的问题以及有关工作要求的描述，紧急纠纷答辩状中有关具体答辩内容等都属于文章主体，主体是财经应用文写作的核心所在。
- **段落与层次：**段落是组成文章、表达思想最基本且相对独立的结构单位，换行、空格提头是其显著特征。段落是构成层次的基础。层次是根据文章内容和性质对段落进行的划分，是作者在财经应用文中表达主旨时展开的内容次序依据，体现了事物发展的阶段和作者的思维过程。财经应用文的层次是按一定的逻辑关系划分的，常见的层次划分方式包括时间顺序式、递进式、并列式及总分式（总分总式）等。

经验之谈

一般而言，段落的划分主要由层次关系决定，有时一个段落恰好是一个层次，有时几个段落表现一个层次或一个段落内有几个层次。

- **过渡与照应：**过渡是指文章上下文之间的衔接与转换，在财经应用文中起着承上启下的作用。一般情况下，当内容在总、分、总之间进行转换或者文章上下文意思存在差距、表达方式发生变化时，需要合理安排过渡，使文章衔接自然。若上下文之间结构不太紧凑，可以用过渡段进行巧妙联结；若后文展开与前文关系紧密，顺接下文，也可使用如通知中常用的“现将有关事项通知如下”，通报中常用的“现将有关事项通报如下”等作为过渡；若前后文语义稍有转折，可使用“但是”“因此”等词作为过渡。照应指文本各部分之间的相互关照和呼应，常见的照应方式包括首尾照应、文题照应、文中照应等，可以使文章结构周密严谨、浑然一体，并使文中的某些关键内容得到强调，更好地表现作者的写作意图。

经验之谈

“首尾照应”指在文章的结尾处，把开头交代的事或提出的问题再次提起，有的还进一步加以概括、归纳、补充；“文题照应”指在行文时常常照应标题，对主题加以强调、提示；“文中照应”指文章自身前后内容间的照应，如某些细节和问题在行文中不断被提起，这样能强化印象，更好地表现作者的写作意图。

- **结尾：**结尾是全文的总结收篇，能帮助读者加深认识、把握全篇，促进文章达到预期写作目的。常见的结尾方式有希望要求、请求指示、总结建议、提炼归纳、揭示主题、惯用语、自然结尾等。某些在主体部分就意尽言止的文章，对结尾则不做强求，如合作意向书、启示、守则等。
- **落款：**落款包括发文者署名和成文日期两个部分。发文者署名要写明作者的姓名或发文单位的名称，在公文写作中，还需要加盖发文单位的印章。成文日期要求写明年、月、日，根据《党政机关公文格式》（GB/T 9704—2012）的规定，党政公文的日期统一用阿拉伯数字将年、月、日标全；其中，年份应标全，月、日不编虚位，如“2018 年 10 月 1 日”。

- **附件**：附件是应用文的附带材料，是对财经应用文正文的补充与佐证，有的文种有，有的则没有，视文种写作格式的具体情况来定。

2.5 财经应用文语言

语言是使文章思想得以传播、理解的重要文字符号。在财经应用文中，语言是传达主题、说明情况、探讨现实问题及其解决方法的重要沟通介质，使信息能在作者与读者之间快速、高效地传递。了解财经应用文的语言表达手法，有利于作者更好地进行财经应用文的写作，更好地发挥财经应用文的价值。

2.5.1 财经应用文语言的基本要求

财经应用文属于专业性文书的范畴，主要是经济部门用来传达经济信息、解决经济工作和协调经济活动的一种文书，具有规范、务实、准确的语体特点。其语言的严谨性、固定指向性较强。因此，财经应用文的语言最好具备以下 4 点基本要求。

1. 准确与模糊的统一

财经应用文语言的准确性是由应用文文体的本质所决定的。为了能够最大限度地达到行文的效果，便于读者的理解和有效运用，财经应用文在表述上应清楚、准确。例如，在利用数字、图表表述某些客观事实时，要注意数据的准确性，实事求是地反映财经工作的真实情况。同时注意用词的准确性，如“盈利”与“营利”“讹传”与“讹误”“会商”与“会晤”等，要区别其具体的使用语境，做到意思的准确传达。

财经应用文语言存在模糊性是因为应用文在实际传播的过程中，可能会面临一定的变化。上级单位在文中提出的建议和要求不可能全部符合当时、当地的实际情况，因此在文书的写作过程中，作者常会在措辞上留有余地，以此保证文章的思想、理论的可行性得到进一步提高，从而帮助下级机构解决实际运用过程中的具体问题。因此，这种语言的模糊性也是必须的，常见的模糊性用语包括“基本上可以确保”“诸多因素”“近段时间”等。

在财经应用文的写作过程中，作者既要保证词语搭配准确、符合感情色彩，又要注意在表达事物的状态、程度等时，善用模糊性词汇进行处理。要求财经应用文语言做到准确与模糊的统一是为了使文章的表述更真实可靠、符合实际。

2. 得体

语言的得体指作者要根据行文目的、内容和对象恰当地使用语言，做到语言规范舒整、条理清晰、通俗易懂。

一方面，因为财经应用文属于应用文，在格式、语体等方面都有一定的表述要求，且主要是用来处理事务，解决财经方面的问题，所以事务性语体风格浓烈，基本是使用书面语进行叙述，因此要求使用单义语的稳定义、本意，少用引申义、口头语和俚语。

经验之谈

在财经简报、总结等文书的写作过程中，有时也会恰当地运用一些口头语，以展现人民群众关于财经工作的反映、贴近民生。

另一方面，财经应用文语言的得体性还表现为根据财经应用文文种的不同，把握好各类文书语体风格之间细微的差异。例如，规章制度类文书要求严谨、具体、利落；计划类文书要求实在、周密、可行；通报等文书要体现感情色彩，如惩戒坏人坏事的通报，语言应言之凿凿等。不同文种的语言应有与文体风格相协调的基调。

此外，在上行文、下行文、礼仪文书的写作过程中要注意语言的分寸感，上级机关行文要体现领导机构的权威和指示性，不能模棱两可、摇摆不定；下级机关行文要既恭敬恳切又不卑不亢；商洽性的文书则要摆出诚恳商谈、协商共事、互相尊重、礼貌负责的态度。把握好这些文体特点，就能更好地把握文章语言的得体性。

3. 善用固定语

财经应用文语言有相当一部分是沿用旧语、套语，在财经应用文的发展运用过程中，沿用一些固定的模式化词语与句子的现象比较常见。在不同的或通用的文种中，作者通常会选用一些固定词句进行语言的表达，如“兹定于”“特此函复”“来函收悉”“如无不当”等惯用语的运用，可以使文章的表达更加简练。

4. 简练概说

财经应用文运用任何一种表述方法，都是为了介绍情况、说明原委、陈述事实、总结规律和指示办法。作为一种职场文书，为了节约双方时间、简明扼要地陈述问题，财经应用文在介绍、说明、陈述、总结、指示时通常只求抓住关键和要点进行概说，直接明白地提出观点与主张。这种表述方式的概说性，不但使信息更加精要，也能快速满足读者阅读需要，更能达到行文的目的。

以上即为对财经应用文语言的基本要求。实际上，在写作过程中，财经应用文语言虽然可以说是一种直白而循规蹈矩的语言，在遣词造句上追求质朴、直白，但也可适当运用比喻、对偶、排比等常规修辞，不过夸张、通感、暗示等可使事物有较大变形或曲折达意的修辞则一般不用。但不管是什么要求，都是为了使文章科学实用、顺达通畅、简练得体，从而达到全文的和谐统一，增强文章的质量，实现写作目标。

2.5.2 财经应用文中常见的语言表达手法

这里所说的语言表达手法其实就是文章的语言表达方式，通常有 5 种，即叙述、说明、议论、描写、抒情。但受限于财经应用文书的写作特点与要求，财经应用文语言的表达手法主要有叙述、说明和议论 3 种，下面分别进行介绍。

1. 叙述

叙述是财经应用文中最基本、最常用的语言表达方式，是指将人物的经历、言行或事物发展变化的过程有次序地叙说出来的一种表达方式，主要用来介绍情况，表明原委。在财务分析报告、经济评论中，常以叙述的事实作为理论依据和进行预测，在协议书、合同中也常用叙述的事项作为起草或记录的凭证。

完整的叙述一般包括时间、地点、人物、事件、原因和结果 6 个要素，在写作时，一般采用顺叙的叙述方式，即按时间先后顺序进行叙述，而倒叙、插叙、分叙、环叙则用得较少。叙述可分为总叙和分叙、直叙与间叙、详叙与略叙等。其中，使用直叙的情况较多，详叙在请示、报告等方面的使用较频繁。但不管使用什么语言表达手法，都要注意这 3 点：突出重点、线索分明、详略得当。同时要求叙述语言真实确切，适当用“应当”“务必”等词来增加语气。

2. 说明

说明是指用简明扼要的文字解说或剖析客观事物或事理的状态、性质、特点、功能、成因、关系、功用等属性，达到使读者详细了解或明白的目的。说明在财经应用文中的运用多表现在产品说明书、经济合同和经济纠纷起诉状中，常见的用法包括举例说明、引用说明、数据说明等。说明的用语客观无偏好，只是单纯地解释、介绍，一般不带感情色彩。

作者在运用说明这种表达手法时，要注意做到条理清晰、客观公正、直白质朴。

3. 议论

议论是指通过事实和理论材料对文章进行阐明、逻辑推理、表明观点、发表意见的一种表达方式，条理性与论证性是议论的显著特征。议论主要包括论点、论证、论据 3 个要素。论点即“是什么”，是作者提出的统领全文的主张或观点；论据是支撑论点的证据和理由，用来回答“为什么”；论证即回答“怎么样”，是利用论据证明论点的全过程。论证可分为立论与驳论：立论是通过归纳法、演绎法、引证法等直接证明观点；驳论则是通过反证法、直驳法等驳斥与自己观点相反的论点或论据，以此证明自己的观点。

议论这种表达方式在财经应用文中比较常见，调查报告、工作总结、通报、经济纠纷起诉状、经济纠纷答辩状等文书，就经常在叙述事实、说明情况的基础上，表明对人物、事件、问题的评价。例如，提出观点、例证分析并提出建议，对经济活动的情况进行本质分析、总结等。议论强调一文一事、就事论事，重证据、逻辑和说理。

经验之谈

在财经应用文写作中，主要的表达方式是叙述和说明，议论居于从属地位，抒情与描写再次之。抒情与描写在文学创作中使用较多，在财经应用文中则比较少见，一般在财经广告、财经专访评论中才会有少量使用。

2.5.3 财经应用文中其他表达手法的运用

在财经应用文的写作过程中，还常常用到图表、数字的表达方式，使文章内容更加丰富充实，加强佐证效果。

1. 图表

图表在公务文书中也是较为常见的，它不仅可以传达出大量的信息，还使信息显得清晰简洁、一目了然，尤其是在列举佐证或是制定规划、总结时，使用的频率较高。利用图表，可以很轻松地将一些复杂的信息简单直白地表达出来，在制作如公司盈亏统计表之类的数据表时，通过表格分析，就能清楚明白数据的变化趋势以及变化规律，体现出了复杂烦琐的言语所不及的表达力。

图表包括常见的饼图、折线图、条形图、线柱组合图以及统计表等。

（1）饼图

饼图即用一个类似饼状的圆形图案进行数据的表示。饼图中的数据来源于工作表中的某一行或某一列，且每个数据在图表中拥有唯一的颜色或图案。在饼图中，可显示图表各项目的大小值与部分占总体的百分比，能较清楚地反映出部分与整体的之间的数量关系。图 2-1 所示为某公司 8 月产品构成饼图。

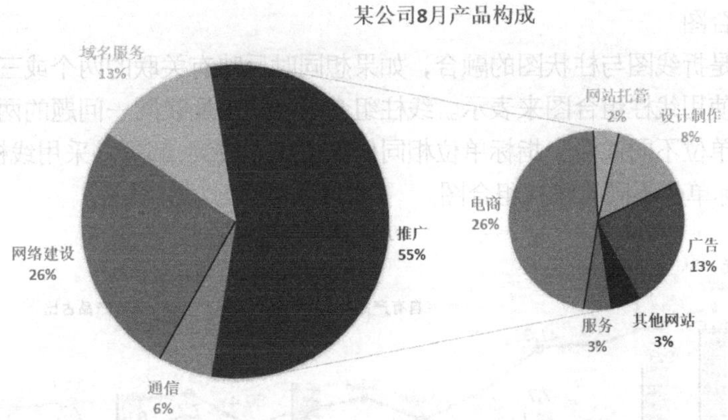

图 2-1　某公司 8 月产品构成饼图

（2）折线图

折线图也称曲线图，即以折线的上升或下降来表示数据增减变化的统计图，折线图也可称作折线统计图，主要用于计量资料。折线图不仅可以反映同一事物在不同时段内发展变化的情况，还可以用来表示两个数据间的关系变化，在生活中运用得非常普遍，可以揭示某时间段内某数据间的鲜明对比，让人一目了然。图 2-2 所示为某公司 5 月资金到账与任务差距折线图。

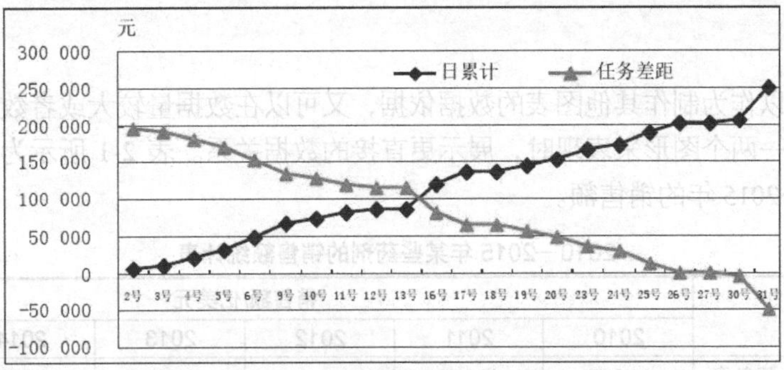

图 2-2　某公司 5 月资金到账与任务差距折线图

（3）条形图

条形图是通过宽度相同的条形的高度或长短来表示数据多少的统计图。条形图可以横置或纵置，横置时称为水平条形图，纵置时称作柱状图或垂直条形图。条形图主要用来表示各种数量的多少，最高与最低一目了然，是最常用的统计图。图 2-3 分别是水平条形图与垂直条形图。

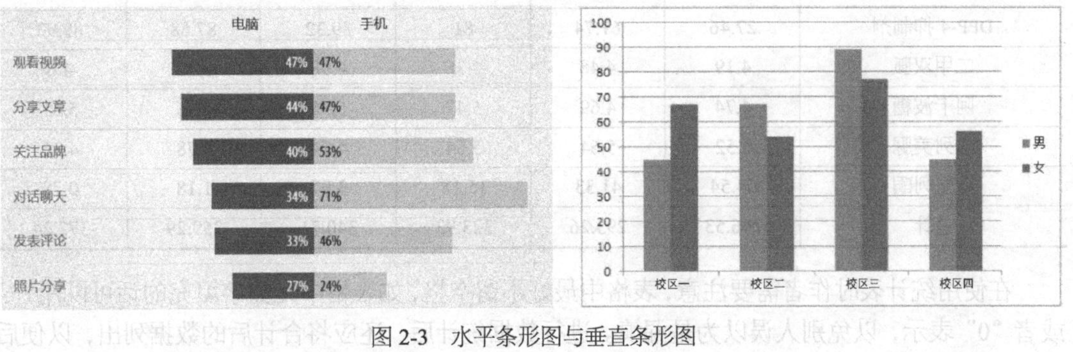

图 2-3　水平条形图与垂直条形图

（4）线柱组合图

线柱组合图是折线图与柱状图的融合，如果想同时反映有关联的两个或三个类型不完全相同的指标，可以使用线柱组合图来表示。线柱组合图多用于反映同一问题的两个不同方面，若两个方面的指标单位不同或两个指标单位相同但数值相差较大，都可以采用线柱组合图来表示。图 2-4 所示为指标单位不同的线柱组合图。

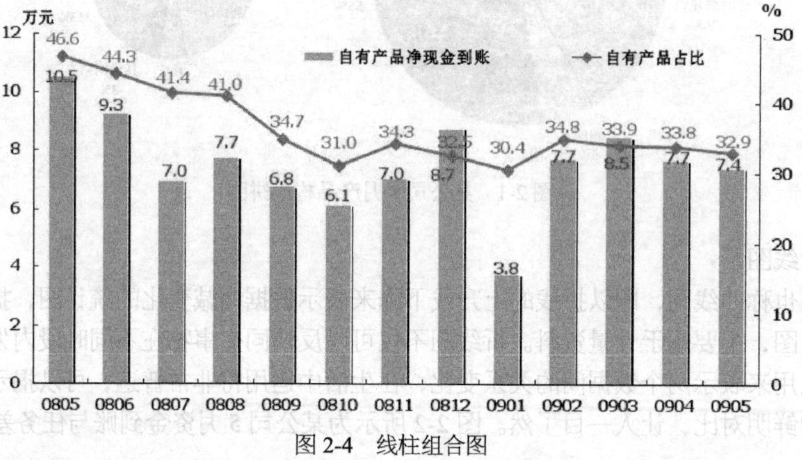

图 2-4　线柱组合图

（5）统计表

统计表既可以作为制作其他图表的数据依据，又可以在数据量较大或者数据种类较多等比较复杂，无法用一两个图形来表现时，展示更直接的数据关系。表 2-1 所示为某公司统计的某些药剂在 2010—2015 年的销售额。

表 2-1　　2010—2015 年某些药剂的销售额统计表

类别		销售额/亿美元					
		2010	2011	2012	2013	2014	2015
胰岛素	三代胰岛素	116.77	127.72	154.83	167.09	185.45	182.02
	二代胰岛素	31.31	33	34.09	33.29	32.62	31.32
	仿制胰岛素	0	0	0	0	0	0.22
	吸入胰岛素	0	0	0	0	0	0.08
胰岛素总计		148.08	160.72	188.92	200.38	218.07	213.64
GLP-1		11.0	14.66	22.36	30.31	30.11	39.12
SGLT2-抑制剂		0	0	0	1.65	8.04	19.2
DPP-4 抑制剂		27.46	61.74	81	89.32	87.58	89.93
二甲双胍		4.19	4.48	5.36	4.98	3.78	4.6
阿卡波糖		4.74	4.69	5.47	5.35	5.75	5.61
格列美脲		6.52	5.64	5.64	4.74	4.78	4.36
吡格列酮		44.54	41.33	15.18	3.97	1.18	0.78
总计		246.53	293.26	323.93	340.71	359.29	377.24

在使用统计表时作者需要注意，表格中最好不留空格，如表格中无数字填充的话可以用“-”或者“0”表示，以免别人误以为是漏填。进行数据统计后，还应将合计后的数据列出，以便后

续的核对与使用。若表内的某部分内容需进行注释，可在表的最下方进行标注说明，提升资料的完备性，方便读者理解。

2. 数字

除了统计图表等数据展示的工具外，直接的数字表达在文章中也十分常见。尤其在财经工作领域，数字已成为一种十分常见的辅助表达方式，在财经应用文的写作中也占据了一席之地。

（1）运用数字的方法

一般数字是与文字配合使用的。为了提升数字的表现力，可以利用以下 3 种方法让数字更生动易懂，下面分别进行介绍。

- **比较法：**单纯的数字展示有时候并不能让读者感受到鲜明的数据变化，这时候可以通过比较法来加深落差感，使读者感受到前后数据之间的差异。比较可分为横比与纵比。横比用于反映事物之间的差距，如"××年我国人均国民生产总值达 49 220 元，但与同期的发达国家相比，仍有近 10 倍的差距。"纵比用于反映事物的发展变化，如"前三季度，社会消费品零售总额 274 299 亿元，同比增长 9.3%，增速比上半年回落 0.1 个百分点。"纵比可以使读者能正确、全面地认识事物的发展状态。
- **变换法：**在不同的情景下，数字灵活变化运用之后带来的形象感与立体感会大大增强，帮助人们加深对数字所代表含义的认识。变换法的应用有两种细分方法。一种方法是扩算，即通过对局部数据的描述来渲染整个数据，不需要对所有数据进行总计就能让人想象整体数量的庞大。例如，"工厂 1 200 台机器，平均每台机器每分钟能生产 30 件产品"，这样看下来，这家工厂一年的生产量实则十分可观。另一种方法是分化算法，即将较大的数据或人们不熟悉、不好记忆的数据用直白简单的表述进行转换，这样可以给人们留下深刻的印象。例如，"地球距离火星最近的时候有 5 460 万千米，如果是乘坐时速 3 000 千米的飞机，也得乘坐 18 200 个小时，也就是约 758 天，差不多 2 年零 1 个月的时间才能抵达。"又如，在表述一年具体产量时不罗列一串难以记忆的大数据，而是将其换算成"平均每小时产量"，这样的数据表示方式会更清晰具体，更有代入感。
- **对比法：**这里的对比法指通过将两种不同性质或属性的事物进行对比，从而表现事情本质的方法。例如，将某国人口在世界的占比与其资源消耗在世界的占比进行比较，如果人口与资源的消耗不成正比，可揭示该国在发展中存在资源消耗过度的情况；反之则能说明其发展模式较协调健康。这种数字的对比运用也较为常见。

（2）写作中对数字的要求

在利用数字进行写作时，作者需要注意以下 3 点，下面分别进行介绍。

- **数字、文字搭配得当：**财经应用文中数字与文字通常是搭配使用的。例如，"生产率提高了 5%""增加了 20 万件""降低至 3 万元""产量减少了四分之三"，其中的"提高""增加""降低""减少"后接"至、到"或"了"，其代表的数字含义都是不同的，作者在写作中一定要多加注意。另外，需谨记"增加""减少"后都可以用百分比的数据进行说明，但"增加"后可以用倍数，"减少"后接倍数则是错误的。
- **使用准确：**数字中包含基数、序数、分数、倍数以及数字的大小写，要注意区分使用，不能混用、乱用。例如，"二"与"两"，"二"可以表示序数，如"二楼（第二层楼）""二月份""二年级"等，"两"表示序数只有"两点钟"。基数和度量衡前，"二"和"两"都可以使用，如"二千、两千""二尺、两尺"，但"二千里""二吨""两两"的说法则不行。在量词前一般用“两”，如“两个人”“两条街”。但分数一般用“二”，“两分之一”的说法是错误的。

- **划分范围**：数字其实都有一定的使用范围，在使用数字时给数字分界可以让数字的使用更加准确、明白。例如，“奖金的多少以作品超额完成度的30%为界，将其划分为‘优秀奖’与‘特等奖’”和“奖金的多少以作品超额完成度的 30%为界，30%以下为‘优秀奖’，30%及以上为‘特等奖’”比较，后者的描述更加清晰、具体，更能阐明获奖的具体规则。

在写作财经应用文的过程中，作者可合理利用数字、图表等工具，展现财经工作的内容，增强文章的表现力。

思考与练习

（1）应如何规范财经应用文写作？

（2）如何确定财经应用文的主题？

（3）如何在财经应用文中凸显主题？

（4）财经应用文的资料应符合哪些要求？

（5）简述财经应用文资料的使用技巧。

（6）财经应用文的结构应满足哪些要求？其结构中具体包含哪些内容？

（7）简述财经应用文中常见的语言表达手法。

第3章

财经公务文书

财经公务文书指在经济活动和财务领域用到的公务文书，其范围与党政公文重合，因此我们对党政公文（公文）的要求同样适用于财经公务文书。财经公务文书可以在扩大宣传范围、增加影响力、促成合作、消除弊端、展示礼仪等方面更好地为各种公务活动服务。

本章将对财经公务文书的写作基础和几种常见的公文写作方法进行介绍，便于读者对常用的财经公务文书的写作方法进行掌握与运用。

知识目标

① 了解财经公务文书的写作基础。
② 掌握通知与通报的写法。
③ 掌握公告与通告的写法。
④ 掌握请示与报告的写法。
⑤ 掌握会议纪要与函的写法。

技能目标

能够正确且熟练地撰写通知、通报、公告、通告、请示、报告、会议纪要与函。

3.1 财经公务文书的写作基础

公务文书常被称作公文，是各部门、组织在处理问题时经常用到的文书类型。作为公务文书的一种，财经公务文书应满足党政公文写作的要求。正确掌握公文的写作和使用方法，是提高公务能力和优化公务活动处理结果的一种有效手段。下面对公文的一些基础知识进行简单的介绍，为后面的财经公文写作打下基础。

3.1.1 公文的作用

公文是财经应用文中最重要、用途最广泛的文体之一，它有许多重要的作用，是其他文体无法替代的。

1. 领导和指导作用

公文虽然文种繁多，但都体现了党和国家的意志，是党政机关进行管理的工具。上级机关通过制发公文，传达党的路线方针政策，颁布国家的法律法规，组织开展各种公务活动，责成下级机关严格按照所发公文的要求，采取切实有效的措施对公文的内容予以贯彻落实。当然，上级机关制发的公文不一定都具有指令的性质，有的只是对本行业、本系统的业务工作提出原则性的指导意见，要求下级机关结合本地区、本部门的实际情况，创造性地贯彻执行。但无论哪种情况，公文一经拟定与下发，下级机关无论是各个行政机关还是企事业单位，都必须严格执行。如果脱离了公文的领导和指导，管理工作就会无章可循，变得混乱不堪。

2. 规范和约束作用

党政机关所使用的公文，大部分是用来颁布行政法规、发布各种命令、制定法律的，如条例、规定、办法等。这类公文是对一定范围内的人们行动的准则或行为的规范，具有明显的规范和约束作用，一旦生效，人们就必须遵照执行、不得违反。党政机关或企业通过强制手段保证公文的执行，维护它的权威性，使其真正起到规范与约束的作用。

3. 宣传和教育作用

党政机关在制发许多重要公文、做出工作部署、提出贯彻要求的同时，往往要分析国际国内的形势，阐明党和国家的路线、方针、政策和国家的法律法规，对广大干部群众进行宣传教育，以便统一思想认识，增强广大干部群众贯彻执行党和国家的路线、方针、政策的自觉性。一些公文，如表彰性或批评性的通告，本来就是为了达到宣传教育的目的制发的，其宣传教育作用更为突出。

另外，党和国家的各级机关会制发一部分可以对广大干部群众进行思想教育的公文，用于提高人们的认识，增强人们建设中国特色社会主义的信心，以及调动建设中国特色社会主义的积极性。对企业而言，公文也能很好地宣传企业的文化并引导员工的行为。

4. 依据和凭证作用

公文作为处理公务的专门文书，反映了发文机关的意图，具有法律效应，是发文机关做出决策、处理问题、开展工作的依据和凭证。也就是说，党政公文负责公务活动的记录，是公务活动的凭证。上级机关制发的公文，如决议、决定、通知等，是下级机关组织开展工作的依据和凭证；下级机关制发的公文，如请示、报告等，是上级机关制定决策、指导工作的依据和凭证；平级或不相隶属机关制发的公文，如各种函件，则是双方交流情况、洽谈工作的依据和凭证。

此外，公文在完成使命后，会被整理归档，起到记载、凭证与参考的作用。

5. 沟通和联系作用

党政机关、企事业单位和其他社会组织都要通过制发公文来联系和商洽工作，传递和反馈信息，介绍和交流经验，公文可以在这个过程中起沟通和联系的作用，是它们之间的桥梁和纽带。

例如，公告、通告、通知、通报、报告、请示、函等公务文书都具有交流沟通的作用，可以增强各个机关单位之间的联系，既方便上情的下达，也方便下情的上传。有了公文作为交流与沟通的桥梁，党政机关、企事业单位、社会组织互相沟通、互相了解，更好地进行配合协作，这有利于各项工作的开展。

6. 组织和协调作用

公文是党和国家、各机关单位制定计划和实施决策的载体，这些计划和决策依附于公文，并通过公文转化为具体的执行过程。因此，党政公文是党和国家、各机关单位进行各种组织活动的重要工具，是各机关单位进行活动、实施计划与决策的工具。例如，相关单位可以通过命令、意见、决议等公文对下级工作进行组织并提出具体的实施要求；相反，也可以通过请示、报告对上级的工作计划、意图作深入了解并掌握，从而有利于组织与督促自身的活动。

公文的协调作用指调整与改善各个行政机关、各个部门以及各个社会团体之间的关系，使其协调、有序，最终使各项工作得以顺利开展，各种管理工作得以有条不紊地进行。例如，相关单位通过制定决议、决定来规范协调人们的活动，通过制定条例、规定来约束人们的行为等。我们可以利用党政公文的这种协调作用，使党和国家、企事业单位以及社会组织齐心协力来完成各种工作。

3.1.2 公文的构成及格式

公文主要由版头、主体和版记构成，每个组成部分都有相应的写作格式。

1. 版头

公文首页的红色分隔线以上的部分被称为版头，包括6大要素，分别是份号、密级和保密期限、紧急程度、发文机关标志、发文字号、签发人，具体展示如图3-1所示。

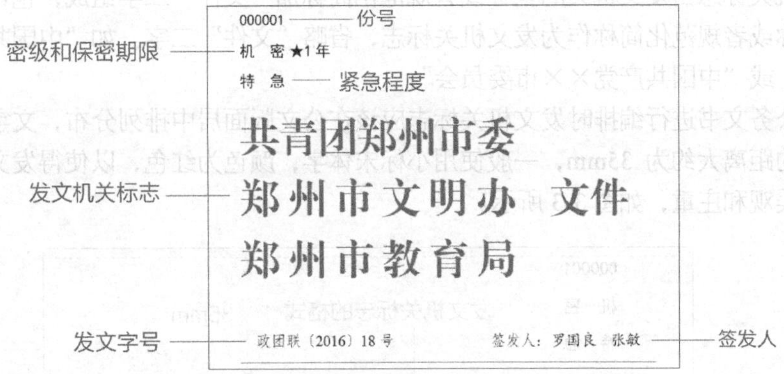

图3-1 党政公文的版头

（1）份号

份号指公文印制份数的顺序号，一般用6位阿拉伯数字表示，标注在首页版心左上角第一行，如图3-1所示的“000001”，字体常用3号黑体。例如，印制了10份，则每份公文的份号分别为“000001~000010”这10个序列数字。

新手解谜——哪些情况需要标注份号

一般公文不需要标注份号，但涉密公文，即绝密、机密、秘密3类公文则需要标注份号。另外，对于“办法”类公文，一般我们只为绝密、机密级别的标注份号即可。

（2）密级和保密期限

涉密公文必须标注秘密等级，即绝密、机密、秘密 3 类，秘密等级一般用 3 号黑体字顶格编排在版心左上角第二行；保密期限中的数字用阿拉伯数字标注。秘密等级和保密期限之间用“★”隔开，如“绝密★10 年”“机密★1 年”“秘密★5 年”，如图 3-2 所示。

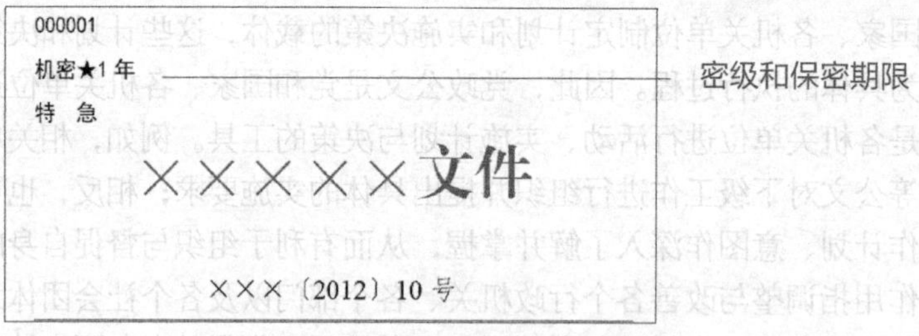

图 3-2 密级和保密期限的写作格式

（3）紧急程度

紧急公文需要标注紧急程度，即“特急”或“加急”，一般用 3 号黑体字顶格编排在版心左上角，代表紧急程度的两个汉字之间空出一个汉字的间距。

经验之谈

当公文上需要同时标注份号、密级和保密期限及紧急程度时，我们应该按照从上到下的顺序，依次编排份号、密级和保密期限、紧急程度。

（4）发文机关标志

发文机关标志由发文机关的全称或者规范化简称加“文件”二字组成，也可以直接使用发文机关全称或者规范化简称作为发文机关标志，省略“文件”二字。如“中国共产党××市委员会文件”或“中国共产党××市委员会”。

在对公务文书进行编排时发文机关标志应该在公文版面居中排列分布，文字的上边缘与版心上边缘的距离大约为 35mm，一般使用小标宋体字，颜色为红色，以使得发文机关的标志更加醒目、美观和庄重，如图 3-3 所示。

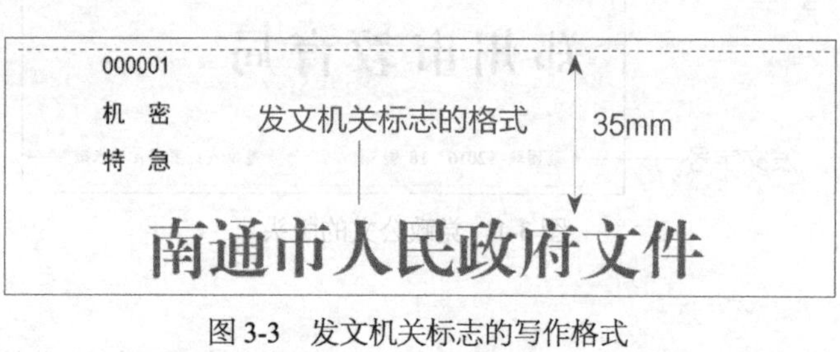

图 3-3 发文机关标志的写作格式

如果是联合行文（即有多个发文机关），则有关发文机关标志的规定如下。

① 需要同时标注联署发文机关名称时，一般应将主办机关名称排列在最前面，可以无“文件”二字，如图 3-4 所示。

② 需要标注“文件”二字时，应将“文件”二字放置在发文机关名称右侧，以联署发文机关名称为准，上下居中排列，如图 3-5 所示。

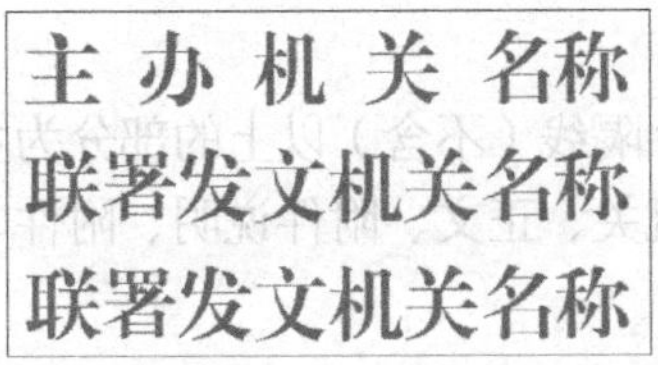

图 3-4 联合行文无“文件”的发文机关

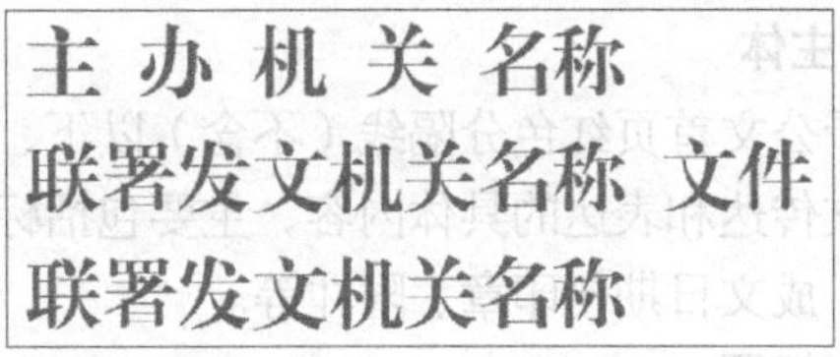

图 3-5 联合行文有“文件”的发文机关

（5）发文字号

发文字号编排在发文机关标志下方空 2 行的位置，同样居中排列。发文字号主要由发文机关代字、年份和发文顺序号 3 个部分组成，如图 3-6 所示，下面分别进行介绍。

图 3-6 发文字号的写作格式

- **发文机关代字**：发文机关代字由发文机关自行拟定，固定使用，不能经常更改。发文机关代字的构成方式一般为“地名代字+机关代字+分类代字”。例如，国务院办公厅发出的函件的发文代字为“国办函”；济南市人力资源和社会保障局的发文代字为“济人社发”。
- **年份**：发文字号中的年份应用全称，并用六角括号“〔 〕”括起来，不加“年”字，如“〔2016〕”。
- **发文顺序号**：发文顺序号不加“第”字，不编虚位。例如，“1”就是“1”，不能被标注为“01”；表示发文顺序号的阿拉伯数字后应加“号”字。

（6）签发人

签发人指签发文件的人，即机关单位的领导人，一般为单位的正职或主要领导授权人。党政公文如果是上行文，需标注签发人，该部分由“签发人”3 字加全角冒号（占 1 个汉字宽度）和签发人姓名组成。“签发人”3 字用 3 号仿宋体字，签发人姓名用 3 号楷体字，居右空一字，并编排在发文机关标志下空两行的位置。此时，发文字号居左空一字标注，如图 3-7 所示。

如果一份公务文书有多个签发人，则签发人姓名应按照发文机关的排列顺序，从左到右、自上而下依次均匀编排，一般每行编排两个姓名，换行后的签发人姓名与上一行第一个签发人姓名对齐书写；而发文字号同样应居左空一字标注，但需要与最后一个签发人姓名处在同一行，如图 3-8 所示。

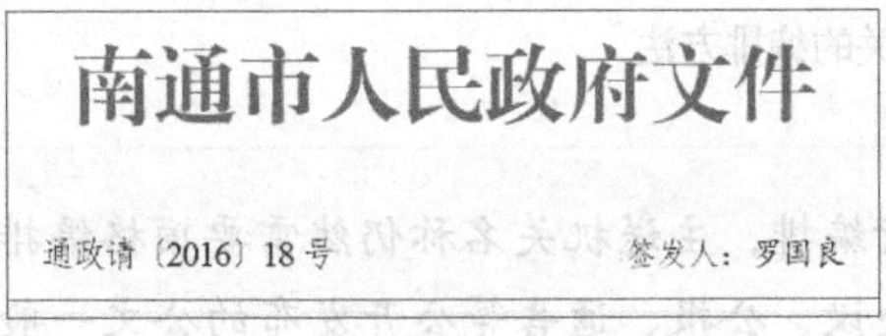

图 3-7 上行文的签发人写作格式

图 3-8 上行文的多个签发人写作格式

2. 主体

位于公文首页红色分隔线（不含）以下、末页首条分隔线（不含）以上的部分为主体。主体是公文传达和表达的具体内容，主要包括标题、主送机关、正文、附件说明、附件、发文机关署名、成文日期与印章、附注等。

（1）标题

公文的标题编排在公文首页红色分隔线下空两行的位置，一般用 2 号小标宋体字居中排列。如果标题内容过长，可分多行进行居中排列。换行时，要做到词意完整、排列对称、长短适宜、间距恰当。多行标题排列的排列效果，如图 3-9 所示。

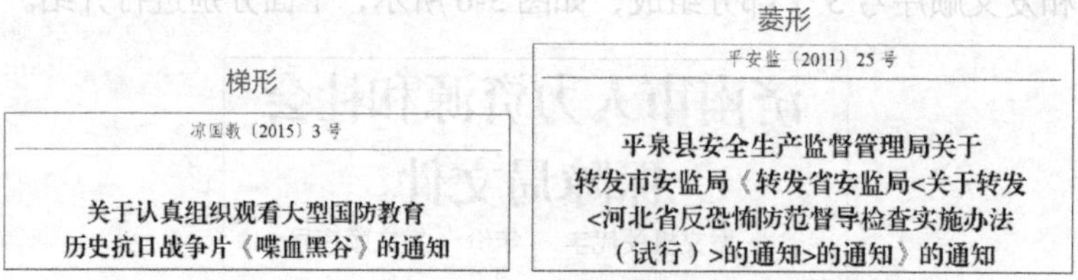
梯形
凉国教〔2015〕3 号
关于认真组织观看大型国防教育
历史抗日战争片《喋血黑谷》的通知
菱形
平安监〔2011〕25 号
平泉县安全生产监督管理局关于
转发市安监局《转发省安监局<关于转发
<河北省反恐怖防范督导检查实施办法
（试行）>的通知>的通知》的通知

图 3-9　多行标题的排列效果

公文标题的具体形式有以下 4 种。

- **发文机关+事由+文种**：这是最常见的公文标题形式，如“中共蒙城县委关于印发《关于改进工作作风、加强党风廉政建设的规定》的通知”。
- **事由+文种**：这种形式的标题省略了发文机关，如“关于做好教育实践活动调查问题的通知”。
- **发文机关+文种**：这种形式的标题省略了事由，即主要内容，如“中共中央通知”。
- **文种**：这种形式的标题只保留了公文种类，常用于公开发布的公告、通告等公文。

经验之谈

党政公文的标题除法规、规章名称需加书名号外，一般不加标点符号。标题中包含多个发文机关名称时，各名称间用空格分开，不加顿号。

（2）主送机关

主送机关即负责处理、执行党政公文的要求的机关。主送机关应编排在标题下空一行的位置，居左顶格，用 3 号仿宋体字书写，应使用全称、规范化简称或同类型机关的统称，最后一个机关名称后面加上全角冒号，如图 3-10 所示。

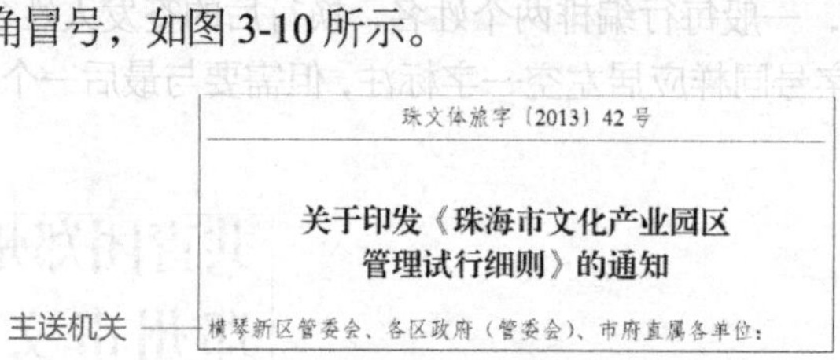
珠文体旅字〔2013〕42 号
关于印发《珠海市文化产业园区
管理试行细则》的通知
主送机关
横琴新区管委会、各区政府（管委会）、市府直属各单位：

图 3-10　主送机关的编排方法

经验之谈

如果由于主送机关名称过多而导致需要回行编排，主送机关名称仍然需要顶格编排。报告、请示等上行文只有一个主送机关；公告、决议、公报、通告等公开发布的公文一般无主送机关。

（3）正文

公文首页必须有正文，正文一般用3号仿宋体字，编排在主送机关名称下一行，每个自然段开头空出两个汉字的距离，回行时顶格编排，但是数字、年份不能回行。

正文如果包含许多表示段落层次的序数，则段落层次的序数，第一层为“一、”，黑体字；第二层为“(一)”，楷体字；第三层为“1.”，仿宋体字；第四层为“(1)”，仿宋体字，如图3-11所示。

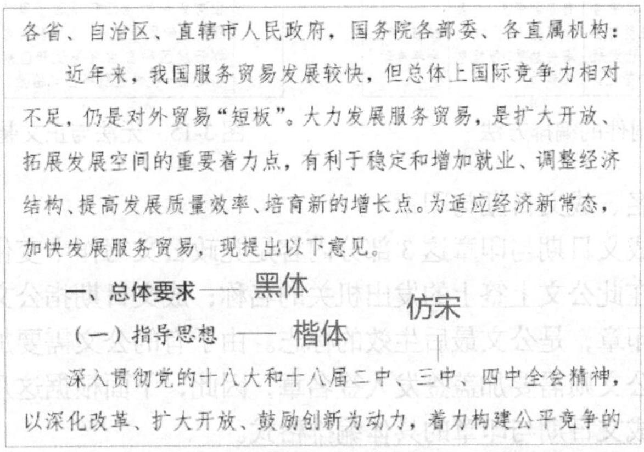
各省、自治区、直辖市人民政府，国务院各部委、各直属机构：

近年来，我国服务贸易发展较快，但总体上国际竞争力相对不足，仍是对外贸易“短板”。大力发展服务贸易，是扩大开放、拓展发展空间的重要着力点，有利于稳定和增加就业、调整经济结构、提高发展质量效率、培育新的增长点。为适应经济新常态，加快发展服务贸易，现提出以下意见。

一、总体要求

(一)指导思想

深入贯彻党的十八大和十八届二中、三中、四中全会精神，以深化改革、扩大开放、鼓励创新为动力，着力构建公平竞争的

图3-11　包含段落层次序数的正文编排方法

（4）附件说明

附件说明用来显示此公文中包含哪些附件，其写作格式为：使用与正文相同的3号仿宋体字，在正文末尾空一行，并在左侧空两个汉字的位置来编排“附件”二字，后面用全角冒号标注，再书写附件的具体名称，名称后面不加标点符号，如图3-12所示。

当公文中包含多个附件时，需要用阿拉伯数字标注附件的顺序号和附件的具体名称，名称后面同样不加标点符号。如果附件的名称较长，需要回行编排，则回行后的首字应该与上一行附件名称的首字对齐，如图3-13所示。

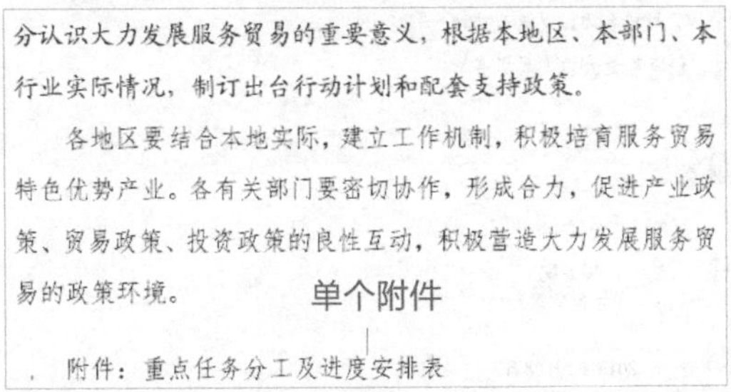
分认识大力发展服务贸易的重要意义，根据本地区、本部门、本行业实际情况，制订出台行动计划和配套支持政策。

各地区要结合本地实际，建立工作机制，积极培育服务贸易特色优势产业。各有关部门要密切协作，形成合力，促进产业政策、贸易政策、投资政策的良性互动，积极营造大力发展服务贸易的政策环境。

附件：重点任务分工及进度安排表

图3-12　附件说明的编排方法

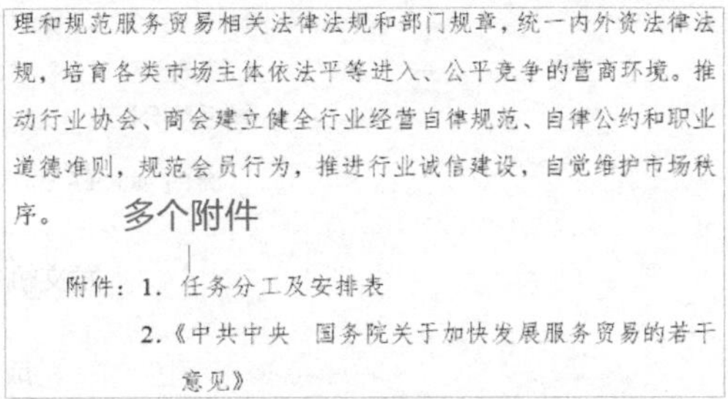
理和规范服务贸易相关法律法规和部门规章，统一内外资法律法规，培育各类市场主体依法平等进入、公平竞争的营商环境。推动行业协会、商会建立健全行业经营自律规范、自律公约和职业道德准则，规范会员行为，推进行业诚信建设，自觉维护市场秩序。

附件：1. 任务分工及安排表
　　　2.《中共中央　国务院关于加快发展服务贸易的若干
　　　　意见》

图3-13　包含多个附件的附件说明编排方法

（5）附件

附件应当在下一页面进行编排，与版记编排在同一页，并与党政公文正文一起装订。“附件”二字及附件顺序号用3号黑体字顶格编排在版心左上角第一行。附件标题一般用2号小标宋体字居中编排，上下各空一行，即附件标题编排在第3行，附件正文编排在第5行。另外，附件标题和附件顺序号必须与附件说明中的完全一致，附件内容的编排格式与正文的格式相同，如图3-14所示。

如果公文的附件与正文不能一起装订，则我们应在附件左上角第一行顶格编排发文代字并在其后标注“附件”二字及附件顺序号，如图 3-15 所示。

附件 —— “附件”二字

重点任务分工及进度安排表

序号	工作任务	负责部门	时间进度
1	在有条件的地区开展国际服务贸易创新发展试点。依托现有各类开发区和自由贸易试验区规划建设一批特色服务出口基地。	商务部牵头，发展改革委、财政部、海关总署、质检总局参加	2015 年上半年启动

图 3-14　附件的编排方法

国发〔2015〕8 号附件 1 —— 单独装订的附件

重点任务分工及进度安排表

序号	工作任务	负责部门	时间进度
1	在有条件的地区开展国际服务贸易创新发展试点。依托现有各类开发区和自由贸易试验区规划建设一批特色服务出口基地。	商务部牵头，发展改革委、财政部、海关总署、质检总局参加	2015 年上半年启动

图 3-15　无法与正文装订的附件编排方法

（6）发文机关署名、成文日期与印章

发文机关署名、成文日期与印章这 3 部分内容是党政公文写作中变化较大的内容之一。其中，发文机关署名指在此公文上签上的发出机关的名称；成文日期指公文发出或生效的时间；印章则是发文机关的印章，是公文最后生效的标志。由于有的公文需要加盖印章，有的公文不需要加盖印章，有的公文则需要加盖签发人签名章，因此，下面根据这几种不同的情况综合来介绍发文机关署名、成文日期与印章的具体编排格式。

① 加盖印章的公文。成文日期一般写在距右侧 4 个汉字的距离的位置，我们应使用阿拉伯数字将年、月、日标全，如“2015 年 1 月 28 日”。年份应标全称，月、日不编写虚位，即“1”不编写为“01”；在成文日期上方，以成文日期为准居中编排发文机关署名，署名应是发文机关全称或者规范化简称；印章为红色，禁止出现空白印章，印章需端正，并居中下压发文机关署名和成文日期，使发文机关署名和成文日期处在印章中心偏下的位置，如图 3-16 所示。

五、组织领导

（二十一）各地区、各有关部门要从全局和战略的高度，充分认识大力发展服务贸易的重要意义，根据本地区、本部门、本行业实际情况，制订出台行动计划和配套支持政策。

各地区要建立工作机制，结合本地实际，积极培育服务贸易特色优势产业。各有关部门要密切协作，形成合力，促进产业政策、贸易政策、投资政策的良性互动，积极营造大力发展服务贸易的政策环境。

附件：重点任务分工及进度安排表

发文机关署名 —— 国务院
（加盖公章）

成文日期 —— 2015年1月28日

图 3-16　成文日期、发文机关署名和印章的编排格式

新手解谜——联合行文的发文机关署名与印章格式

在联合行文中，应将各发文机关署名按照发文机关的顺序整齐排列在相应位置，并将印章一一对应，端正、居中下压发文机关署名。最后一个印章应端正、居中下压发文机关署名和成文日期，印章排列整齐、互不相交或相切，印章两端不得超出版心，首排印章顶端需要控制在与正文末尾（或附件说明）一行之内的距离，如图 3-17 所示。

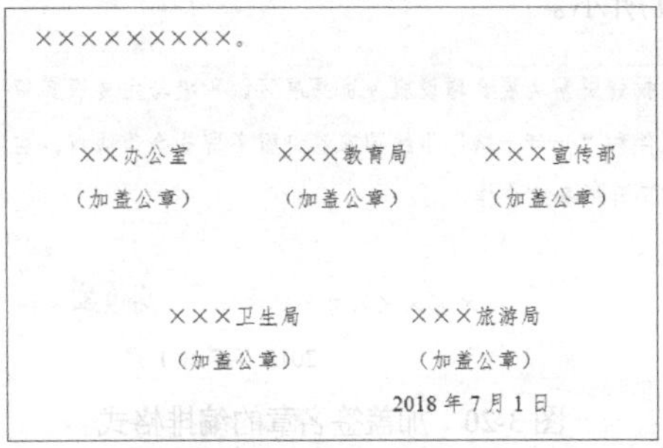
××××××××××。

××办公室　×××教育局　×××宣传部
（加盖公章）　（加盖公章）　（加盖公章）

×××卫生局　×××旅游局
（加盖公章）　（加盖公章）
2018年7月1日

图 3-17　联合行文的成文日期、发文机关署名与印章的编排格式

② 不加盖印章的公文。在正文（或附件说明）末尾空一行，且距右侧两个汉字的地方编排发文机关署名，然后在发文机关署名下一行编排成文日期，首字比发文机关署名首字右移两个汉字的距离。如果成文日期长于发文机关署名，则可以将成文日期在距离右侧两个汉字的地方编排，并相应地增加发文机关署名与右侧的距离，如图 3-18 所示。

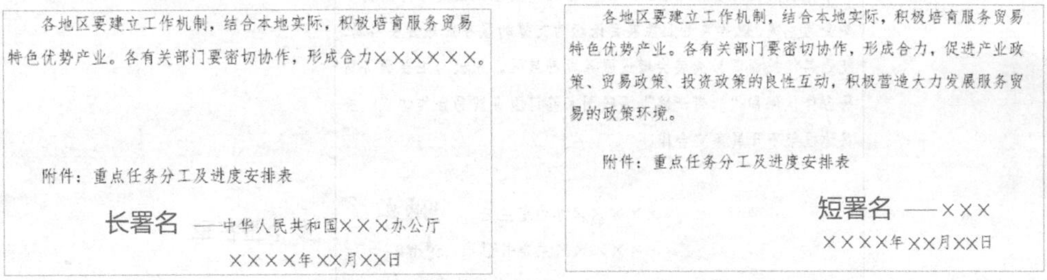
各地区要建立工作机制，结合本地实际，积极培育服务贸易特色优势产业。各有关部门要密切协作，形成合力××××××。

附件：重点任务分工及进度安排表

长署名 ——中华人民共和国×××办公厅
××××年××月××日

各地区要建立工作机制，结合本地实际，积极培育服务贸易特色优势产业。各有关部门要密切协作，形成合力，促进产业政策、贸易政策、投资政策的良性互动，积极营造大力发展服务贸易的政策环境。

附件：重点任务分工及进度安排表

短署名 ——×××
××××年××月××日

图 3-18　无印章时成文日期和发文机关署名的编排格式

新手解谜——无印章时联合行文的署名与成文日期格式

如果是联合行文，则应当先编排主办机关的署名，其余发文机关的署名依次向下编排，如图 3-19 所示。

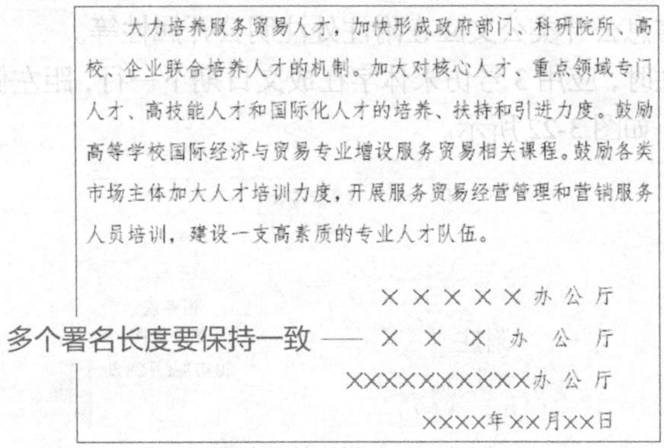
大力培养服务贸易人才，加快形成政府部门、科研院所、高校、企业联合培养人才的机制。加大对核心人才、重点领域专门人才、高技能人才和国际化人才的培养、扶持和引进力度。鼓励高等学校国际经济与贸易专业增设服务贸易相关课程。鼓励各类市场主体加大人才培训力度，开展服务贸易经营管理和营销服务人员培训，建设一支高素质的专业人才队伍。

×××××办公厅
多个署名长度要保持一致 —— ×××办公厅
×××××××××××办公厅
××××年××月××日

图 3-19　无印章时联合行文的成文日期和发文机关署名编排格式

③ 加盖签发人签名章的公文。在正文（或附件说明）末尾空两行，在距右侧 4 个汉字的地方加盖签名章，并且在距签名章左侧两个汉字的地方标注签发人职务，签发人职务应当标注为全称，以签名章为准，上下居中排列。在签发人签名章下空一行，且在距右侧 4 个汉字的地

方编排成文日期，如图 3-20 所示。

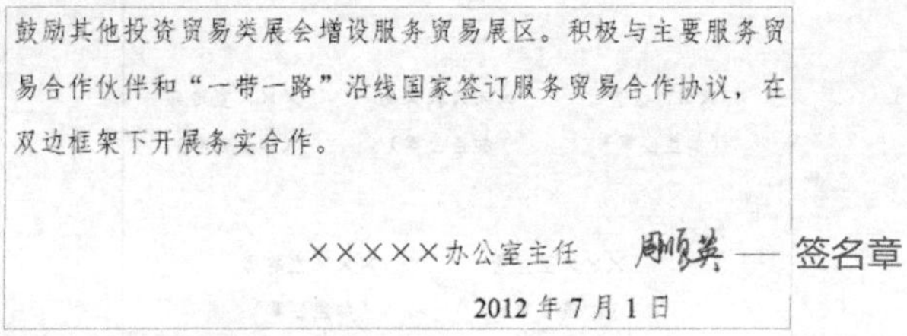

鼓励其他投资贸易类展会增设服务贸易展区。积极与主要服务贸易合作伙伴和“一带一路”沿线国家签订服务贸易合作协议，在双边框架下开展务实合作。

××××× 办公室主任

2012 年 7 月 1 日

图 3-20　加盖签名章的编排格式

新手解谜——联合行文的签名章格式

在联合行文中应当先编排主办机关签发人职务、签名章，其余机关签发人职务、签名章依次向下编排，与主办机关签发人职务、签名章上下对齐，每行只编排一个机关的签发人职务、签名章，如图 3-21 所示。

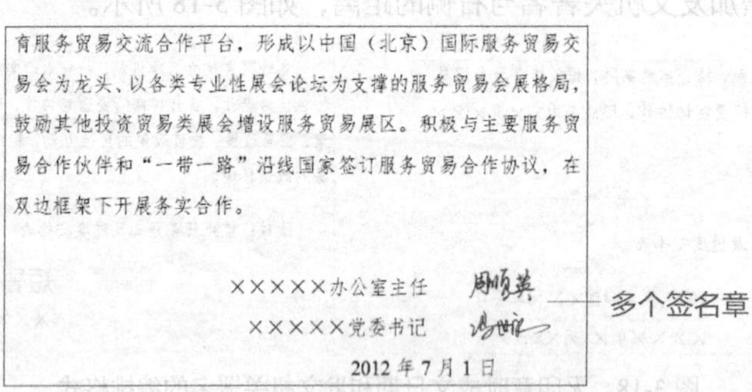

育服务贸易交流合作平台，形成以中国（北京）国际服务贸易交易会为龙头、以各类专业性展会论坛为支撑的服务贸易会展格局，鼓励其他投资贸易类展会增设服务贸易展区。积极与主要服务贸易合作伙伴和“一带一路”沿线国家签订服务贸易合作协议，在双边框架下开展务实合作。

××××× 办公室主任

××××× 党委书记

2012 年 7 月 1 日

图 3-21　联合行文的签名章编排格式

（7）附注

附注的作用主要是说明公文的发送、阅读和传达范围。请示、报告、函等类别的公文必须标注附注，其他文种视情况而定，下行文也可用附注。例如，请示类公文应在附注处注明联系人和联系电话；政府信息公开类公文应在附注处注明公开属性等。

公文如果包含附注时，应用 3 号仿宋体字在成文日期下一行，距左侧两个汉字的地方编排，并用圆括号标注起来，如图 3-22 所示。

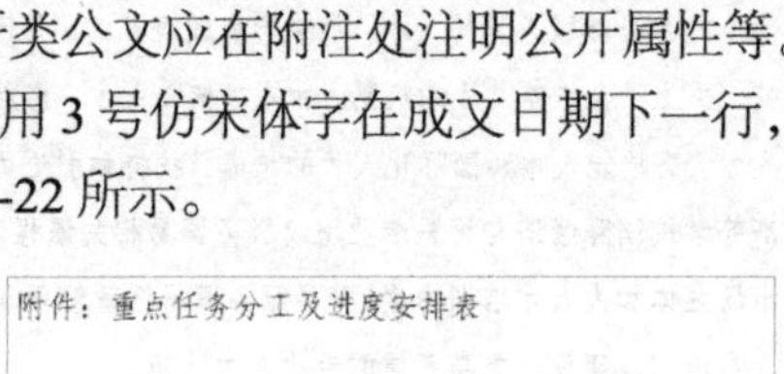

附件：重点任务分工及进度安排表

国务院
（加盖公章）
2015年1月28日

（此件公开发布）

图 3-22　附注的编排格式

3. 版记

在党政公文末页首条分隔线以下、与末条分隔线以上的部分被称为版记，由抄送机关、印发机关、印发日期等部分组成。版记应置于公文最后一页，且版记的最后一个部分应置于该页面的最后一行。

（1）抄送机关

抄送机关指除主送机关外，需要执行或知晓公文内容的其他机关。抄送机关可以是上级机关、下级机关或不相隶属机关。党政公文中如果包含抄送机关，一般用 4 号仿宋体字在距印发机关和印发日期之上一行、左右各空一个汉字的地方进行编排。“抄送”二字后需要加全角冒号和抄送机关名称，各抄送机关名称之间用逗号隔开，回行时下一行的首字与冒号后的首字对齐，最后一个抄送机关名称后面需要标记句号，如图 3-23 所示。

	强对地方服务贸易统计工作的指导，开展重点企业数据直报工作。		
25	鼓励高等学校国际经济与贸易专业增设服务贸易相关课程。	教育部	持续实施

抄送：××××××，××××，××××，×××××，×××
　　　×××，××××，×××××××，××××，×××××，
　　　××××××，××××，×××××××，××××。 —— 抄送机关

中华人民共和国国务院办公厅　　　　2015 年 1 月 28 日印发

图 3-23　抄送机关的编排格式

经验之谈

如果由于主送机关过多而导致首页无法显示正文内容，则需要将主送机关移至版记处。此时只需将“抄送”二字改为“主送”即可，其余编排方法与抄送机关的编排方法完全相同。如果既有主送机关又有抄送机关，则应将主送机关置于抄送机关之上一行的地方，中间不加分隔线，格式与普通抄送机关的格式一致。

（2）印发机关和印发日期

印发机关和印发日期一般用 4 号仿宋体字编排在末条分隔线上，抄送机关之下，两个部分在同一行。印发机关在距左侧一个汉字的距离的地方，印发日期距右侧一个汉字的地方，书写时用阿拉伯数字将年、月、日标全，年份应标全称，月、日不编排虚位，即“1”不编排为“01”，并且加“印发”二字。

（3）分隔线

版记中的分隔线与版心等宽，颜色为黑色，首条分隔线和末条分隔线为粗线，大约为 1 磅宽（约等于 0.35mm）。版记中间的分隔线用细线，约为 0.75 磅宽（约等于 0.25mm）。首条分隔线位于版记中第一个部分之上，末条分隔线与公文最后一页的版心下边缘重合。

3.1.3 财经公务文书的行文规则

行文规则指各级机关、企事业单位进行公文往来时需要共同遵守的公务文书写作的制度和原则。遵守公文行文规则，有利于公文传递方向的正确性，因此，在写作公文时，作者应严格遵守公文的行文规则，下面分别介绍公文的相关行文规则。

1. 总体规则

公文的行文规则规定了各级机关的行文关系，即各级机关之间公文的授受关系。各级机关之间公文的授受关系是根据机关的组织系统、领导关系和职权范围来确定的。总体来说，党政

公文需要遵守以下两点行文规则。

① 行文应当确有必要、讲求实效，注重行文内容的针对性和可操作性。

② 行文关系根据隶属关系和职权范围确定。一般情况下不得越级行文；特殊情况需要越级行文的，应当同时抄送被越级的机关。不越级行文体现了一级抓一级、一级对一级负责的原则，破坏这种原则会造成管理混乱，影响机关办事效率，一般不建议越级行文。

经验之谈

遇有特殊情况，如重大的事故、防汛救灾等突发事件或上级领导在现场办公中特别交代的问题，可越级行文、特事特办，但公文需要抄送被越过的上级机关。否则，受文机关对越级公文可做退回原呈报机关的处理，或作为阅件处理，不予办理或答复。

2. 上行文规则

上行文指下级机关向上级领导机关呈送的各类公文，如请示、报告等。需要注意的是，行文关系根据隶属关系和职权范围确定，一般下级机关不得越级请示和报告。即下级机关只能向直接主管的上级领导机关行文，只有在特殊情况下才可越级行文。

下级机关向上级机关行文，应当遵循以下规则。

① 原则上只主送一个上级机关，根据需要同时抄送相关上级机关和同级机关，不抄送下级机关。

② 党委、政府的部门向上级主管部门请示、报告重大事项，应当经本级党委、政府同意或者授权；属于部门职权范围内的事项则直接报送上级主管部门。

③ 下级机关对于请示事项，如需以本机关名义向上级机关请示，应当提出倾向性意见后再进行上报，不得原文转报上级机关。

④ 请示应当一文一事，不得在报告等非请示性公文中夹带请示事项。

⑤ 除上级机关负责人直接交办的事项外，下级机关不得以本机关名义向上级机关负责人报送公文，也不得以本机关负责人名义向上级机关报送公文。

⑥ 受双重领导的下级机关如向一个上级机关行文，必要时需抄送另一个上级机关。

3. 下行文规则

下行文指上级机关对所属下级机关的一种行文，如命令（令）、决定、决议、公告、通告、通知、通报、批复等。下行文可以逐级行文，即上级机关把公文下发到直属的下一级机关；也可以多级行文，即上级机关将公文同时下发到其下属的多层机关；甚至可以直接发送给基层群众，即上级机关通过登报、张贴、广播电视传送等形式，直接向广大人民群众行文。

上级机关向下级机关行文应当遵循以下规则。

① 主送受理机关，根据需要抄送相关机关。重要行文应当同时抄送发文机关的直接上级机关。

② 党委、政府的办公厅（室）根据本级党委、政府授权，可以向下级党委、政府行文，其他部门和单位不得向下级党委、政府发布指令性公文或者在公文中向下级党委、政府提出指令性要求。需经政府审批的具体事项，经政府同意后可以由政府职能部门行文，文中须注明已经政府同意。

③ 党委、政府的部门在各自职权范围内可以向下级党委、政府的相关部门行文。

④ 涉及多个部门职权范围内的事务，部门之间未协商一致的，不得向下行文；擅自行文

的，上级机关应当责令其纠正或者撤销。

⑤ 上级机关向受双重领导的下级机关行文，必要时抄送该下级机关的另一个上级机关。

4. 联合行文规则

联合行文，即多个机关联合向上行文，或联合向下行文，具体规则如下。

① 同级党政机关、党政机关与其他同级机关必要时可以联合行文。

② 属于党委、政府各自职权范围内的工作，不得联合行文。

③ 党委、政府的部门依据职权可以相互行文。

④ 部门内设机构除办公厅（室）外不得对外正式行文。

新手解谜——同级单位之间的行文

同级机关或没有隶属关系的机关之间往来的各类公文属于平行文，包括通知、函、议案等。同级的行政机关、企事业单位和其他社会组织之间的公务联系，都可以通过函等同级单位之间的行文的形式进行。

3.1.4 常用的公文类型

在财经公务文书中，比较常用的公文类型包括通知、通报、通告、公告、请示、报告、会议纪要与函等。

- **通知**：通知是各级党政机关、人民团体、企事业单位在工作中使用频率最高、适用范围最广的一种文书，具备发布有关法规、制度、批转和转发上级机关文件并对下级机关做出指示的功能。
- **通报**：通报分为表彰通报、批评通报和情况通报 3 种，主要用于表彰优秀、批评错误以及传达重要精神或重要事项；通报既可以让人们知晓内容，又能起到非常好的教育、宣传作用。
- **通告**：通告适用于公布社会各方面应当周知或遵守的事项的文书，可分为知照性通告、办理性通告和禁管性通告 3 种，通告与公告都属于公布型公文。
- **公告**：公告强调“一文一事”，内容必须是能在国际或是国内产生一定影响、或者依照法律规定必须向社会大众公布的法定事项，具有全国性和国际性的意义。
- **请示**：请示指向上级机关就某些事项进行请示，请求上级机关指示、批复的一种上行文，一份请示只能请求一件事，内容必须单一，不能诸事共请。
- **报告**：报告是向上级机关汇报情况、学习、工作，或者回复上级机关询问的一种单向上行文，报告一般是事后行文，汇报性是其非常显著的一个特点。
- **会议纪要**：会议纪要是主要用来记载有关会议的议定事项和会议情况的一种公务文书，既是下行文，也是平行文；作为下行文时要求收文机关根据文件执行相关事项，作为平行文时是为了使收文机关了解相关情况并予以配合。
- **函**：函指不相隶属的机关之间进行商洽事务的一类文书，属于平行文，行文过程中要尤其注意语言应平和谦逊、诚恳礼貌。

3.2 通知与通报

通知与通报虽然仅有一字之差，但却是两类完全不同的文种。本节将详细介绍两者的特点、类型及写作格式，从而帮助读者在实际运用中正确区分并使用这两个文种。

3.2.1 通知

通知一般是下行文，是运用最为广泛的一种公文，适用于批转下级机关的公文、发布党内法规、任免人员、传达上级机关的指示、转发上级机关和不相隶属机关的公文、传达和发布要求下级机关办理和需要有关单位周知或者执行的事项等。

1. 通知的特点与分类

（1）通知的特点

通知主要有多样性、广泛性、指导性和时效性等特点，下面分别进行介绍。

- **多样性：**通知的功能丰富，可以用来布置工作、传达指示、晓喻事项、发布规章、批转和转发文件、任免干部等。
- **广泛性：**通知的制发不受发文机关的级别限制，也没有严格限制行文路线，一般作为上级机关对下级机关的下行文；但平行机关之间、不相隶属的机关之间，也可以使用通知传递相关事项。
- **指导性：**通知一般都具有指导性。例如，上级机关向下级机关发通知，通常是为了部署和指导工作、批转和转发文件等工作，这需要明确阐述处理这些问题的原则和方法。有的通知虽然只是告知作用，但告知本身也具有指导作用。
- **时效性：**通知事项一般要求立即知晓、执行或办理，不能拖延。有些通知只在指定的时期内有效，特别是会议通知，通知过期之后也就失去了效力。

经验之谈

利用通知的形式发布的公文，多是基层的、局部性的、非有害性的。虽然用通知来布置工作、传达指示的慎重程度和级别不如决定、决议等文种，但通知更适合用来处理一般的常规性事务。

（2）通知的分类

根据适用范围，通知可以分为以下几类，下面分别进行介绍。

- **批转性通知：**批转性通知用于上级机关批转下级机关的公文给所属人员，以便让其周知或执行。批转性通知或转述其他机关公文，或发布经讨论通过或上级批准的事项，因此批转性通知发文的重点不是通知本身，而是被批转的公文。批转性通知常用“发文机关+‘批转’原发文机关+事由+文种”格式，正文内容较少，一般是表明同意某个文件并要求贯彻执行，正文中需要将批转的原文件显示出来，以方便相关单位参照执行。
- **转发性通知：**转发性通知用于转发上级机关和不相隶属机关的公文给所属人员，以便让其周知或执行。转发性通知与批转性通知的写法大致相似，但效力并没有批转性通知的高。

新手解谜——批转和转发的区别

批转和转发的区别在于，“批”字有批示、批准的意思，只能对下级使用；发文单位对上级或不相隶属机关的公文无权批转，只能转发。也就是说，批转方式只能是上级对下级机关使用；转发方式可以是上级对下级机关使用，可以是下级对上级机关使用，也可以是对不相隶属机关使用。

- **发布性通知**：发布性通知用于颁布、印发各级行政领导机关制定的行政法规和规章，包括条例、规定、办法和细节等。其与批转性通知和转发性通知不同的是，当发布的是已经发布过的文件时，必须说明新文件何时实施，并注明旧文件何时废止。

经验之谈

发布性通知应该将所发布的规章名称在标题中显示出来，并用书名号括起来；在批转性通知和转发性通知中，所批转或转发的文件名称也应出现在标题中，但不一定要使用书名号。

- **事务性通知**：事务性通知用于上级机关向下级机关传达需要周知或要求执行的事项，包括布置工作、安排活动、召开会议、设置机构等。不同于前面3类通知，事务性通知采用直述式写法，需要概述实际情况、交代发文背景、指出发文依据、说明发文目的，再分条列项地叙述通知内容。
- **任免性通知**：任免性通知用于任免和聘用干部。任免性通知内容简单，只需要将任命和免去等相关人事变动罗列出来即可，结尾一般以“特此通知”等习惯用语结束。
- **告知性通知**：告知性通知用于向各级单位告知相关事项，最常见的告知性通知就是会议通知。

2. 通知的写作格式

由于通知的功能多、种类多，因此不同类型的通知的写作格式也有较大的区别。但基本格式总体来说都大同小异，如图3-24所示。

××××关于××××的通知	标题
××××：	主送机关
××××××××××××××××××××××，现就有关问题通知如下。	通知缘由
×××××××××××，×××××××××××××××××。	通知事项
×××××××××××××××××，××××××××××××××××××××××××××。 特此通知。	执行要求
××××××××（印章）	发文机关署名
××年×月×日	成文日期

图3-24 通知的写作格式

（1）标题

通知的标题一般由“发文机关+事由+文种”组成，如《中共中央办公厅 国务院办公厅关于严禁用公费变相出国（境）旅游的通知》。当然，也可以省略发文机关，直接由“事由+文种”组成标题，如《关于印发〈规范国有土地租赁若干意见〉的通知》（国土资发〔××〕××号）。

（2）主送机关

通知的发文对象一般都比较明确，因此需要有主送机关。如果主送机关较多，按照主送机关单位的级别高低排列。

（3）正文

通知的正文主要包括通知缘由、通知事项和执行要求，下面分别进行介绍。

• **通知缘由**：事务性、任免性、告知性通知的写法与决定接近，主要需写明有关背景、根据、目的、意义等；批转性通知、转发性通知可以在正文开头表述通知缘由，但此种通知多数直接以表达转发对象和转发决定为开头，无须说明缘由；发布性通知多数情况下无明显的开头部分，一般也不交代缘由。

• **通知事项**：即通知的主体部分，需要写明要发布的指示，安排的工作，提出的方法、措施和步骤等具体内容，以便于受文机关知晓和执行。

• **执行要求**：对于发布性、事务性、告知性通知，可以在结尾处提出有关的执行要求，也可省略。

（4）发文机关署名和成文日期

通知的发文机关署名和成文日期没有特别之处，按党政公文的一般要求标记在最后即可。

3. 范文点评：告知性通知

【范文】

国务院办公厅关于2011年部分节假日安排的通知

各省、自治区、直辖市人民政府，国务院各部委、各直属机构：

根据国务院《关于修改<全国年节及纪念日放假办法>的决定》，为便于各地区、各部门及早合理安排节假日旅游、交通运输、生产经营等有关工作，经国务院批准，现将2011年元旦、春节、清明节、劳动节、端午节、中秋节和国庆节放假调休日期的具体安排通知如下（**说明了通知的目的是希望各部门及早合理安排各项工作**）。

一、元旦：1月1日至3日放假公休，共3天。

二、春节：2月2日（农历除夕）至8日放假调休，共7天。1月30日（星期日）、2月12日（星期六）上班。

三、清明节：4月3日至5日放假调休，共3天。4月2日（星期六）上班。

四、劳动节：4月30日至5月2日放假公休，共3天。

五、端午节：6月4日至6日放假公休，共3天。

六、中秋节：9月10日至12日放假公休，共3天。

七、国庆节：10月1日至7日放假调休，共7天。10月8日（星期六）、10月9日（星期日）上班（**简要且准确地说明了节假日的具体时间安排**）。

节假日期间，各地区、各部门要妥善安排好值班和安全、保卫等工作，遇有重大突发事件发生，要按规定及时报告并妥善处置，确保人民群众祥和平安度过节日假期（**提出相关要求**）。

国务院办公厅

2010年12月9日

【点评】

告知性通知的典型写法就是直接说明通知的原因和目的，交代通知的具体事项，并提出一定的要求、建议或希望。上述范文完整清晰地展现了告知性通知应包含的内容，是一篇非常有参考价值的通知范文。

3.2.2 通报

通报的使用范围广泛，主要用于表扬好人好事、批评错误和歪风邪气、通报引以为戒的恶性事故、传达重要情况及需要各单位知晓的事项，各级党政机关和单位都可以使用。

1. 通报的特点与分类

（1）通报的特点

通报具有典型性、引导性、时效性、真实性和公开性等特点，下面分别进行介绍。

- **典型性**：通报的题材必须既有普遍性、代表性，又有个性和新鲜感，通过典型人物、典型事件或典型情况可以引起人们的高度关注，起到以点带面的作用。
- **引导性**：无论是表彰、批评，还是通报情况，通告的最终目的不仅在于宣布事件的处理结果，更重要的是通过典型的人物和事迹引导人们树立正确的价值观，或提供借鉴、总结经验、汲取教训。
- **时效性**：通报的行文一定要及时，行文单位要具有高度的社会责任感和政治敏锐性，及时发现好的苗头或不良倾向，并第一时间制发通报，对其进行表彰或批评，指导当前的工作。换言之，通报越及时，对工作的指导作用就越大。
- **真实性**：无论是表扬、批评，还是告知情况或传达精神，通报中的案例都必须是真实的，不允许有任何虚假成分，通报的内容必须准确无误、实事求是，否则就达不到引导教育的目的。
- **公开性**：通报应当在一定范围内及时公之于众，或直接向干部群众宣读，或及时与有关单位沟通，上情下达、交流信息，使通报真正起到应有的作用。

（2）通报的分类

根据通报的性质与内容，可以将通报分为表彰通报、批评通报和情况通报，下面分别进行介绍。

- **表彰通报**：表彰通报用来表彰先进单位和个人、介绍先进经验或事迹，以及树立典型，号召大家向其学习。表彰通报的重点是通过阐述先进事迹，号召人们学习优秀的精神。表彰通报要介绍当前形势和情况及进行表彰的原因，接着明确表彰对象，然后提出要求、希望和号召。如果表彰对象过多，可通过附件的形式来展示。
- **批评通报**：批评通报用来批评、处分错误，以示警戒，要求被通报者和大家汲取教训。批评通报要抓被通报者的主要错误事实，要按照情况找出错误根源，阐明处理决定，使人们能从中汲取教训。批评通报结尾处，通常要有针对性地提出防范措施或规定。
- **情况通报**：情况通报用来在一定范围内传达重要情况、动向和精神，以指导工作为目的，具有沟通和知会的双重作用。写作情况通报时，可以先讲明情况，然后进行分析并得出结论；也可以先通过简要分析得出结论，再列举情况来说明结论的正确性和针对性。

2. 通报和通知的区别

通报和通知是两种截然不同的公文，其区别如下。

- **内容范围不同**：两者虽然都有告知的作用，但通知告知的主要是工作情况以及需共同遵守执行的事项；通报则是告知正反面典型，或有关的重要精神或情况。例如，通知可以发布行政法规和规章，批转和转发公文，传达须办理和周知的事项等；通报则用于表扬先进，批评错误，传达、交流重要的情况、信息等。

● **目的要求不同**：通知的目的是告知事项、布置工作、部署行动，内容要具体，要让受文机关了解要办什么事、该怎样办、不能怎样办，有严格的约束力，并要求受文机关遵照执行；通报的目的主要是为了交流、了解情况，或通过正反面的典型去教育人们，宣传先进的思想和事迹，提高人们的认识。

● **表现方法不同**：通知的表现方法主要是叙述，告知人们做什么、怎样做，叙述具体，语言平实；通报的表现方法则常兼用叙述、说明、分析和议论，感情色彩更为强烈。

● **行文时间不同**：通知告知的是相关事项，一般是在事前行文；通报告知的是已经发生过的有关情况，只能在事后行文。

3. 通报的写作格式

通报主要由标题、主送机关、正文、发文机关署名和成文日期等部分组成。

××××关于××××的通报	标题
××××：	主送机关
×××××××××××，×××××。	主要事实：陈述通报的情况
××××××，×××××。	教育意义：说明教育意义
×××××××××××××××，×××××××××××××××。	决定要求：做出决定并提出要求
×××××××（印章）	发文机关署名
××年×月×日	成文日期

（1）标题和主送机关

通报的标题通常由“发文机关+事由+文种”构成，有时也可省略发文机关，直接由“事由+文种”表示。

由于通报的主送机关一般为直属下级机关，或需要了解通报内容的不相隶属的单位，受文机关比较明确，因此不能省略主送机关这个部分。

（2）正文

表彰通报和批评通报的正文分为3部分，即主要事实、教育意义和决定要求。作者在通报的正文中通过叙述典型案例反映教育意义，进而对大家提出相应的要求。情况通报则既可以只对有关事实作客观叙述，也可以对有关情况加以分析说明，甚至可以针对具体问题提出相应的指导性意见。

（3）发文机关署名和成文日期

通报的发文机关署名标注于正文后右下方，若在标题中已出现发文机关的名称，也可以不再署名；成文日期一般为发文日期，可标注在标题之下。

4. 通报的写作注意事项

撰写通报时，应注意以下3点。

● **通报的内容要真实**：通报的内容及所引材料，都必须真实无误。写作通报之前应进行调研，对有关情况和事例应进行认真核对，并客观、准确地进行分析、评论。

● **通报决定要恰如其分**：无论哪一种通报，都要做到态度鲜明、分析中肯、评价实事求是、结论公正准确、用语把握分寸，否则通报不但会缺乏说服力，还有可能产生副作用。

● **通报的语言要简洁、庄重**：表彰通报和批评通报还应注意用语分寸，要力求文实相符，不讲空话、套话，不讲过激的话。

5. 范文点评：对典型经验的表彰通报

【范文】

国务院办公厅关于对国务院第三次大督查发现的典型经验做法给予表扬的通报

各省、自治区、直辖市人民政府，国务院各部委、各直属机构：

为推动党中央、国务院重大决策部署贯彻落实，2016年8月下旬至9月底，国务院部署开展了对重大政策措施落实情况的第三次大督查。从督查情况看，各地区、各部门认真贯彻落实中央经济工作会议部署和政府工作报告提出的任务要求，勇于创新、真抓实干，敢于担当、主动作为，在促进经济平稳增长、推进供给侧结构性改革、抓好“三去一降一补”重点任务、推动大众创业万众创新、培育发展新动能、破解民生难题等方面结合实际创造性地开展工作，取得了积极成效，形成了一些好的经验和做法（**这一段陈述的就是通报的具体事实情况**）。

为进一步调动和激发各方面的主动性、积极性和创造性，推动形成干事创业、竞相发展的良好局面，经国务院同意，对北京市海淀区以建设双创示范基地为契机促进经济发展提质增效等32项地方典型经验做法和国家发展改革委、工业和信息化部积极推进钢铁煤炭行业化解过剩产能工作等17项部门典型经验做法予以通报表扬。希望受到表扬的地区、部门珍惜荣誉，再接再厉，取得新的更大成绩（**这一段则是希望通过通报后得到的教育意义以及通报的具体决定**）。

各地区、各部门要按照党中央、国务院的总体部署，牢固树立创新、协调、绿色、开放、共享的发展理念，坚持稳中求进工作总基调，积极适应和引领经济发展新常态，振奋精神，铆足干劲，迎难而上，锐意进取，学习借鉴典型经验做法，主动破解经济运行和改革发展中的难题，全力推动党中央、国务院重大决策部署落地生效，实现经济社会持续健康发展（**这一段则是提出的要求和希望**）。

附件：1. 国务院第三次大督查发现的地方典型经验做法（共32项）

2. 国务院第三次大督查发现的部门典型经验做法（共17项）

国务院办公厅

2016年12月4日

【点评】

这篇表彰通报写得较有特色，正文开头部分采用总括的写法，概括介绍了大督查的情况和成效，以此作为行文的引据。接下来说明了表彰的目的和意义，即希望进一步形成良好的局面，并根据该目的引出了表彰的内容。这种写法与开篇直接表彰的写法相比较而言，全文结构层次更加清晰，逻辑更为缜密。首先叙述事实，继而做出表彰，在全文的最后提出希望和要求，环环相扣、水到渠成、不容置疑。

3.3 公告与通告

公告与通告都属于周知性文种，都是用来宣告和公布事项的常用公文，本节将详细介绍这两大文种的写作方法，包括公告与通告的类型与适用范围、写作格式、注意事项等内容。

3.3.1 公告

公告是发文机关向国内外宣布重要事项或者法定事项的公文，上至最高国家权力机关、行政机关，下至各级机关部门、人民团体、企事业单位等都可以使用，公告的目的在于让有关方面或人民群众对相关事项能够及时知晓。

1. 公告的类型与适用范围

（1）公告的类型

公告主要有要事性公告、政策性公告、任免性公告、法定性公告4种类型，下面分别进行介绍。

- **要事性公告**：要事性公告指非常重要和有影响力的公告，主要涉及国家的政治、经济、军事、科技、教育、人事、外交等需要告知全民的重要事项。
- **政策性公告**：政策性公告指将相关的法规条例等文件正式予以公众悉知的公告，文件内容应发布给公众知晓。
- **任免性公告**：任免性公告指将重大人事变动公之于众的公告，一般只有国家领导人或重要机关人事变动才会使用任免性公告。
- **法定性公告**：法定性公告指依照有关法律和法规的规定，将其中的重要事情和主要环节以公告的方式向全民公布的公告。这类公告通常只需包含标题和正文即可。

（2）公告的适用范围

公告的适用范围非常广泛，归纳起来主要有以下4个方面，下面分别进行介绍。

- 以国家名义向国内外宣布重大事件，或授权新华社以公告形式公开宣布某一事项的有关规定、要求。例如，公布国家领导人出国访问的安排，国家领导人的选举结果，洲际导弹、人造卫星的发射等。
- 用于人民法院审理案件。例如，向被告送达法律文书等。
- 国家机关可在其职权范围内使用公告公布的事项，基层单位一般不能制发公告。
- 当企事业单位、社会团体依法必须向社会公布法定事项时，也可以使用公告这种文种。例如，某企业在投资设立子公司时，可以通过公告将子公司设立的具体事项公之于众。

2. 公告的写作格式

公告由标题、正文、发文机关署名和成文日期等部分组成。

××××关于××××的公告	标题：下方可以有成文日期
××××××××××××××××××××。	事由：说明公告原因和目的
××××××××××××××××××××，×××。	事项：交代公告的内容
××××××××××××。特此公告。	结语：提出希望、要求
××××××××（印章）	发文机关署名（视标题可省略）
××年×月×日	成文日期

（1）标题

公告标题最常见的形式为“发文机关+事项+文种”，如“国家税务总局关于发布《企业政策性搬迁所得税管理办法》的公告”。除此以外，“发文机关+文种”或“文种（即公告）”也可以作为公告的标题。

(2) 正文

公告的正文一般包含事由、事项和结语3部分，下面分别进行介绍。

- **事由**：公告的原因和目的。例如，正文开篇先介绍公告的背景，再用“现将……公告如下”等过渡语引出公告内容；有的公告也可省略事由部分，直接交代公告事项。
- **事项**：即公文告知的内容，直接叙述即可。
- **结语**：正文的结语一般是提出希望、要求、警告等，常用“现予公告”“特此公告”等习惯用语收尾。

(3) 发文机关署名和成文日期

发文机关署名和成文日期依次在文末写明即可。如果发文机关的名称已经在标题中出现过了，则此处可以省略不写。

3. 公告的写作注意事项

撰写公告时，应注意以下4点。

① 公告写作要实事求是、就实公告；公告语言要严肃庄重，不发议论、不加说明，更不能抒情。

② 公告一般不编号，但当某一次会议或某一专门事项需要连续发布几个公告时，则应在标题下编号。

③ 不能望文生义，将“公告”单纯地理解为“公开告知”有关事项。例如，声明某业务与本单位无关，或揭露有人冒充某报记者行骗，这类事件不能使用公告。

④ 公告不是通告，不是所有向社会公布的事项都能使用“公告”这种文种，一定要注意的是，公告是向国内外宣布重要事项或者法定事项的公文。

4. 范文点评：关于发布某政策的公告

【范文】

国家税务总局关于发布《企业政策性搬迁所得税管理办法》的公告

国家税务总局公告2012年第40号

现将《企业政策性搬迁所得税管理办法》予以发布，自2012年10月1日起施行（**这句话直接说明了公告的事由，省略了发出此公告的原因、目的和背景，是政策性公告的典型写法**）。

特此公告。

国家税务总局

2012年8月10日

企业政策性搬迁所得税管理办法

第一章　总则

第一条　为规范企业政策性搬迁的所得税征收管理，根据《中华人民共和国企业所得税法》（以下简称《企业所得税法》）及其实施条例的有关规定，制定本办法。

第二条　本办法执行范围仅限于企业政策性搬迁过程中涉及的所得税征收管理事项，不包括企业自行搬迁或商业性搬迁等非政策性搬迁的税务处理事项。

（略）

第二十八条　本办法施行后，《国家税务总局关于企业政策性搬迁或处置收入有关企业所得税处理问题的通知》（国税函〔2009〕118号）同时废止。

附件：中华人民共和国企业政策性搬迁清算损益表

分送：各省、自治区、直辖市和计划单列市国家税务局、地方税务局

【点评】

这是一篇典型的政策性公告，公告内容是告知某办法正式实施，以及该办法的具体内容。对于这类政策性公告，一般需要在标题下方标注公告的年份和字号，要在正文中准确说明公告中的政策名称以及实施日期。结尾一般以“特此公告”结束。同时不会省略发文机关署名和成文日期。

3.3.2 通告

通告适用于在一定范围内公布应当遵守或者周知的事项，通告的使用比较广泛，一般机关、企事业单位甚至临时性机构都可使用，但强制性的通告必须依法发布，且限定范围不能超过发文机关的权限。

1. 通告的特点与分类

（1）通告的特点

通告是各级机关、企事业单位常用的具有周知性和一定约束力的文种。通告具有周知性、法规性、务实性和广泛性等特点，下面分别进行介绍。

- **周知性**：通告的内容要求被在一定范围内的人群或特定的人群普遍知晓，使他们能够了解有关政策法规，遵守某些规定事项，共同维护社会公共管理秩序。
- **法规性**：通告常用来颁布地方性法规。这些法规一经颁布，则特定范围内的部门、单位和民众都必须遵守、执行。
- **务实性**：通告是一种直接指向某项事务的文种，务实性比较突出。通告的内容一般属于业务方面的问题，而且多为局部的、具体的问题，如交通、金融、能源等，使用频率较高。
- **广泛性**：通告既可以是对本组织或成员发出的，也可以是对本组织之外的社会成员发出的，通告可以涉及的对象范围较广。

（2）通告的分类

通告指在公布社会各有关单位和个人应当遵守或者周知的事项时所使用的公文文种，按公布的内容不同，通告有以下3种类别，下面分别进行介绍。

- **知照性通告**：知照性通告公布的是需要有关单位和个人周知的某些事项，如通告停电、停水、电话升位等。知照性通告最能体现通告这一文种的特点，内容包含标题、正文、发文机关署名、成文日期等。
- **办理性通告**：办理性通告公布的是要求有关单位和人员办理的事项，多为注册、登记、年检等公共事项，目的在于告知公众事项的操作方法。
- **禁管性通告**：禁管性通告公布的是一些令行禁止的事项，如交通管制、查禁违禁物品等。禁管性通告必须说明哪些是违法和违规的操作，进行违法和违规的操作会承担什么后果，这样才能为公众树立正确的行为导向，起到通告的作用。

2. 通告与公告的区别

通告与公告是容易混淆的两个文种，但实际上，它们之间是有明显区别的。可以具体从发文机关级别、发布内容、告知对象和发布方式等方面来对公告与通告进行区别，下面分别进行介绍。

- **发文机关级别：** 公告通常是由级别较高的领导机关，或者法定的有关职能部门等高级机关制发，限制性更强；通告的发文机关则很广泛，任何机关单位都可以制发通告，基本上没有限制。
- **发布内容：** 只有在对国内外宣布具有重大影响的事件时才用公告，如国家领导人出访、在公海进行火箭试验等；通告的内容则比较平常，局部的有关业务工作方面的具体事项等均可使用通告。
- **告知对象：** 公告的范围一般是国内外人士；通告通常只针对一定范围内的单位或人员。
- **发布方式：** 公告一般用发文件、登报、广播等方式发布；通告除了这些方式外，还可使用张贴等方式发布。

3. 通告的写作格式

由于通告的使用范围广泛，因此更应该规范其写作格式。总体来看，通告主要包含标题、正文、发文机关署名和成文日期4个部分，下面分别进行介绍。

××××关于××××的通告	标题
×××××，×××××××××。	缘由：交代背景、目的等
××××××××××××××，×××××。	事项：通告的具体内容
×××××××××××××。特此通告。	结语：常表明执行日期
××××××××（印章）	发文机关署名
××年×月×日	成文日期

（1）标题

通告的标题主要有以下4种写法，下面分别进行介绍。

- 由“发文机关+事由+文种”组成，如《关于××区××街施工期间禁止机动车由南向北行驶的通告》。
- 由“发文机关+文种”组成，如《中华人民共和国公安部通告》。
- 由“事由+文种”组成，如《关于清理整顿河道污染的通告》。
- 只标记文种“通告”二字。

（2）正文

通告的正文由3部分构成，即通告的缘由、事项和结语，下面分别进行介绍。

- **缘由：** 正文中需表述发布通告的背景、根据、目的、意义。通过叙述相关的政策、法规依据或具体的实际情况来说明行文的原因。
- **事项：** 正文中需写明社会有关方面需周知或遵守的事项。事项太多时，应做到叙述条理分明、层次清晰；内容单一时，应做到逻辑清晰、行文准确。
- **结语：** 正文最后多采用“本通告自发布之日起实施”来指明执行日期，或“特此通告”“此告”等习惯用语结尾。

（3）发文机关署名和成文日期

通告正文后应标注发文机关署名，如果标题上已有发文机关名称，则这里的署名可以省略；成文日期一般放在发文机关署名后，也可放在标题下。

4. 范文点评：关于电信业务资费的通告

【范文】

工业和信息化部　国家发展改革委关于电信业务资费实行市场调节价的通告

工信部联通〔2014〕182号

为贯彻落实党的十八届三中全会关于全面深化改革、完善主要由市场决定价格的机制精神，按照国务院《关于取消和下放一批行政审批项目的决定》要求，决定放开各类电信业务资费**（开篇即说明发布此通告的目的和意义）**。现将有关事项通告如下：

一、所有电信业务资费均实行市场调节价。电信企业可以根据市场情况和用户需求制定电信业务资费方案，自主确定具体资费结构、资费标准及计费方式。

二、电信企业自主制定电信业务资费方案时，应当遵循合法、公平、诚信原则，考虑用户的不同需求，提供业务打包等多种资费方案供用户选择。**（略）**

三、电信企业应进一步提高资费透明度，建立资费方案公示制度，通过营业厅、代理代办点、网站等公布所有面向公众市场的在售资费方案。在业务宣传推广时应全面、准确，对资费方案限制性条件及其他需引起用户注意的事项，应履行提醒义务，不得片面夸大资费优惠幅度或作容易引起用户误解的虚假宣传。

（略）（以条文式的写法将通告的事项逐一说明，内容简洁明确）

本通告自2014年5月10日起执行**（说明执行日期这是通告常用的写法）**。《国家计委、邮电部关于进一步规范电信资费文件的通知》（计价费〔1997〕2485号）、《国家计委、信息产业部关于印发省（区、市）通信管理局会同同级价格主管部门管理的电信业务收费项目的通知》（计价格〔2002〕1320号）、《国家计委、信息产业部关于印发<电信资费审批备案程序规定（试行）>的通知》（计价格〔2002〕1489号）等文件同时废止**（说明新文件实施日期，同时说明旧文件同时废止）**。

工业和信息化部

国家发展和改革委员会

2014年5月5日

【点评】

这是一篇有关电信企业资费的通告，正文由3部分内容组成。第一部分为发布通告的目的和要求，内容明确清晰，使人一看便知要求是什么；第二部分为通告事项，采用分条的形式来展现，分别从实行市场调节价、自定资费方案、提高资费透明度、协议控制，以及对电信企业的要求等来说明通告的具体内容。虽然没用如“特此通告”“专此通告”等专用的习惯语做结尾，但说明了具体的通告的实施日期，并同时废止了其他相关通知，这种收尾的写法也是常见的一种写法，当需要作废一些规定时也可以借鉴。

3.4 请示与报告

请示与报告都是上行文，但两种上行文涉及的内容并不相同。请示主要是下级机关针对工作中遇到的困难向上级机关寻求帮助时使用的文书，目的是为了解决问题，属于呈请性文书；报告则主要用于下级机关向上级机关汇报工作，是汇报性文书。本节将详细介绍请示与报告两种文种的不同写作方法。

3.4.1 请示

请示适用于向上级机关请求指示、批准，属于上行文，也是具有请求上级机关给予解决和支持的呈请性、期复性与陈述性相结合的双向性公文。

1. 请示的特点、适用范围与分类

（1）请示的特点

请示具有回复性、单一性、针对性、超前性和可行性等特点，下面分别进行介绍。

- **回复性：**下级机关将请示进行上报，不管上级机关是否同意下级机关的请示事项，都必须给请示单位一个明确且及时的回复，这就是请示的回复性。
- **单一性：**一份请示中只能就一项工作或一种情况、一个问题做出请示，不得在一份公文中就若干事项请求指示和批准，若确实存在若干事项需要请示，应当拟定若干份请示，上级机关会分别对不同的请示做出不同的批复。
- **针对性：**请示应对超出了本机关职权、能力、认识范围的事情使用，不得随意请示，将自己能解决的问题也交给上级，影响工作的开展。
- **超前性：**请示必须在事前行文，等上级机关做出批复后才能付诸实施。
- **可行性：**请示中向上级机关提出的需要予以批准的要求，都应该是切实可行的，应考虑到上级机关的审批权限和解决能力，不应当提出根本办不到的请求。

（2）请示的适用范围

请示作为报请性的上行文，应用范围十分广泛。总体来说，请示适用于以下7种情形，下面分别进行介绍。

- 下级机关遇到新情况、新问题，因无章可循而没有对策或没有把握时，需要上级机关给予明确指示时。
- 下级机关在处理较为重大的事件和问题时，因涉及有关方针政策必须慎重对待，或为防止工作失误，需要报请上级机关时。
- 下级机关在工作中遇到问题，虽然有解决的办法，但由于职权、条件的限制，没有权力或没有能力实施这些办法，需要上级帮助解决时。
- 下级机关对有关方针、政策和上级机关发布的规定、指示有疑问，需要上级机关明确答复同意后才能办理时。
- 下级机关在较重要的问题上出现意见分歧，无法统一，需要上级机关裁决才能办理时。
- 因情况特殊，遇到某些难以执行的现行规定、有待向上级机关重新指示才能办理的事项时。
- 下级机关遇到上级领导、主管部门明确规定必须请示、批准才能办理的事项，或上级明文规定完成一项工作任务后，需要向上级审核认定的事项时。

（3）请示的分类

根据请示的内容和适用范围，请示可分为以下 3 种，下面分别进行介绍。

- **求示性请示**：求示性请示即请求上级给予指示、裁决的请示。这类请示适用于下级机关对方针政策在认识上不明确、不理解，或因遇到新情况、新问题而无章可循，不知如何处理，或由于意见分歧而无法达成共识等情况。
- **求准性请示**：求准性请示即请求上级批准、允许的请示。这类请示适用于在实际工作遇到了一些超出了本单位处理权限的事项，自己无权做出决定的情况。例如，机构设置、财政支出、资产购置等需要上级机关给予批准后方可执行的情况。
- **求助性请示**：求助性请示即请求上级机关予以支持、帮助的请示。这类请示适用于下级机关遇到仅靠自己的力量很难克服或无法克服的困难的情况。例如，缺少资金、设备等物质条件而影响工作进度等情况。

2. 请示的写作格式

请示的写作格式主要包括标题、主送机关、正文、发文机关署名、成文日期等部分，下面分别进行介绍。

××××关于××××的请示	标题
××××：	主送机关
××××××××××××××××××××××，×××××××，特请示如下。	请示缘由：遇到的情况、问题或困难
×××××××××××，××××××××××。×××××××××××××××，×××××，××××××××××××。××××××，×××××××××××××。	请示事项：要求上级机关予以指示、审核、批准的具体问题和事项
以上请示如无不妥，请批转有关部门执行。	请示结语
××××××××（印章）	发文机关署名
××××年×月×日	成文日期

（1）标题

请示的标题常用的结构为“发文机关+事由+文种”，如《××省农业厅关于急拨救灾款的请示》，也可以直接由“事由+文种”构成，如《关于成立老干部活动室的请示》。

（2）主送机关

请示的主送机关为直属上级机关，一般只报送一个主管的领导机关，需要报送其他机关时可用抄送形式。

（3）正文

请示的正文由请示缘由、请示事项、请示结语 3 部分构成，下面分别进行介绍。

- **请示缘由**：请示缘由是请示事项的基础，是上级机关批复的主要依据，下级机关应在请示中写明所遇到的情况、问题或困难，交代完请示缘由后，一般用“特请示如下”“现将……请示如下”等过渡语过渡到请示事项。
- **请示事项**：请示事项是请示的主体，须写明要求上级机关予以指示、审核、批准的具体问题和事项，这是请示的实质内容，也是请示中最核心、最重要的部分。

- **请示结语**：请示结语应另起一段，以“当否，请批示”“妥否，请批复”“以上请示，请予审批”“以上请示如无不妥，请批转有关部门执行”等结束语收尾。

（4）发文机关署名与成文日期

请示的发文机关署名标注在正文后右下方，如在标题中已出现发文机关署名，则可以省略；成文日期一般为发文日期，应该在发文机关署名下方标注。

3. 范文点评：关于成立社区的请示

【范文】

关于要求成立相关社区的请示

裕安区社区建设领导小组：

近年来，随着城镇化步伐加快，我镇陆续新建了近40个居民小区，大量居民相继入住（**说明背景及现状**）。为了提升居民生活服务水平，有效促进社会事业良性发展，根据我镇实际情况，拟成立如下3个社区（或筹备组）（**说明原因和目的**）。

1. 东方红社区：坐落于正东凯旋名门；东起平桥路、西至将军路、北起龙河西路、南至佛子岭路。辖区包括正东凯旋名门、正东凯旋官邸、振兴城、平安C区等，面积约1平方公里，现有常住户5 000余户，人口1.5万人。将来可容纳8 000户，人口2.5万人。

2. 淠滨社区：坐落于樊通桥村淠滨安置房区；东起淠河总干渠，西至凤凰河，北起312国道，南至淠河总干渠。辖区包括凤凰花园城、金色南郡、一品铭城、南洋现代城、城南家园、皖西农产品批发市场（周谷堆）、绿城花园、嘉利学府、嘉利豪庭、四季阳光、天盈上城、柏林印象、学府春天、同济万象城、水岸名城、皖西摩配大市场、南河佳苑、兰花苑、淠滨安置房等，面积约4平方公里，现有常住户4 500户，人口1.6万人。将来可容纳20 000户，人口6万人。

3. 安康社区：坐落于安康安置房区；东起振东大道，西至淠河总干渠，北起幸福桥，南至宝小路。辖区包括碧水云天、金隆家园、红达星河城、锦裕蓝湾、清华家园、66号公馆、安康安置房、裕丰安置房等小区，面积约1平方公里，现有常住户2 700户，人口近1万人。将来可容纳8 000户，人口2.5万人（**通过3段内容分别说明各个社区的详细情况，充分利用数据为请示提供有力的支持**）。

上述3个拟建社区中，东方红社区筹备组已于2013年3月开始组建，镇聘3名工作人员开展日常工作，办公场所也已落实，另外两个社区的办公场所尚未落实，但已入住的居民也有许多事务需要办理，迫切需要组建一个为民办事的机构。鉴于以上原因，恳请区社区建设领导小组同意我镇成立东方红社区，组建淠滨、安康两个社区筹备组，尽快挂牌办公，并协调解决办公场所及相关经费的问题（**此段说明了目前各个社区的大体现状，反映出了此请示的迫切程度**）。

妥否，请批示（**利用请示的习惯用语结尾，希望领导批示**）！

城南镇人民政府

2015年2月5日

【点评】

这篇请示首先清楚地说明了请示的缘由和具体情况，为上级批准提供了非常充分的理由；

然后将具体的请示内容作了详细的说明，让上级能够准确知悉所请示的具体情况，并据此评估该请示是否可行。总的来说，该请示原因充分、内容完整，不空谈不随意，落实现状，被批准的可能性很大。

3.4.2 报告

报告是机关单位经常使用的重要上行文。报告适用于向上级机关汇报工作、反映情况和回复上级机关的询问。报告撰写得好，能帮助上级机关及时了解并掌握机关情况，为领导决策提供依据，同时也有利于下级机关接受上级机关的监督和指导。

1. 报告的特点与分类

（1）报告的特点

报告主要有汇报性、概括性、单向性、实践性、沟通性 5 个特点，下面分别进行介绍。

- **汇报性：**报告由下级机关向上级机关或业务主管部门汇报工作，让上级机关掌握基本情况并及时对自己的工作进行指导，这体现了报告的汇报性。
- **概括性：**概括性是报告的文体特点，报告是以叙述和说明为主要表达方式的文种，但它的叙述和说明是有概括性和汇报性的，不必详述报告过程，更不必铺排大量细节。
- **单向性：**报告是下级机关向上级机关行文，作用是为上级机关进行宏观指导提供依据，因此一般都不需要收文机关的批复，属于单向行文。
- **实践性：**报告的写作内容必须是真实的、有实践基础的，这一特点集中表现在工作报告上，只有做过的工作，才能写进报告中，没有做过的、只停留在计划里和口头上的豪言壮语，不能作为写作报告的材料，更不能对报告内容弄虚作假。
- **沟通性：**报告虽不需批复，但却是上下级机关沟通工作的重要桥梁，下级机关可以通过报告取得上级机关的支持与指导，同时上级机关也能通过报告获得信息、了解下级机关的工作情况，这体现了报告的沟通性。

（2）报告的分类

根据内容的不同，可将报告分为工作报告、情况报告、答复报告和专题报告 4 类，下面分别对其进行介绍。

- **工作报告：**工作报告即向上级机关汇报工作的报告。多数工作报告只是向上级机关汇报某一阶段工作的进展、经验、存在问题及打算，汇报上级机关交办事项的结果，汇报对某一指示传达贯彻的情况等。其中又分为针对本地区、本单位的各项工作所写的综合性报告和针对某一项工作、问题或事件所写的专题性报告。
- **情况报告：**情况报告即向上级机关反映情况的报告。例如，汇报本地区、本单位发生的重大事件、突发事件，或在一定范围内带有倾向性的情况，包括会议情况等。
- **答复报告：**答复报告即对上级机关所询问的事项做出答复的报告。
- **专题报告：**专题报告即汇报已经完成的某一专项工作或在解决某项问题后撰写的报告。专题报告在内容上要求能反映新事物、新问题、新情况，要有助于推进当前工作的开展。

2. 报告的写作格式

报告的写作格式主要包括标题、主送机关、正文、发文机关署名、成文日期等部分，下面分别进行介绍。

××××关于××××的报告	标题
××××：	主送机关
××××××××××××××××××××××，×××，现将××××情况报告如下，请审阅。	报告缘由：遇到的情况、问题或困难
××××××××××，×××××××××。××××××××××××××××，××××××××××××××××××××××××××××××××××。	报告事项：说明报告的具体内容
特此报告。	报告结语
××××××××（印章）	发文机关署名
××××年×月×日	成文日期

（1）标题

报告的标题根据需要可省略发文机关部分，但事由和文种部分不能省略。撰写报告标题时，要特别注意对事由的概括和提炼。

（2）主送机关

报告的主送机关即发文单位的直属上级领导机关，一般情况下报告只有一个主送机关。

（3）正文

报告正文的结构与一般公文相同，由缘由、事项和结语组成。从内容上看，报告情况的报告，应包含情况、说明、结论 3 个部分，其中情况部分不能省略；报告意见的报告，应有依据、说明、设想 3 个部分，其中意见设想部分不能省去。一般报告的结语都有提出要求的习惯用语，如“如无不妥，请批转有关单位执行”“特此报告”“专此报告”等习惯用语作结尾。

（4）发文机关署名和成文日期

报告的发文机关署名和成文日期按标准党政机关公文格式的规定编排即可。

3. 范文点评：关于阶段性工作情况的报告

【范文】

××县水务局关于××年上半年工作情况的报告

县府办：

今年上半年，我局紧扣县委“加快三个示范县、三大奋斗目标新进程”工作目标，主动适应经济发展新常态，以深化改革为动力，以服务民生为宗旨，以依法治水为主线，以项目推进为重点，以水资源保护和可持续利用为核心，以严格管理为手段，着力推进“民生水利、平安水利、和谐水利、生态水利、可持续水利”建设，充分发挥水利在全县经济社会发展中的支撑作用，各项水利工作顺利推进，现将有关情况报告如下**（用过渡语引出下文）**。

一、××年上半年主要工作

（一）工作完成情况

2015 年上半年，全县共开工建设各类大小水利工程 1 450 余处，完成水利农建投入 1.2 亿元，新建渠系 68 公里，整治维修渠系 41.6 公里，整治维修山平塘 226 口，新建蓄水池 42 口，整治维修提灌站 7 座，新建高效节水灌面 1 000 亩，完成 22 座一般小型病险水库整治扫尾工程建设。**（略）（这一部分主要介绍上半年这一阶段的工作情况）**

二、主要工作亮点

1. 小农水重点县建设。一是完成 2013 年度小农水重点县建设项目，新增有效灌面 1.116 万亩，新增节水灌面 1.92 万亩，完成市下达任务的 120%。二是 2014 年度小型农田水利重点县项目实施方案已通过省级批复，年底即将全面实施建设（**分条列项说明工作成绩，接下来说明工作中存在的问题以及未来的打算**）。

（**略**）

三、存在问题

（**略**）

四、下半年工作计划

继续围绕“民生水利、平安水利、和谐水利、生态水利、可持续水利”建设。（**略**）

（一）狠抓水利工程规划建设和管理。（**略**）

（二）狠抓涉水资源管理。（**略**）

（三）狠抓水利安全生产管理。（**略**）

（四）进一步加强干部职工队伍建设。（**略**）

××县水务局

××××年×月×日

【点评】

工作报告的篇幅一般较长，应恰当安排层次结构。工作报告重点介绍的是基本情况、主要成绩、经验体会、存在问题以及今后计划 5 个部分。基本情况中应简要交代时间、背景和工作条件；主要成绩中要把工作的主要过程、措施、结果和成绩叙述清楚；经验体会需对工作实践有理性的认识，从实际工作中概括出内容的规律性，为今后的工作提供指导；存在问题则要求实事求是地写出工作中存在的缺点与不足；今后计划可以提出改进工作的意见，或者提出今后开展工作的打算。

3.5 会议纪要与函

会议纪要与函是党政机关、企事业单位和各种社会团体涉及最多的公文之一。本节将对这两大文种进行讲解，读者通过学习可以在一定程度上重新认识会议纪要与函，并掌握它们的撰写方法。

3.5.1 会议纪要

会议纪要是用于记载会议主要情况和议定事项的文书，是对会议的重要内容、决定事项、主要观点、结论等进行整理和综合，并通过提炼而形成的一种具有纪实性、指导性的文书。

1. 会议纪要的特点与分类

（1）会议纪要的特点

会议纪要的特点主要包括纪实性、概括性和条理性，下面分别进行介绍。

- **纪实性**：会议纪要必须是对会议宗旨、基本精神和所议定事项的纪实，不能随意增减和更改内容，任何不真实的内容都不得写入会议纪要。
- **概括性**：会议纪要必须精其髓、概其要，以简洁精炼的文字高度概括会议内容和结论；

会议纪要既要反映与会者的一致意见，又要兼顾个别同志的有价值的看法。

- **条理性**：会议纪要应当对会议精神和议定事项等进行有条理的归纳和概括，保证内容清晰、条理清楚。

（2）会议纪要的分类

按内容的不同，可将会议纪要划分为决议型会议纪要、部署型会议纪要、务虚型会议纪要、学术型会议纪要等。按照出席人员的不同，可将会议纪要分为工作会议纪要、代表会议纪要、座谈会议纪要、联席会议纪要、办公会议纪要和汇报会议纪要5个类型，下面分别进行介绍。

- **工作会议纪要**：工作会议纪要侧重于记录有关工作方针、政策，及其要解决的相应的问题。
- **代表会议纪要**：代表会议纪要侧重于记录多个代表共同参加会议的会议议程和通过的决议，以及今后工作的建议。此类会议纪要重在完整、真实地反映会议的议程和情况。
- **座谈会议纪要**：座谈会议纪要一般是重点针对某一项重要事情展开讨论，因此其纪要侧重于从工作、思想、理论等角度学习某一个问题或某一方面的问题，纪要中需说明会议召开的原因、目的、根据，并依次梳理出会议强调、要求和总结的各方面内容。
- **联席会议纪要**：联席会议纪要侧重于记录共同出席会议的不同单位、团体达成的共同协议。联席会议旨在通过召开会议的形式，加强各出席会议的单位之间的联系与沟通，相互学习借鉴经验，研究探索新经验、新方法。因此，联席会议纪要的核心就是将会议中提出的各方面意见、建议、经验、方法等准确无误地记录下来。
- **办公会议纪要**：办公会议纪要侧重于对本单位或本系统有关工作问题的讨论、商定、研究、决议的文字记录，以备查考。办公会议纪要是各级党政机关、企事业单位的领导机关以办公例会等形式形成的书面文件。这类会议纪要的内容具有多样性，但一般都是通过条列式的方式进行记录。
- **汇报会议纪要**：汇报会议纪要侧重于汇报前一段时间的工作情况，研究下一步的工作方向，通常是为召开工作会议而进行的准备会议。汇报会议纪要与其他种类的会议纪要写法相似，重点记录汇报的具体内容，如情况、问题、总结、建议、意见等。

2. 会议纪要的几种写法

根据会议性质、规模、议题等的不同，会议纪要大致有以下3种写法，下面分别进行介绍。

- **集中概述法**：集中概述法指将会议的基本情况，讨论研究的主要问题，与会人员的认识与议定的有关事项（包括解决问题的措施、办法和要求等）等，用概括叙述的方法进行整体阐述和说明。集中概述法多用于小型会议，且会议讨论的问题比较集中单一，意见比较统一，容易贯彻与落实。集中概述法写出来的纪要篇幅相对短小。
- **分项叙述法**：分项叙述法指将会议的主要内容分成几个大的问题，然后添加标题和小标题，分项进行撰写。分项叙述法侧重于横向分析阐述，内容相对全面，常常包括对目的、意义、现状的分析，以及对目标、任务、政策措施等的阐述，内容较细致，一般用于需要基层能够全面领会、深入贯彻的会议。在召开大中型会议或议题较多的会议时，一般采取分项叙述的写法进行记录。
- **发言提要法**：发言提要法指将会议上具有典型性、代表性的发言加以整理，提炼出内容要点和精神实质，然后按照发言顺序或内容的不同，分别加以阐述说明。发言提要法比较能如实地反映与会人员的意见。某些根据上级机关的要求，需要反映与会人员的不同意见的会议纪要，可采用发言提要法。

3. **会议纪要与会议记录的区别**

会议纪要是一种法定的公务文书，其撰写与制作属于应用写作和公文处理的范畴，必须遵循应用文写作的一般规律，严格按照公文制发处理程序办事；会议记录则只是办公部门的一项业务工作，属于管理服务的范畴，它只需真实地记录会议实况，保证记录的原始性、完整性和准确性即可，会议记录与严格意义上的公文写作是完全不同的。另外，从性质和功能上来看，二者也有以下区别。

- **性质不同**：会议纪要只记要点，是法定行政公文；而会议记录则是对与会人员在会议中的讨论发言的实录，是事务文书。
- **功能不同**：会议纪要通常要在一定范围内传达或传阅，要求贯彻执行；会议记录一般不公开，无须传达或传阅，只作资料存档。

4. **会议纪要的写作格式**

会议纪要通常由标题、正文、落款3部分构成，下面分别进行介绍。

××××会议纪要	标题
××××××××××××××××××××，××××××。	会议概况：时间、地点、主持人、与会人员等
会议认为，××××××××××，×××。××××××××××，××××。 会议要求，××××××××××，×××。××××××××××，××××。	会议精神：内容、议定事项、意见、要求等
×××××××（印章）	发文机关署名（可省略）
××年×月×日	成文日期

- **标题**：会议纪要的标题必须符合概括、简明、准确、通顺的要求，书写形式通常是“会议名称+文种”，如《全国农村工作会议纪要》；也可以使用“发文机关+内容+文种”的形式，如《省经贸委关于企业扭亏会议纪要》。
- **正文**：会议纪要的正文一般由会议概况、会议精神等部分组成。会议概况主要包括会议时间、地点、名称、主持人、与会人员、基本议程等；会议精神一般包括会议内容、议定事项、经验、做法、意见、措施和要求等。
- **落款**：落款包括发文机关署名和成文日期两个部分。其中，发文机关署名只用于办公会议纪要，标注召开会议的领导机关的全称即可，再在下面标注成文日期，加盖公章。一般的会议纪要不署名，只标注成文时间并加盖公章即可。

5. **范文点评：工作会议纪要**

【范文】

区政府工作会议纪要

2013年4月27日，刘毅峰副区长主持召开区经济适用住房廉租住房建设工作领导小组成员会议（**点明会议时间和名称**）。会议传达了惠州市保障性安居工程工作会议精神，并研究部署我区公共租赁住房建设的有关工作（**概括说明会议精神和会议的总体内容**）。纪要如下：

一、关于落实2013年公共租赁住房建设任务问题

2013年，惠州市下达给我区200套公共租赁住房建设任务，其中由伯恩光学项目配建100套；由财政投资建设100套，项目配建在清泉城市广场项目东侧，由清泉城市广场项目公司代建，项目竣工验收后由区财政进行回购，具体由区住房城乡规划建设局负责与清泉城市广场项目公司衔接，尽快制定出具体方案报区政府审定。

二、关于公共租赁住房租金标准问题

会议同意我区公共租赁住房项目的月租金标准：尚峰假日公馆为10元/平方米，庄士花园为7元/平方米，汇鑫花园和广发花园为6.5元/平方米，从2013年6月1日开始执行，试行2年。公共租赁住房租金补助具体参照《惠州市区公共租赁住房租金补助实施办法》执行。

三、关于公共租赁住房保障对象基本条件和保障范围问题

（一）鉴于全市除惠城区外其他各县（区）均未有“城镇居民年人均可支配收入”的统计数据，会议同意依照2012年度惠城区城镇居民年人均可支配收入指标值，并测算出同一年度我区与惠城区在岗职工平均工资的差距比例，同时结合大亚湾经济技术开发区和仲恺高新技术开发区等周边地区的做法和标准，确定我区公共租赁住房保障对象的基本条件，报区政府审定。此项工作由区住房城乡规划建设局牵头，区财政局、区人力资源和社会保障局配合。

（二）会议同意我区公共租赁保障范围扩大至全区各镇（街道、经济开发区）的城镇户籍人口。

四、关于稔坤汇鑫花园102套公共租赁住房项目建设问题

区住房城乡规划建设局要抓紧协调，确保项目按时交付使用；区国土资源分局要抓紧将稔坤汇鑫花园用于公共租赁住房建设的1 200平方米用地的挂牌土地价款，退回给稔坤汇鑫花园项目公司。

五、关于尚峰假日项目100套公共租赁住房装修监管问题

由区住房城乡规划建设局作为监管单位，装修方案要抓紧送区财政局审核。

六、关于公共租赁住房管理维护问题

对公共租赁住房在日常使用过程中的管理和修缮问题，由区房产局会同区财政局察看现场后，按规定实施。

（通过对公租房建设任务、租金标准、保障对象、项目建设、装修监管、管理维护等方面的详细阐述，详细讨论并落实相关问题，是本次工作会议的核心内容。）

出席：吕××（区政府办公室），黄××（区人力资源和社会保障局），林××（区民政局），潘××（区统计局），童××（区机关事务管理局），邱××、魏××（区住房城乡规划建设局），凌××（区监察局），李××（区审计局），黄××（区财政局），邱××（区地税局），刘××（区环保局），李××（区国土资源分局），孙××、叶××（区房产局），王××（区物价局），杨××（区发展改革局），钟××（住房公积金中心惠阳管理部），钟××（建设银行惠阳支行）

（罗列与会人员名单）

惠阳区人民政府办公室

2013年5月14日

【点评】

这是一篇较为典型的工作会议纪要，通过总分式结构详细说明了会议内容。会议纪要开篇只用了两句话就交代了会议的召开时间和会议名称，以及会议传达的精神和部署的工作。接着通过“纪要如下”自然过渡到具体的会议内容，并通过条文式写法逐一说明了会议需落实的各个问题。整篇会议纪要简单明了、内容充实、结构清晰、层次分明，是一篇较为优秀的会议纪要参考范例。

3.5.2 函

函是一种平行文，适用于不相隶属机关之间商洽工作、询问和答复问题、请求批准和答复审批事项。

1．函的适用范围

函作为公文中唯一的平行文文种，适用范围相对广泛。函不仅用于平行机关之间行文，也适用于不相隶属机关（包括上级机关或者下级机关）之间行文。从内容上看，函的使用范围如下。

- 用于不相隶属机关相互商洽工作、询问和答复问题。
- 用于向有关主管部门请求批准事项。
- 用于向上级机关询问具体事项。
- 用于上级机关答复下级机关的询问或请求批准事项。
- 用于上级机关催办下级机关的有关事宜。
- 用于上级机关对某件原发文件做较小的补充或更正。

2．函的特点与分类

（1）函的特点

函有平等性和沟通性，灵活性和广泛性、单一性和实用性 3 个特点，下面分别进行介绍。

- **平等性和沟通性：**函用于不相隶属机关之间互相商洽工作、询问和答复问题，充分显示了平行文种的功能，体现了发文机关与受文机关之间平等沟通的关系，是其他上行文和下行文所不具备的特点。
- **灵活性和广泛性：**函对发文机关的资格要求很宽松，高层机关、基层单位、党政机关、社会团体、企事业单位等均可发函；函的内容和格式也比较灵活，而且不限于平行行文，所以应用十分广泛。
- **单一性和实用性：**函的内容必须单一，一份函只能写一件事项；函不需要在原则、意义上进行过多的阐述，更强调实用性。

（2）函的分类

函有多种分类方式，从函所起的作用来看可分为以下 5 种，下面分别进行介绍。

- **告知函：**告知函用于把某一事项、活动函告对方，或邀请对方参加会议或活动。告知函的作用和内容类似通知，只是由于双方不是上下级和业务指导关系，使用“通知”行文不妥，故用“函”。告知函应该明确所告知的某一事项、工作或活动所涉及的具体内容，如事项、工作或活动的名称、时间、地点与主题、相关人员范围，以及其他需要告知的内容等。若内容比较复杂，可分条列项地予以说明，便于受函者一目了然地获取全文信息。告知函结尾部分常用“特此函告”“特此告知”“专此函达”等专用词语结束，或者用“竭诚欢迎您届时光临”“再次感谢贵公司一直以来对我公司的大力支持”等表达诚挚期盼、感谢等致意性的语句结束全文。
- **商洽函：**商洽函主要用于请求协助、支持、商洽解决办理某一问题。例如，干部商调函、联系参观学习函、要求赔偿函等。商洽函的使用主体具有广泛性，适用于各种级别的行政机关、企事业单位和社会团体，因而商洽函的行文对象也具有广泛性，可以是任何行政机关、企事业单位或社会团体。写作商洽函时应写明为什么提出商洽，即发函的原因，一般都以某些事实，或是以贯彻上级文件或指示精神为理由。其中，较为简单的事情可不写缘由直接提出具体内容，然后写明商洽的具体内容，特别是对受函者的要求。最后常用“如你部（处、科）同意，请即复函”“以上意见可否，望予复函”等作为函的结语。

- **询问函**：询问函主要用于询问某一事项、征求意见、催交货物等。相比答复函而言，询问函为去函，写作时要明确去函目的，即说明要求主送机关协办的事项，或通报的信息，或要求解决的问题等。最后常用“请速回复”“盼复”“请予复函”“即请函复”等结尾。
- **答复函**：答复函用于答复不相隶属机关询问的相关方针、政策等问题，该函不能用于批复。答复函与询问函合称为问答函，其中答复函是询问函的复函，应回复发函机关提出的问题，如不能满足要求，应加以解释。在书写事项时，若事项单一，则单独列段；若事项复杂，或要求较多，则需提行分段，或分条列项书写。最后常用“此复”“特此专复”“特此函复”“专此函告”等结尾。
- **请批函**：请批函用于向有关机关、部门请求批准时使用。如果是下级机关向上级机关请求批准，只能用请示，不能用函。请批函首先应说明制发此函的缘由、根据、目的等，常用“现将有关情况说明如下”引入下文。请批函的主体部分应说明请求对方批准的具体事项，如有必要可考虑提出自身对需要审批的事项的打算、初步意见或详细预案、方案等，有多种预案时应说明自身所倾向的意见，为审批单位提供一些可供参考的意见，这样有助于提高答复审批的效率。结尾部分可再次向对方提出希望或请求，明确行文目的，常用“以上事项，请予批准”“请即复函”“请予批准为盼”等词结尾。

新手解谜——什么是发函与复函？

发函即主动提出公事事项所发出的函，复函则是为回复对方的函件所发出的函。从写法上来看，发函是主动的，一般包括缘由、事项和结尾3个部分；复函是被动的，用于答复商洽、询问问题或批准有关单位的请求事项。

3. 函的写作格式

函的类别较多，从制作格式到内容表述均有一定灵活性。但总体来说，函的主要结构也是由标题、主送机关、正文、发文机关署名与成文日期等部分组成，下面分别进行介绍。

关于××××的函	标题
××××：	主送机关
××××××××××××××××××××××，现将有关问题说明如下：（或：现将有关事项函复如下：）	开头：发函缘由、依据、目的等
×××××××××××，×××××。××××××××××，××××。	主体：致函事项、复函答复
××××××××××××××××，××××，××××××××××。	结尾：提出希望、请求等
特此函询（商）（或：“请即复函”“特此函告”“特此函复”等）。	结语：固定的惯用语
××××××××（印章）	发文机关署名
××××年×月×日	成文日期

（1）标题

函的标题一般有两种形式。一种由“发文机关+事由+文种”构成；另一种是省略发文机关，直接由“事由+文种”构成。

（2）主送机关

函的主送机关即受文并办理来函事项的机关单位，其写法与其他公文一致，顶格写明全称或者规范化简称，其后用冒号。

（3）正文

函的正文大体上都是由开头、主体、结尾、结语4部分组成的。

- **开头**：开头主要说明发函缘由、目的、根据等内容，然后可以通过“现将有关问题说明如下：”或“现将有关事项函复如下：”等过渡语转入下文。复函的缘由部分，一般首先引叙来文的标题、发文字号，然后再交代根据，以说明发文的缘由。
- **主体**：主体是函的核心内容部分，主要说明致函事项，内容在编写时应当用简洁得体的语言进行叙述。
- **结尾**：结尾一般用礼貌性语言向对方提出希望，或请对方协助解决某一问题，或请对方及时复函，或请对方提出意见，或请主管部门批准等。
- **结语**：结语通常根据函的类型不同有不同的选择，如“特此函询（商）”“请即复函”“特此函告”“特此函复”等。有的函也可以不用结束语，像普通信件一样使用“此致”“敬礼”等收尾。

（4）发文机关署名与成文日期

函的发文机关署名和成文日期格式与其他公文一致。

4. 范文点评：答复函

【范文】

关于对环保核查工作制度有关问题解释的复函

北京市环境保护局：

你局《关于申请对环保核查工作制度有关问题予以解释的函》（京环函〔2014〕729号）收悉。经研究，现函复如下（**引用发函并过渡到下文**）：

一、为贯彻落实中央关于简政放权、转变政府职能的决策部署，我部按照“减少行政干预、市场主体负责”的原则，改革调整上市环保核查工作，印发了《关于改革调整上市环保核查工作制度的通知》（环发〔2014〕149号），要求各级环保部门不再组织开展上市环保核查。

二、为贯彻落实《环境保护法》，切实落实企业环境保护主体责任，强化地方各级环保部门的监督责任，我部优化调整了重点行业环保核查工作。今后，我部不再直接组织开展重点行业环保核查，我部之前在各类文件中发布的有关行业环保核查的相关要求不再执行。地方政府对开展重点行业环保核查另有规定的，地方环保部门可根据地方政府的要求开展核查，但须严格遵循“自愿、透明、公平、公开”的原则，并不得收取任何费用。

三、为贯彻落实《行政许可法》和中央依法治国精神，环保部门原则上不应再为企业出具环保达标守法证明等文件，之前我部提出的要求企业出具环保证明文件的相关要求自本文件发布之日起予以废止。

四、地方各级环保部门要按照我部关于污染源环境监管和企业事业单位环境信息公开要求，及时、完整、真实、准确地公开企业环境违法行为行政处罚、排污许可证发放、监督性监测、突发环境事件等环境信息，以便于相关政府部门以及社会机构查询。地方各级环保部门应加快推进建立企业事业单位环境行为信用评价制度，协助相关部门做好企业征信系统建设工作（通过4段内容详细说明了答复内容）。

特此函复（答复函的惯用语）。

环境保护部办公厅

2015年2月10日

【点评】

答复函可以用于答复一般性问题。答复函一般有两个部分，第一部分是开头，引叙来函，并过渡到答复的内容，这是非常固定的写作模式；第二部分则是具体的答复事项，由于所涉及的内容不是单一的同意与否，因而采用了分条的形式，通过逐条解释来答复情况，使得答复函的内容带有更加明确的指导性，有利于主送机关对函的理解和执行。

写作训练

训练3-1 人事任免公告

萍乡市第十四届人民代表大会常务委员会第四十次会议上决定任命和免去一批政府要员，此任免情况需要对外公布，请根据材料撰写一篇公告。

【背景材料】

（1）事由：萍乡市第十四届人民代表大会常务委员会第四十次会议通过的人事任免（第55号文件）。

（2）任用情况：邱瑞根为萍乡市教育局局长；黄百灵为萍乡市审计局局长；李强雄为萍乡市人民防空办公室（市民防局）主任（局长）；邱剑为萍乡市司法局局长；彭万秋为萍乡市民政局局长；李新民为萍乡市财政局局长；朱广仁为萍乡市人力资源和社会保障局局长；李南开为萍乡市建设局局长；刘晓峰为萍乡市卫生和计划生育委员会主任；李秋为萍乡市环境保护局局长；陈威红为萍乡市外事侨务办公室主任；刘运成为萍乡市科学技术局局长；颜云红为萍乡市安全生产监督管理局局长；刘培圣为萍乡市煤炭管理局（市煤矿安全监督管理局）局长；吴瑞文为萍乡市规划局局长；吴德安为萍乡市水务局局长。

（3）免职情况：林祖华的萍乡市司法局局长职务；颜剑斌的萍乡市人民防空办公室（市民防局）主任（局长）职务；朱广仁的萍乡市审计局局长职务；彭万秋的萍乡市卫生和计划生育委员会主任职务；李新民的萍乡市建设局局长职务；肖双燕的萍乡市科学技术局局长职务；李江萍的萍乡市民政局局长职务；李维庆的萍乡市财政局局长职务；周小燕的萍乡市人力资源和社会保障局局长职务；陈田的萍乡市教育局局长职务；何义萍的萍乡市环境保护局局长职务；王龙的萍乡市外事侨务办公室主任职务；黄建辉的萍乡市安全生产监督管理局局长职务；贺雪

平的萍乡市煤炭管理局（市煤矿安全监督管理局）局长职务；贾君辉的萍乡市规划局局长职务；杨煌萍的萍乡市水务局局长职务。

（4）发文机关：萍乡市人民代表大会常务委员会。

（5）成文日期：2016年10月9日。

【实训分析】

此材料是关于市人大常委会的人事任免事宜，属于重大人事变动，因此应使用任免性公告这一文种将具体人事变动情况公之于众，让群众知晓。标题应直接为该市人大常委会公告，并换行标注文件号。由于没有特定受文对象，因此可以省略主送机关，直接开始写作正文。正文直接说明哪次会议和具体日期，然后以“决定任命”过渡到具体的任命人事变动，再以“决定免去”过渡到具体的免职人事变动即可。最后以“现予公告”结束，并标注发文机关和成文日期。

训练3-2　关于某违法场所的告知函

天河区食品药品监督管理局经调查核实位于广州市天河区五山路×××大学三角市的西园食堂快餐部等22家单位存在未取得食品经营许可从事食品经营活动的情况，这些场所属于华南农业大学所属物业，现需要撰写一篇告知函要求×××大学终止违法行为。

【背景材料】

（1）主送机关：×××大学。

（2）背景：经过天河区食品药品监督管理局执法人员调查核实，位于广州市天河区五山路×××大学三角市的西园食堂快餐部等 22 家单位存在未取得食品经营许可从事食品经营活动的情况，违反了《中华人民共和国食品安全法》第三十五条第一款的规定。国家对食品生产经营实行许可制度，天河区食品药品监督管理局依法对无证照经营食品的违法行为作出行政处罚。上述无证照经营企业场所属于×××大学所属物业。

（3）处罚内容：依照《中华人民共和国食品安全法》第一百二十二条第二款的规定，明知从事前款规定的违法行为，仍为其提供生产经营场所或者其他条件的，由县级以上人民政府食品药品监督管理部门责令其停止违法行为，没收违法所得，并处五万元以上十万元以下罚款；使消费者的合法权益受到损害的，应当与食品、食品添加剂生产经营者承担连带责任。

（4）要求：按照《中华人民共和国食品安全法》的相关规定，自本告知函送达之日起 20 个工作日内，立即采取有效措施终止上述违法行为，以消除食品安全隐患。若在规定的时限内未终止违法行为，将依照《中华人民共和国食品安全法》第一百二十二条第二款之规定做出行政处罚。

（5）发文机关：天河区食品药品监督管理局。

（6）成文日期：2016年5月31日。

【实训分析】

这篇告知函由天河区食品药品监督管理局把违法行为告知×××大学。因此在告知函中不仅需要说明违法行为的具体情况，还应该明确告知处罚情况和整改要求等内容，结尾可以用“专此函达”结束。主送机关、发文机关和成文日期等材料已经详细给出，标题可定为《关于违法提供食品经营场所的告知函》，正文可依次交代背景、处罚内容和要求。

思考与练习

（1）版头部分包含哪些要素？对应的格式要求是什么？

（2）通报与通知有什么区别？

（3）请示的写作格式包含哪些要素？

（4）会议纪要有哪些常用写法？

（5）函的写作格式包含哪些要素？

（6）根据以下材料撰写一篇通告。

① 背景：常德市西湖管理区管理委员会为加强城镇建设和管理，改善城镇环境，提升城镇品质，提高居民生活质量，将使全区单位和个人周知禁止违法建设行为，以及拆除违法建筑的有关事项。

② 通告事项：a.全区所有单位和个人，凡是违反土地、规划、建设等有关法律法规，未经国土、规划、住建等相关部门批准，无建设用地批准文件、建设用地规划许可证、建设工程规划许可证或不按照许可规定建造的建（构）筑物均属违法建筑；b.自本通告发布之日起，严禁新建任何违法建筑，一经发现，责令自行拆除，否则依法强制拆除，本通告发布之前已经形成的违法建筑，另外制定拆除办法；c.依法强制拆除的违法建筑一律不予补偿；d.对阻碍行政执法部门履行职责、违反《中华人民共和国治安管理处罚法》的行为，由公安机关按照有关规定予以处罚，构成犯罪的，依法追究刑事责任；e.党员干部、公职人员和财政供养人员参与建设违法建筑的，由纪检监察机关追究纪律责任。

③ 实施日期：自通告发布之日起实施。

④ 发文机关：常德市西湖管理区管理委员会。

⑤ 成文日期：2016年9月6日。

第4章

财经事务文书

事务文书是党政机关、企事业单位、社会团体或个人处理日常事务，解决实际问题时常用的一种文书。事务文书一般不用于行使职权，而是主要用于指导日常工作、沟通情况、宣传教育、检查督促及规范行为等。财经事务文书则是事务文书的一个分支。

本章将介绍条据、计划、总结和规章制度 4 种财经事务文书的相关知识，使读者了解并掌握基本的财经事务文书的写法，促进工作中的良好沟通与合作，提高工作效率。

知识目标

① 熟悉条据的相关知识。

② 掌握计划的相关知识。

③ 掌握总结的相关知识。

④ 熟悉规章制度的相关知识。

技能目标

能够正确且熟练地撰写条据、计划、总结和规章制度。

4.1 条据

条据是财经工作领域常用的处理事务的工具，也是日常经济生活中经常使用的凭证。条据指作为个人或单位收到或立下的作为凭据的便条，条据的应用十分广泛，借条、欠条、留言条和请假条等都属于条据。本节将对条据的类型、写作格式与注意事项等相关知识进行介绍，让读者掌握不同条据的写作方法。

4.1.1 条据的类型

在收、借、领钱财和货物或因事留言、请假和托人办事时，我们通常都会立下条据作为凭条或便条使用。常用的条据包括领条、借条、欠条、收条、留言条、请假条、托事条等，下面分别进行介绍。

- **领条**：领条指在领到钱或物品时，写给发放人用作留有凭证的单据。
- **借条**：借条指在借到钱、财、物时，写给对方的表明债权债务关系的书面凭证；当归还所借的钱、财、物时，需收回原来写的借条作废处理，以表示所借的钱、财、物已结清。若是个人向单位借款、借物，应在正文中写明所借缘由。
- **欠条**：当借到的钱、财、物不能按照借条时间全部归还时，债务人会收回原借条，另写一张单据给债权人，约定在一定时期内归还剩余部分，这单据即为欠条。
- **收条**：收条也叫收据，指收到别人送来的钱物时，写给对方作为凭证的单据。
- **留言条**：在双方未能见面又有事需告知对方时，多使用留言条传递信息。例如，来访时对方不在、替人办事后对方不在、有事不方便当面谈时，都可使用留言条将事情告知对方。留言条一般由标题、称谓、正文、署名、日期组成，其中需在正文中写明留言原因及具体事项，若是留言约定见面，还需交代具体见面时间。
- **请假条**：请假条指因事、因病或因公需要请假而写给相关当事人的便条。请假条中必须写明请假的原因和时间，请假的理由必须充分并符合有关规章制度，请假条一般由本人亲自书写。

新手解谜——可以请人代写请假条吗？

若是情况特殊，可委托他人代为请假，但不能以请假人为第一人称书写。请假条上应写上代请假人的姓名，如有必要，也可写明代请假人与请假人的关系。

- **托事条**：托事条指的是拜托别人帮忙办事的便条。在书写托事条时，必须在正文中把具体的委托事项交代清楚，以免给对方造成不必要的麻烦。例如，托人购物须写清详细要求，托人送物须写清地址。

新手解谜——条据还有其他划分方式吗？

根据立据事项的不同，可将条据简单划分为以领条、借条、欠条、收条为代表的单据和以留言条、请假条、托事条为代表的便条。单据不同于便条，应妥善保管，有的单据在办完事后仍需保存。若单据中涉及的款物金额较大，还应要有担保人参与并签名，甚至可能还需到公证处办理正式的手续，使其具有法律效力。

4.1.2 条据的写作格式

条据的写作格式一般由标题、称呼、正文、结语、署名及成文日期5大部分组成，下面分别进行介绍。

××××条	标题
×××：	称呼
××××××××××××××××，××××，××××××××××。	条据正文：一般包括立据原因及具体事项
××	结语
××人：×××	署名
××年×月×日	成文日期

- **标题**：标题用来标明条据的性质，位于便条上方居中，如“收条”“借条”“请假条”等。
- **称呼**：称呼是请假条、留言条、托事条等便条的必要组成部分，但在欠条等单据中可省略。
- **正文**：正文应根据标题性质于称呼下一行开头空两格书写，须写明具体内容。收条、领条等单据应写明钱、财、物是从何人或何单位所借、领；若是借条或欠条，还应写上还钱、财、物的日期、方式以及还款利息等相关事项。正文中要详细写明所借的钱、财、物的名称、种类、数量，且数字要用大写汉字。若是请假条有附件，可在下行空两格注明。
- **结语**：正文写完后，另起一行写结语，其中单据结语的书写可空两格后直接写“此据”二字，也可写至正文后；请假条需写“此致敬礼”（“此致”空两格，“敬礼”在“此致”下另起一行不空格）。
- **署名**：署名在条据的右下方，要写明立据单位名称或立据人的姓名，并在姓名前写上“借款人”“欠款人”“收款人”或“经手人”等字样。个人出具的字据由本人签名；单位出具的字据要加盖公章，必要时还要由经手人签名；若是帮人代领（收），应在姓名前加上“代领（收）人”字样。
- **成文日期**：成文日期要另起一行，写在经手人署名的下方。且成文日期要具体准确，一定要年、月、日齐全。

4.1.3 条据的写作注意事项

在写作条据时，应注意以下 9 方面内容，确保条据内容清晰、无歧义，且格式规范。下面分别进行介绍。

① 写条据时，字迹要端正清楚，要用钢笔、签字笔或毛笔书写，不能用铅笔、红笔，或用晕染褪色的墨水书写。否则遇到保存不当、受潮或水浸时，会出现字迹变得模糊不清的情况，发生被别有用心的人抹去或狡辩不认的问题。

② 写条据时，对方单位名称和个人姓名一定要写全称。姓名切忌有名无姓或有姓无名，应以身份证为准。

③ 写条据时，物品要写明名称、规格、数量。钱款要写明金额，且金额数字最好用大写汉字书写，如零、壹、贰、叁、肆、伍、陆、柒、捌、玖、拾、佰、仟、万、亿等，以防涂改。若有数字，数字前不留空白，数字后要加上如“元”“斤”等计量单位结尾，款项数额末以“整”字结束，并加上“此据”，以防条据内容被涂改和添加。

④ 条据忌空白留得过大，若条据的内容部分与签章署名之间的空白太大，容易出现持据人在空白处添补其他内容，或将原内容裁去，在空白处重新添加内容等情况。

⑤ 条据日期要写清楚，具体到年、月、日，并正确书写，不然一旦因为日期发生了纠纷，便难以查清事情真相，尤其是还款时间的问题直接关系到诉讼时效。

⑥ 若确实经双方同意，需改动条据中的文字，涂改处要加盖印章，以示负责。

⑦ 条据的印鉴要规范，借款人最好亲自签名并按下手印，若是由人代笔书写或者代笔签名，应该双方都留下印鉴，否则一旦发生纠纷将难以定责。

⑧ 书立字据一事必须在当事双方见证下完成，若是请别人或由对方书写的字据，应字字斟酌、认真审核，千万不能粗略浏览一遍就签字盖章。

⑨ 还款还物时，要收回条据，若对方称一时找不到借条，也应让其写一张收据留存，这样才不会为日后留下隐患。

4.1.4 范文点评：条据

【范文1】

领条

兹领到院办公室新发办公用品圆珠笔陆拾支，稿纸叁拾本，白色粉笔肆拾盒，彩色粉笔拾盒。此据。

经手人：季棠棠

2020 年 2 月 23 日

【点评】

这则领条标题、正文、结语、署名、日期俱全，且领取物品的数量清楚具体，数字使用了大写汉字表示，格式规范。

【范文2】

借条

今借到祝萌女士伍万元整，将于 2021 年 4 月 9 日还清。

此据

借款人：顾龙鸣

2020 年 10 月 20 日

【点评】

该借条是个人之间的借据，以“今借到”为开头，呼应标题性质，且正文借款金额使用大写汉字并以“整”结尾，归还日期也十分清楚，简洁精要，格式正确。

【范文3】

欠条

原借祝萌女士伍万元整，已还肆万伍仟元整，尚欠伍仟元整，将于 2020 年 4 月 20 日还清。

此据

欠款人：顾龙鸣

2020 年 4 月 3 日

【点评】

该欠条交代了欠款方、欠款原因、欠款金额及归还日期，要素齐全，格式规范。

【范文4】

收条

今收到鸣凤镇怀兴乡承包户岳峰送来的香蕉种植承包合同款捌仟元整。此据。

鸣凤镇农科所（印章）

经手人：万峰火

2020 年 3 月 23 日

【点评】

该收条以“今收到”开头，“此据”结尾，写明了送款人的具体信息及送款金额，金额写作格式正确。在签收方为单位的情况下，写明了经手人，并加盖了单位公章，格式规范。

【范文5】

请假条

白老师：

明天我要陪爷爷去医院看病，特向您请假一天。请您批准！

此致

敬礼

学生：简华

2020 年 4 月 6 日

【点评】

该假条写清了请假的事由及请假时间，且带有请假条惯用语“请您批准”，语言规范礼貌，格式正确，要素齐全。

【范文6】

留言条

妈妈：

我和简华去小区篮球场打球，晚上八点回来。

儿子李斐留

2020 年 5 月 19 日

【点评】

这则留言条写清了其因何事出门、去往何地，还写明了返家时间，内容简明完整，格式正确。

【范文7】

托事条

简华：

你去书店时，请帮我代购两本《Photoshop CS6 全能修炼圣经》，我明天下午放学后来拿，谢谢。

李斐

2020 年 5 月 23 日

【点评】

托事条重要的是点明托事对象和具体所托事项，该托事条用语委婉礼貌，各要素都清楚规范，符合托事条的写作要求。

4.2 计划

计划是单位、部门或个人对未来一定时期内要完成的工作、生产、经营和学习等任务拟定目标、内容、步骤、措施和完成期限的一种应用文体。制订计划是一种科学的工作方法，计划可以指导人们按既定的方向和目标努力，可以增强自觉性，减少盲目性。

4.2.1 计划的特点与分类

1. 计划的特点

计划规定了所要完成任务的具体目标、要求、时间进度等内容，有利于实行标准化、正规化管理，有利于督促、检查与指导工作，也有利于考核评比、总结，具有科学性、预见性、可行性、可变性等特点，下面分别对这些特点进行介绍。

- **科学性：**计划所提出的目标、措施、方法、步骤应当符合事物发展的客观规律，要尊重科学，按辩证法办事。还要注意与上级机关和下级机关的衔接，与前后计划、上下工序的吻合，与协作单位的协调合作。
- **预见性：**计划既是对事物发展主导趋势的大致情况做出的推断，也是对未来事业进行设计的蓝图。计划的制定者应具有预见性，善于思前想后、周密运筹，充分预测未来可能出现的情况、问题及偏差，主动提出预防性的措施，甚至制定预案。
- **可行性：**制定计划必须坚持实事求是的原则，善于将上级机关的方针、政策、计划和本单位、本人的具体情况相结合，从实际出发，做到切实可靠，既要切忌急躁冒进的情绪和急功近利的妄想，也要防止僵化保守、无所作为。
- **可变性：**计划一经批准就要坚持贯彻执行，但在执行过程中如果发现原计划的某些内容和实际情况不符，或客观情况发生变化，则应及时调整、修改、补充，甚至放弃原计划，重新制定。

2. 计划的分类

计划的种类很多，可以按不同的标准对计划进行分类。最常见的分类标准主要有内容性质、重要性、时期界限、内容明确性等，下面分别进行介绍。

- **按内容性质分类：**按内容性质分类可以将计划分为工作计划、学习计划、财务人事计划和活动计划等。其中，工作计划涉及范围较广，各级机关、单位、组织等对一定时期的工作进行的安排计划等都属于工作计划。例如，生产作业计划、新产品开发计划、销售计划、采购计划等都是常见的计划类型。
- **按重要性分类：**以计划的重要性程度来对计划进行分类，可将计划分为战略计划和作业计划。其中，应用于整体组织的，为组织设立总体目标和寻求组织在环境中的地位的计划，称为战略计划；规定总体目标应当如何实现的细节计划，称为作业计划。

经验之谈

战略计划的一个重要任务就是设立目标，而作业计划则是假定目标已经存在，然后提供实现目标的方法。另外，战略计划往往包含持久的时间间隔，通常为5年甚至更长，且覆盖的领域更加宽广。

- **按时期界限分类**：从时间长短的不同，可将工作计划分为长期计划、中期计划和短期计划。长期计划描述了组织在较长时期（通常5年以上）的发展方向和方针，规定了组织的各个部门在较长时期内从事某种活动应达到的目标和要求，绘制了组织长期发展的蓝图；短期计划则具体地规定了组织的各个部门在目前到未来的各个较短的时期内，特别是最近的时段中，应该从事何种活动、从事该种活动应达到何种要求，因而为各组织成员在近期内的行动提供了指导方针；中期计划介于长期和短期计划之间，其蓝图效应比不上长期计划，紧急程度又比不上短期计划，主要针对的是切实可行但时期界限并不算短的事务活动。短期计划又可分为年度计划、季度计划、月计划和周计划等，都是根据时间划分的。
- **按内容明确性分类**：根据工作计划内容的明确性指数，可以将工作计划分为具体性计划和指导性计划。具体性计划具有明确规定的目标，不存在模棱两可的情况；指导性计划只规定某些一般的方针和行动原则，给予行动者较大的自由处置权，它指出重点但不把行动者限定在具体的目标或特定的行动方案上。相对于指导性计划而言，具体性计划虽然更易于执行、考核与控制，但缺少灵活性，它所要求的明确性和可预见性的条件往往很难满足。

4.2.2 计划的写作格式

计划主要由标题、正文和落款3部分组成，下面分别进行介绍。

××××计划	标题
××××××××××××××，××××，××××××××××××。为此，特制定如下计划。	前言：说明定制计划的原因、目的、背景或依据
××××××，×××××××××××××××××××××××××××××××××，××××××，××××××××××××。 ××××××，×××××××××××××××××××××××××××××××××××××××。	主体：包括计划的任务、目标，步骤与措施，完成时间，有关事项
	结语：表明态度，与开头照应
×××	署名
××年×月×日	成文日期

1. 标题

计划的标题一般由制定计划的单位名称、计划时限、计划的内容和文种构成。如《××省成人自考办××年招生工作计划》。有时可以省略制订计划的单位以及计划时限，如《公务员考核监管计划》，凡省略单位的标题必须在正文后署名。

新手解谜——为什么有些计划后面有“草案”等字样？

如果计划还不够成熟，需要先试行一个阶段以后再进行修改，或者还未经过法定的会议讨论通过，则要在标题后面注明“征求意见稿”“草案”“供讨论用”等字样，并加上圆括号，以区别正式通过的计划，如《××市税务局××年工作计划（讨论稿）》。

2. 正文

工作计划的正文应包括前言、主体和结语3个部分的内容，下面分别进行介绍。

- **前言**：阐明所制定的工作计划的指导思想、依据和目的，或者简要分析计划的基本情况，说明编制计划的缘由。内容一般包括上级传达的精神、任务等，如无必要，也可以不写这部分，直接写计划事项。

- **主体**：即计划的主要内容，包括指标、要求、步骤、措施、完成时间以及有关事项等，即总任务是什么、需要做什么，以及怎么做、什么时候做。任务和指标主要是解决“做什么”的问题，因此在写这部分的时候，既可以分条分项地进行书写，也可以列成表格，或将部分列成表格作为附件处理。措施和方法主要指工作程序和时间安排及要求，是对在实现计划目标的过程中可能出现的问题提出的在人力、财力、物力和思想政治工作等各方面的保证措施，即解决“怎样做”的问题。在进行这一部分的写作的时候要体现轻重缓急和时间顺序，也可提供方法，写明奖惩情况，以确保计划的实施。完成时间指达到目标的每一个步骤的安排，都应要有明确的时间要求，各环节要环环相扣、切实可行。有关事项则包括其他应注意的问题，如检查、评比、修改计划办法等。如下案例为某学校的教研工作计划的指导思想、工作目标，以及具体的工作任务及措施的写法。

一、指导思想

以学校工作计划为指导，积极营造“教学即研究”的科研氛围，……

二、工作目标

1. 进一步深入学习课程改革理论，全员参加理论培训，在全校范围内继续开展“有效备课”和“高效课堂”专题研究，……

三、工作任务及措施

（一）加强理论学习，提升专业素养。……

（二）规范课题研究，强化过程管理。……

（三）立足常规教学，促进课堂效率。……

- **结语**：即计划的辅助、补充部分，可以写一些正文不宜写的内容，如计划制定过程中和修改时什么人提出了好的意见等；强调工作中的重点和主要环节；分析计划实施过程中可能出现的问题；展望计划实施的前景等；还可以发出号召，激励大家为实现计划而努力。如下案例便是某公司安全部工作计划的结语，既强调了安全生产这个核心，也表达了为公司做出新贡献的决心。

公司安全部 2017 年安全生产工作将继续本着“安全第一，预防为主，综合治理”的方针，按照“谁主管、谁负责”的原则，进一步分清责任，从维护公司发展的大局出发，保持了解一线需求、提供精准服务、发扬吃苦耐劳的工作作风，严格履行公司的安全生产工作部署，控制指标、积极行动，把安全生产工作抓紧、抓实、抓好，为公司发展做大、做强做出新的贡献。

3. 落款

在计划正文的右下方写明制订计划的单位的名称或个人姓名，然后换行在单位名称或个人名称下方写上成文日期。单位名称若已在标题里出现或已署在标题正下方，则此处可以省略不写。

4.2.3　计划的写作注意事项

写作计划时，应注意以下 4 点。

① 在制订计划之前，必须认真学习有关的方针政策，领会其精神实质，明确任务，牢牢地把握住这段时期工作的重心，并使它具体落实到本单位、本部门。

② 制订计划要符合客观需要和可能，要实事求是、量力而行，既要创新开拓，又要求真务实，只有努力把计划建立在切实可行的基础上，才能发挥计划的作用。

③ 在制订工作计划时，从目标的提出到时限的规定以及完成任务的步骤、措施、方法等都要写得明确具体，做到“定事、定人、定时、定量、定质”，以便执行者的落实与执行，也为日后的检查与督促提供了方便。

④ 工作计划要突出工作重心，反映当前工作中需要解决的主要问题。各项工作既不能“等量齐观”，也不能只抓一点而忽视其他，必须在确保重点工作的同时，兼顾一般性工作。

4.2.4 范文点评：财务工作计划

【范文】

2019年财务部下半年工作计划

时光飞逝，转瞬间已进入2019年7月，回顾上半年，财务部全体人员对待工作兢兢业业，较为圆满地完成了公司赋予的各项任务。根据上半年工作完成情况，现对2019年度下半年的工作做出如下计划（此为正文的前言，简单阐明制定工作计划的缘由，也揭示了此计划系属半年度计划）。

一、加强会计核算工作。……

二、增强财务监督职能。……

三、科学合理安排调度资金，充分发挥资金利用效率。……

四、加强与银行、税务等有关部门的合作，积极研究税收政策……

五、组织全体人员积极参加各种形式的在岗培训。……

六、加强与公司其他部门之间的沟通，资源共享，……（前文总述公司总体计划，涉及了公司工作的不同层面）。

下半年，为完成集团公司本年度目标任务，财务部的工作任重而道远。为此，需要在以下几个方面继续做好工作（这里主要说明实现目标的有效、可持续的方法和措施）。

1. 做好下半年集团公司及四个子公司所得税……

2. 领导带头、全员参与，坚信“办法总比困难多”，……

3. 在上半年的对账工作基础上，将继续分施工项目、分负责人、按照日期分别统计公司开具的每一张发票及甲方支付的每一笔款项，……

4. 加强公司投标保证金管理，建立投标保证金统计档案，……

最后，财务部门全体人员将紧紧跟随公司的发展步伐，坚持过程化控制、准确性核算的工作方法和态度，为公司全面完成下半年的目标任务而努力。

××公司财务部
2019年7月2日

【点评】

这是一篇由企业财务部制定的下半年工作计划，这篇工作计划比较典型，主要包括两部分内容：第一是公司财务部下半年在不同方面想要达成或实现的计划，包括会计核算、财务监督、资金利用效率、合法避税、在岗培训、部门合作等，目标明确、具体；第二是完成目标的措施，分别提出了4项需要重点抓好的细节工作，帮助指导目标能够得到有效落实。纵观整个计划内容，有前言、有要求、有目标、有措施，因为是关于部门的工作计划，因此内容翔实，针对性、计划性、细节性强，是值得学习和参考的范文。

4.3 总结

总结是事后对某一阶段的工作或某项工作的完成情况，包括取得的成绩、存在的问题以及得到的经验和教训加以回顾和分析，以为今后的工作提供帮助和借鉴的一种书面材料。下面分别对总结的特点与类型、写作格式、注意事项等进行介绍。

4.3.1 总结的特点与分类

1. 总结的特点

总结具有自身性、指导性、理论性和客观性4个特点，下面分别进行介绍。

- **自身性**：总结以第一人称叙述，从自身出发，是单位或个人自身实践活动的反映，总结的内容行文来自自身实践，其结论也是为了指导今后自身的工作和学习等实践。
- **指导性**：总结通过回顾思考的方式对自身以往的实践做出理性认识，找出事物的本质和发展规律，取得经验，避免失误，以指导未来工作。
- **理论性**：总结是对理论的升华，是对前一阶段的工作经验、教训的分析研究，并从中提炼出事物的规律性，从而提高认识，以正确的认识来把握客观事物，更好地指导今后的实践工作。
- **客观性**：总结是对实践工作进行再认识的过程，是对前一阶段工作的回顾；总结的内容必须要完全忠于自身的客观实践，其材料必须以客观事实为依据，不允许东拼西凑，要真实、客观地分析情况、总结经验。

2. 总结的类型

按内容和范围的不同，可将总结分为全面总结、专题总结及个人总结3种类型，下面分别进行介绍。

- **全面总结**：全面总结指对某一单位、某一部门的工作进行全面性、综合性的总结，既要反映工作的概况，取得的成绩，存在的问题、缺点，也要写出经验教训和关于今后应如何改进的意见等。全面总结的内容要求全面、覆盖广，但并非是要面面俱到，而是要突出主要工作和重要经验。写全面总结时，往往选择成绩最显著、经验最突出或对全局最重要的几个方面去总结，从而说明工作的整体情况。
- **专题总结**：专题总结指的是围绕工作中的某一方面或某一问题进行的专门性总结。专题总结往往偏重于总结某一方面的成绩、经验，其他方面可少写或不写。专题总结一般按提出问题、分析问题、解决问题这一思路进行构思。
- **个人总结**：个人总结指的是以个人为单位撰写的总结文书，以个人某一阶段的工作、思想学习情况为内容。个人总结一般要求写出这个人在该阶段内的总体情况、具体成绩、缺点与不足，并总结相关经验、教训，从而在未来取得更大的进步，有些总结还会在结尾提出目标与努力方向。需要注意的是，讲述的成绩、进行的分析等都要典型、深刻、具体、真实，这样才能达到总结的目的。

4.3.2 总结的写作格式

总结主要由标题、正文和落款3部分组成，下面分别进行介绍。

<table>
<tr><td>××××总结</td><td>标题</td></tr>
<tr><td>××××××××××，××××××××××××××××。</td><td>开头：背景、指导思想、总结目的等</td></tr>
<tr><td>××××××××××，××××××××××××××××。</td><td>主体：成绩、做法、经验、教训、打算等</td></tr>
<tr><td>××××××××××，××××××××××××××××。</td><td>结尾：今后方向、任务，表明决心、展望前景等</td></tr>
<tr><td>×××</td><td>署名（可省略）</td></tr>
<tr><td>××年×月×日</td><td>成文日期</td></tr>
</table>

1. **标题**

总结的标题有多种形式，下面分别进行介绍。

- 由“单位名称+时间+内容+文种”构成，如《××村××年秋收竞赛总结》。
- 由“时间+内容+文种”或“内容+文种”构成，如《××年教学工作总结》或《创先争优活动总结》等。
- 有的总结标题只是对内容的概括，并不标明“总结”字样，但一看内容就知道是总结，如《一年来的谈判及前途》。
- 有的总结采用双标题，正标题点明文章的主旨或重心，副标题具体说明文章的内容和文种，如《构建农民进入市场的新机制——××区发展农村经济的实践与总结》。

2. **正文**

总结的正文主要包括开头、主体和结尾 3 部分，下面分别进行介绍。

- **开头**：开头主要用来概述基本情况，有需要时可以专门列出前言这个部分。开头可以包括单位名称、工作性质、主要任务、时代背景、指导思想，以及总结目的、主要内容提示等，要注意简明扼要，字数不可过多。以下是某公司的卫生部门撰写的工作总结的开头部分，主要指出了工作背景和内容提示。

一年来，公司以银川市创建文明城市为契机，狠抓公司内部卫生部门的创建工作，在金凤区委、区政府、区爱卫会的正确领导下，爱国卫生工作取得了一定的成绩。现将公司创建市级卫生先进单位的工作进行汇报。

- **主体**：主体主要内容包括成绩和做法、经验和教训、今后打算等方面。主体部分篇幅大、内容多，要特别注意层次分明、条理清楚。以案例便分别从本部财务工作、分公司及合作方财务工作，以及工作中的不足等几个大方面，详细总结了目前的财务工作所取得的成绩、积累的经验和汲取的教训等。

下面向公司领导汇报一下财务部 2018 年度的工作。

一、公司本部的财务管理和财务核算工作……

二、分公司及合作方的财务核算工作……

三、不足和有待改善的地方……

- **结尾**：结尾一般是在总结经验教训的基础上，提出今后工作的方向、任务和措施，表明决心、展望前景，篇幅不应过长。有的总结也可以省略结尾，不用专门书写。

3. **落款**

总结的落款包括署名和成文日期两项内容，按其他文书的写法顺次书写即可。如果标题中已有署名，则落款时可以省略。

4.3.3 总结的写作注意事项

写作总结时应注意以下5点，下面分别进行介绍。

① 总结应以正确的观点为指导，以党的路线、方针、政策为依据，来检查分析实践活动，最终得出正确的科学的结论。

② 总结既不能只是材料的罗列，也不能只是空洞的议论，而应以恰当的观点统率材料，并反过来用材料说明观点。

③ 总结要坚持实事求是的原则，不可对事实进行夸大或缩小。

④ 总结应当适当有作者自己的见解，这样才能显示出单位或个人的特点。

⑤ 总结的语言应当简明、准确，且一定要从第一人称的角度出发，即从本单位或本人的角度出发进行写作。

4.3.4 范文点评：单位工作总结

【范文】

××年单位工作总结

××年区××局在区委、区政府的领导下，贯彻党的××大精神，以“××××”为指导，围绕“科学发展、促进社会和谐”这个主题，以保增长、保民生、保稳定为目标，积极开展机关效能建设活动，认真做好××工作，完成上级部门布置的工作和区下达的目标任务**（说明了工作总结的背景和取得的成绩）**。

一、圆满完成机关事业单位××年度（绩效）考核工作。在区考核领导小组的领导下，完成××年度年终（绩效）考核和评奖工作。根据市委组织部、市人事局《关于印发〈××市公务员年度（绩效）考核实施细则（试行）〉的通知》要求和××年度考核工作安排，结合我区实际，制定《××区公务员年度（绩效）考核实施方案》，组织全区实施年度考核工作。全区年度考核分类分级进行，实行立体考核，机关公务员与事业单位工作人员分类考核，乡街、部门正职与副科以下工作人员分级考核。考核期间派人参加乡、街负责人述职测评，掌握基层单位考核情况。……

二、规范公务员管理，加强公务员队伍建设。……

三、实施事业单位岗位设置和义务教育学校绩效工资工作。……

四、以服务为宗旨，做好工资管理日常服务工作。……

五、以人为本，做好人事人才及年报统计工作。……

六、下一步工作安排。开展事业单位岗位设置和聘用工作以及义务教育学校教师奖励性绩效工资的实施工作。实施乡镇机构改革，起草区政府机构改革实施方案。……**（从绩效考核、公务员管理、岗位设置、工资管理、年报统计等方面详细地对工作进行了全面总结，并对下一步工作安排进行了适当展望和计划）**

××单位
××年×月×日

【点评】

这是某单位的一篇工作总结，开头部分写得简单明了，没有过多的陈述，直截了当地说明问题，有利于对主体的理解。主体部分归纳得当，将完成的各项工作罗列了出来，显得详略得体，安排自然。

对于有些单位的总结，特别是某一职能部门的总结，在通常情况下，往往是把具体的事例融入其中进行归类和分析，理论性的东西相对较少，而罗列的具体活动较多。这样就需要根据工作的职能分工和活动性质进行有机结合，采用有主有次的安排，使整篇总结的表达能够更好地围绕一个明确的主题来展开。

4.4 规章制度

规章制度指国家机关、企事业单位以及社会团体等，为了使日常工作、生活能够有秩序地展开，而将各种比较原则、抽象化的条款进一步具体化，以促进科学管理的一类具有法规性、约束性、强制性的文书，是各种性质法规、章程、制度、公约的总称。无论是党政机关、企事业单位还是各种社会团体，在财经工作领域都或多或少地会用到这类文书。本节将详细介绍规章制度的写作方法。

4.4.1 规章制度的特点与分类

1. 规章制度的特点

规章制度一般作为政策性规定存在，可以制约或引导人们的行为与思想，一旦被制定、批转，人们就必须遵守规定的相应事宜。规章制度一般具有适用性、约束性、权威性与稳定性 4 个特点，下面分别进行介绍。

- **适用性**：适用性是指规章制度的适用范围比较广，由于规章制度包括的文种较多，所以在各个方面都有可以使用的相应文书。例如，国家机关针对某些事项做出政策性限定的时候可以使用规定这种法规性公文；组织规程或规定机构性质、任务、某项活动的原则可以使用章程；制定机关、企事业单位和社会团体成员应严格遵守的行为准则、规范时可以用守则这类文书，如《销售人员行为准则》。总的来说，对成员有一定约束、要求的规定性文件都可以使用规章制度来体现。
- **约束性**：规章制度明确规定了应做事宜和不宜做事宜，是人们的行为准则，一经生效，有关单位或个人就必须严格遵守或遵照执行。如果违反有关条款，就要受到相应的处罚。
- **权威性**：规章制度的权威性来源于发文机关的权威性。规章制度的作者是法定的，即依法能以自己的名义行使权利与承担义务的组织。规章制度是由这些定法者根据自己的职责和权限所制订的，是本级机关权力意志的反映。
- **稳定性**：由于规章制度是人们的行为准则，可以在一定时期内稳定地发挥其作用，因此具有相对稳定性，不轻易变动。但并不是指规章制度一成不变，在条件成熟或环境发生变化时，我们应及时修改并完善规章制度的内容。

2. 规章制度的分类

规章制度根据需要和作用的不同，可以被分为行政法规类、章程类、制度类以及规约类 4 个种类，下面分别进行介绍。

（1）行政法规类

行政法规类的文种包括条例、规定、办法与细则4种，下面分别进行介绍。

- **条例**：条例是由国家权力机关或行政机关依照政策和法令制定并发布的，针对政治、经济、文化等各个领域内的某些具体事项作出的比较全面系统、具有长期执行效力的法规性公文。条例的使用主要表现在施行法律条文、制定管理规则和确定职责权限3个方面，如《化妆品卫生监督条例》《会计人员职权条例》等。
- **规定**：规定指国家机关及部门和企事业单位对有关事项做出政策性限定的法规性公文，是规范性文书中使用范围最广、频率最高的文种之一。规定按行文目的及内容的不同，可分为政策性规定、管理性规定、实施性规定和补充性规定4种类型。政策性规定用于规定一些政策规范，着重于界限划分、明确范围、提出要求和惩处情况等，解决“应当怎样”和“不应怎样”的问题；管理性规定用于制定某方面工作的管理规则，在一定范围内提出管理要求、禁止事项，以达到加强工作管理的目的；实施性规定侧重于对文件实施中的有关事项做出规定，对原条款做出解释，提出具体的实施意见；补充性规定主要是对原件中某些提法不够明确、不够具体的方面加以明确、补充或解释，以便实施。
- **办法**：办法指有关机关或部门根据党和国家的方针、政策及有关法规、规定，就某一方面的工作或问题提出具体做法和要求的文件，或是对条例、规则等提出切实可行的具体实施措施的文书，可操作性强。办法的制发机关一般是行政机关及其主管部门，企事业单位也可使用。
- **细则**：细则常常用来对有关法律规章进行具体化，其目的是将原条文进行必要的解释，补充原条文中的不足，使原条文的工作效应能够得到具体的发挥。党政机关及其部门、企事业单位等均可使用细则。细则的依附性强，不能离开实施对象单独发挥作用。

（2）章程类

章程是有条理有程式的规章，是各组织为说明其性质、宗旨、任务、规则、义务、业务、规模、活动等制定的准则和规范，是经特定程序制定的一种根本性的规章制度。章程具有准则性、广泛性、稳定性、约束性等特点。按章程所针对的对象的不同，可将其分为组织章程、规范章程和企业章程等种类。组织章程用于规定组织的性质、宗旨、任务、组织原则、机构设置、任务职责、成员资格、义务、纪律、经费来源使用等内容；规范章程用于明确标准做法、具体原则要求，或确定某项活动的宗旨、程序、安排、要求等；企业章程主要用于规范合资企业的经济活动、管理活动，国内独资企业（包括国有、集体和个体）一般不制定这类章程。

（3）制度类

制度类的文书主要包括制度、规则、规程、守则等，是国家机关、社会团体、企事业单位为了规范成员行动而制定的规定性、指导性文书。

- **制度**：制度指在一定的历史条件下形成的政治、经济、文化等各方面的法令规范，如社会主义制度、资本主义制度；也指党政机关、社会团体、企事业单位，或某部门、岗位要求成员共同遵守的行动准则和办事标准。制度一经制定，人人都需遵守，如有违反，轻者按纪律处理，重者还须负相应的责任。如《财政制度》《税务制度》《现金管理制度》《会计出纳制度》《财务处理与审批制度》《岗位责任制度》等。
- **规则**：规则是国家机关、团体、企事业单位为维护公众利益，对某一事项制定的原则性规定，如《城市交通规则》。
- **规程**：规程相当于“规则”和“程序”的结合，指为实现目标而贯穿于整个工作流程的、要求该范围内的成员应当遵守的标准与程序。规程一般针对操作、管理、工艺等专业技术方面的工作，如《安全操作规程》《建筑机械使用安全操作规程》等。

- **守则**：守则是国家机关、社会团体、企事业单位为了维护公共利益，向所属成员发布的一种要求成员自觉遵守的约束性公文，如《员工守则》《学生守则》等。

（4）规约类

规约类规章制度指面向社会大众的，为规范人民群众行为而制定的规章制度，如公约、须知等，下面分别进行介绍。

- **公约**：这里的公约通常指在国内一定范围内使用的公共性文书，是机关单位或广大人民群众在自觉的基础上，共同商定的对某一事项的具体要求，这些事项可以包括行为规范、应遵守的道德准则等。公约可以由机关单位和人民群众共同商议制定，也可以由群众自己制定，但需要经过群众讨论后再发布，如《卫生公约》《花园小区公约》《首都市民文明公约》等。
- **须知**：须知是有关单位为了有秩序地办理某种事务而向公众做出的带有指导性和告知性的规定，如《铁路旅客乘车须知》《文印室使用须知》等。

4.4.2 规章制度的写作格式

规章制度一般由标题、正文、署名和成文日期4个部分组成，其中正文分为章条类写法和条类写法。章条类写法会将内容分为若干章，常用总则、分则与附则的格式，总则为第一章，分则为中间各章，附则为最后一章，常用于规则、章程和条例的写作；条目类写法是只分条目，不分章节，主要写法是直接一条一款地叙述，或者在第一条介绍原因，接下来分条叙述，常用于比较简单的写作，如守则、办法等简单条例。

由权力机关及行政机关制定并通过的重要规章制度会把通过文件的会议、署名和成文日期等用圆括号写在标题下方，其他的则写在正文后右下角，部分文件可省略署名及成文日期，如条例、守则、办法等。

在财经工作中，使用较多的规章制度有条例、规定、章程等，下面分别进行介绍。

1. 条例

条例主要由标题、签署、正文3部分组成，下面分别进行介绍。

××××条例	标题
（××年×月×日国务院发布）	签署
第一章　总则 第一条　×××××××××××××××，××××，×××××××××××。	正文因由：在第一章总则的第一条中写明制定目的、依据
第二章　×××××× 第二条　×××××××××××，×××××××××××××××。 第三条　×××××××××××，××××××××××，×××××××××××。	正文规范：采用章条式的形式写作，提出原则、责任、内容、要求、方法等
第××章　附则 第××条　×××××××××，××××××××××××××。	正文说明：对施行该条例或有关事项的附带说明

（1）标题

条例标题一般有两种写法，下面分别进行介绍。

- 由“规范范围+规范对象+文种”构成，如《中华人民共和国种子管理条例》《中华人民共和国审计条例》等，一般来说，国家行政法规、地方行政法规及比较大型的条例均使用这种写法。

- 由“规范对象+文种”构成，如“矿山安全监督条例”“借款合同条例”“行政法规制定程序暂行条例”“楼堂馆所建设管理暂行条例”等，这是一种更为普遍的标题写法。

新手解谜——条例的标题能包含制发机关吗？

条例的标题中不出现制发机关，只显示范围和内容，单独印发，一般在标题下再加注制发机关。另外，标题中一般不出现“关于……的”介词结构。此外，因为条例的有效期较长，规范内容较为全面，涉及面较广，所以必须慎重推出，非特殊情况不加注“暂行”字眼。

（2）签署

条例的签署是在指标题下用括号括住相关的信息，具体签署方式有以下 3 种，下面分别进行介绍。

- 签署条例公布的日期和制发机关，如《全民所有制小型工业企业租赁暂行条例》（××年×月×日国务院发布）。

- 签署条例通过的时间、会议和公布的日期，如《××市市政管理暂行条例》（××年×月×日××市××届人大常委会第××次会议通过，××年×月×日发布）。

- 签署条例通过的时间、会议和公布的日期、施行的日期，如《中华人民共和国居民身份证条例》（××年×月×日第××届全国人民代表大会常务委员会第××次会议通过，××年×月×日中华人民共和国主席令第××号公布，××年×月×日起施行）。

（3）正文

条例的正文可以分为因由、规范和说明 3 部分，下面分别进行介绍。

- **因由：**条例的因由即条例一般在第一章总则的第一条中写明的制定条例的目的、依据。例如，《水土保持工作条例》的第一条内容，既写明了条例的制定目的又说明了工作意义。

第一条　防治水土流失，保护和合理利用水土资源，是改变山区、丘陵区、风沙区面貌，治理江河，减少水、旱、风沙灾害，建立良好生态环境，发展农业生产的一项根本措施，是国土整治的一项重要内容。为了做好水土保持工作，特制定本条例。

经验之谈

写作因由时要注意，如果所依据的法律有明确条文规定，应写出具体条款；如果没有，则只写出所依据法律名称甚至笼统提出“有关法律”“有关规定”即可。有些条例不写因由，例如，制定管理规则和职责权限的条例，一般写明制定目的即可。也有条例会在第一条直接写出适用范围。

- **规范：**规范是条例的主体部分，一般采用章条式的形式写作。实施法律条文的条例，其内容因实施需要而确定，一般要对原件条款、适用范围等加以具体化，如《借款合同条例》，需分别对该条例的适用范围，合同订立和履行、变更和解除，违约责任和违法处理等作具体规定。这类条例多数是对原件有关条款的具体扩展，是实施原法律不可缺少的法规，因此需要写得具体明确，特别需要围绕实施内容来进行写作。如果是管理工作规则的条例，则可多提出一些管理原则、管理责任、管理内容及要求、方法，如《××省城市建设综合开发公司管理条例》，分别对城市建设开发公司的企业性质、宗旨、具备条件、审批程序及土地开发、房屋售价、周转资金、财务管理等方面做出了具体规定。如果是确定职责权限的条例，则规范部分主要应规定有关机构、组织或人员的职责、权限、任务、组织方式等。如《全民所有制工业企业职工代表大会条例》，具体规定了职工代表大会的职权、职工代表、组织制度、与工会的关系、车间和班组的民主管理等事项。

- **说明**：说明是对施行该条例或有关事项的附带说明，内容可以包括适用范围、词义解释、制定权、解释权、监督执行权、施行日期、废止有关文件等。说明部分内容一般在最后一章附则中列出。

（4）条例的写作注意事项

写作条例时要认真研究有关的法律条文和党的方针政策，对将要制定的条例内容做深入的调查研究，对实践中出现的问题做全面的概括与分类。对机关单位、人物、事物等都要做细致精确的规定；对有关数字、时间、地点、条件、措施、方法等都要交代清楚，不能含糊其辞；注意条文系统与层次，联系与区别；条款要清晰，不能混淆，不能出现并列关系和主从关系。

2. 规定

规定常随公告等公文一并发布，主要由标题和正文两部分组成，下面分别进行介绍。

关于××××的规定	标题
第一章　总则 第一条　××××××××××××××，××× ×，××××××××××。	总则：制定规定的缘由、依据、指导思想、适用原则和范围等
第二章　×× 第二条　××××××××××，××××。 第三条　××××××，××××××××。	分则：规定的实质性内容、方法等
第××章　附则 第××条　××××××××，×××××× ××××××××。	附则：规定的有关执行要求等

（1）标题

规定的标题的写法常有两种形式，下面分别进行介绍。

- 由“发文机关+事由+文种”构成，如“国务院关于行政区规划管理的规定”。
- 由“事由+文种”构成，如“××省城镇园林绿化管理规定”“关于对赞助广告加强管理的几项规定”等。

（2）正文

规定的正文的表述形式一般采用条款式或章条式，通常可划分为总则、分则和附则 3 部分。总则交代制定规定的缘由、依据、指导思想、适用原则和范围等；分则交代规范项目，包括规定的实质性内容和要求具体执行的方法；附则说明的是有关执行的要求等。

3. 章程

章程的结构由标题和正文构成，其中正文一般分为总则、分则和附则 3 个部分，下面分别进行介绍。

××××章程	标题
第一章 总则 第一条 ××××××××××××××，××××，××××××××××。	总则：制定宗旨、任务、安排、规范等
第二章 ×× 第二条 ×××××××××××，××××。 第三条 ××××××，×××××××××。	分则：说明章程的组织人员、机构、经费、活动等
第××章 附则 第××条 ×××××××××，××××××××××××××××。	附则：说明解释权、修订权、实施要求等

（1）标题

章程的标题通常由组织、活动、事项、单位或团体的全称加“章程”二字组成，有时需要在标题下面注明此章程通过的时间和会议名称。

（2）总则

正文的第一部分就是总则。总则是章程的纲领，对全文起统率作用。不同类型的章程，总则的写法有所不同，常见的章程有组织章程、规范章程和企业章程，下面分别进行介绍。

- **组织章程：**组织章程的总则要阐明组织的名称、性质、宗旨、任务、指导思想和组织本身建设的要求等内容。
- **规范章程：**规范章程的总则要写明组织名称、规范对象、宗旨、程序、安排、要求等内容。
- **企业章程：**企业章程的总则要写明企业名称、宗旨、经济性质、隶属关系、业务范围等内容。

（3）分则

组织章程的分则部分一般须写明以下内容。

- **组织人员：**包括参加条件、参加手续和程序、承担的义务和享受的权利、对成员的纪律规定等。
- **组织机构：**包括领导机构、常务机构和办事机构的设置、规模、产生方式和程序、任期、职责、相互关系等。
- **组织经费：**包括来源和管理方式。
- **组织活动：**包括内容和方式。
- **其他事宜：**视不同组织、团体的需要而确定。

另外，规范章程的分则部分需逐条写明所规范对象的管理、运作程序等；企业章程的分则部分则需写明资本、组织、人事管理、资产管理、利润分配等内容。

（4）附则

附则是对章程主体部分的补充，主要说明解释权、修订权、实施要求、生效日期，以及本章程与其他法规、规章的关系及其他未尽事项等内容。其中，组织章程还需说明办事机构地址或对下属组织的要求等内容；规范、企业章程则一般可说明公布、施行与修改补充等问题。

（5）章程的注意事项

拟制章程时，应注意以下3点，下面分别进行介绍。

- **内容完备**：章程的内容要包括组织名称、宗旨、任务、组织机构、会员资格、入会手续、会员的权利与义务、领导者的产生和任期、会费的缴纳和经费的管理与使用等。项目的内容要完备，既要能突出特点又要思虑周全。
- **结构严谨**：章程全文由总到分，要有合理的顺序。分的部分，一般是先讲成员，后讲组织；先讲全国组织，次讲地方组织，再讲基层组织；先讲对内，后讲对外。要一环扣一环，体现出章程严密的逻辑性，使章程成为一个有机的统一体。
- **明确简洁**：章程特别强调语言明确简洁。要反复提炼，用较少的语句把意思明确地表达出来。就语言来说，章程的语言多用词语的直接意义，不用比喻、比拟、夸张和婉曲等修辞手法，一般也不用“因为……所以……”“虽然……但是……”等关联词语。

经验之谈

章程的条款要完整和单一。一条章程表示一个完整的意思，不要把一个完整的意思拆成几条，变得零碎不堪；也不要把多个意思合在一条章程之中，交叉杂乱。

4.4.3 范文点评：条例、规定与章程文书

【范文1】

特殊标志管理条例

（××年×月×日国务院令第××号发布）

第一章 总 则

第一条 为了加强对特殊标志的管理，推动文化、体育、科学研究及其他社会公益活动的发展，保护特殊标志所有人、使用人和消费者的合法权益，制定本条例（**说明制定本条例的目的**）。

第二条 本条例所称特殊标志，是指经国务院批准举办的全国性和国际性的文化、体育、科学研究及其他社会公益活动所使用的，由文字、图形组成的名称及缩写、会徽、吉祥物等标志（**阐明特殊标志的含义**）。

……

第二章 特殊标志的登记

第六条 社会公益活动的组织者或者筹备者对其使用的名称、会徽、吉祥物等特殊标志，需要保护的，应当向国务院工商行政管理部门提出登记申请。登记申请可以直接办理，也可以委托他人代理。

……

第三章 特殊标志的使用与保护

第十三条 特殊标志的所有人可以在与其公益活动相关的广告、纪念品及其他物品上使用该标志，并许可他人在国务院工商行政管理部门核准使用该标志的商品或者服务项目上使用该标志。

……（**从第二章到这里主要说明特殊标志管理的各种具体规定和方法等内容**）

第四章 附 则（以下条款是对本条例的补充说明）

第十九条 特殊标志申请费、公告费、登记费的收费标准，由国务院财政部门、物价部门会同国务院工商行政管理部门制定。

第二十条 申请特殊标志登记有关文书格式由国务院工商行政管理部门制定。

第二十一条 经国务院批准代表中国参加国际性文化、体育、科学研究等活动的组织所使用的名称、徽记、吉祥物等标志的保护，参照本条例的规定施行。

第二十二条 本条例自发布之日起施行。

【点评】

这篇条例的内容比较简单，但整个写作结构非常具有代表性，写作思路也是非常值得借鉴的。第一章为总则，说明制定本条例的目的，并对特殊标志的概念、范围等做了明确的解释。第二章和第三章则围绕特殊标志管理这个核心问题，分别对应该如何对特殊标志进行登记、使用和保护等问题做出了规定。最后一章是附则，补充说明了与特殊标志相关的问题的处理方法，如收费问题、申请问题等。结尾说明了条例的实施日期。总体来说，这种结构和思路是在条例写作中值得学习的。

【范文2】

关于实行党风廉政建设责任制的规定

第一章 总 则

第一条 为了加强党风廉政建设，明确领导班子、领导干部在党风廉政建设中的责任，推动科学发展，促进社会和谐，提高党的执政能力，保持和发展党的先进性，根据《中华人民共和国宪法》和《中国共产党章程》，制定本规定（**制定本规定的目的**）。

第二条 本规定适用于各级党的机关、人大机关、行政机关、政协机关、审判机关、检察机关的领导班子、领导干部。

人民团体、国有和国有控股企业（含国有和国有控股金融企业）、事业单位的领导班子、领导干部参照执行本规定（**本规定的适用范围**）。

……

第二章 责任内容

第六条 领导班子对职责范围内的党风廉政建设负全面领导责任。

领导班子主要负责人是职责范围内的党风廉政建设第一责任人，应当重要工作亲自部署、重大问题亲自过问、重点环节亲自协调、重要案件亲自督办。

……

第三章 检查考核与监督

第八条 党委（党组）应当建立党风廉政建设责任制的检查考核制度，建立健全检查考核机制，制定检查考核的评价标准、指标体系，明确检查考核的内容、方法、程序。

……

第四章 责任追究

第十九条 领导班子、领导干部违反或者未能正确履行本规定第七条规定的职责，有下列情形之一的，应当追究责任：

（一）对党风廉政建设工作领导不力，以致职责范围内明令禁止的不正之风得不到有效治理，造成不良影响的；

……

第五章 附 则

第二十九条　各省、自治区、直辖市，中央和国家机关各部委可以根据本规定制定实施办法。

第三十条　中央军委可以根据本规定，结合中国人民解放军和中国人民武装警察部队的实际情况，制定具体规定。

第三十一条　本规定由中央纪委、监察部负责解释。

第三十二条　本规定自发布之日起施行。××年×月发布的《关于实行党风廉政建设责任制的规定》同时废止（**附则条款主要补充说明了规定的效力、解释权和实施日期**）。

【点评】

这是一篇实施性规定，标题以“事由+文种”的结构拟定，正文部分明确分为总则、分则、附则3个部分；本规定共32条，语言逻辑和谐顺畅，结构层次鲜明醒目，条例清晰。规定中的事项也十分具体、明确，含义单一，前后一致。此外，以上规定在用语上规范得体，例如，“应当”“可以”“不得”等词语的使用，可以使语言显得较为准确、严密，界限清楚，避免歧义的产生。

【范文3】

鲁光奖学金章程

第一章 总 则

第一条　鲁光奖学金是由山东省国际信托投资公司、山东国际经济技术合作公司、山东国际经济基础开发公司、潍坊市投资公司等单位出资组建的奖学金（**说明奖学金来源**）。

第二条　鲁光奖学金的宗旨是，适应建立社会主义市场经济的历史要求，推动中华民族的全面振兴，创造能够让高精尖科技人才脱颖而出的环境，促进科教兴国与科教兴鲁战略的加速实现（**说明奖学金使用的宗旨**）。

第三条　奖学金面向山东省高校，办事机构设在山东大学（**说明奖学金使用范围**）。

第二章 任 务

第四条　奖学金的任务是。

（一）按照科教兴国与科教兴鲁战略的要求，增加对山东高校优异人才的教育投入，加快其成才步伐。奖学金重点奖励山东省高校在校生优秀研究生（含博士生），培养高精尖管理及科技人才。

……

第三章 管 理

第五条　山东省人民政府有关领导、出资人、高校负责人及其他人士共同组成鲁光奖学金管理委员会，负责对奖学金进行管理。

……

第四章 经 费

第十二条　奖学金经费来源主要是：

1. 本金存入金融机构的利息收入；

2. 以本金购买债券、股票等有价证券的收入；

3. 其他收入。

……

第五章　评审与颁奖

第十四条　由山东各高校知名教授专家组成评审委员会，负责获奖研究生的评选工作。

……

第六章　附　则

第十七条　本章程解释权归鲁光奖学金管理委员会所有。

【点评】

此章程详细地说明了奖学金的来源宗旨、使用范围、任务、管理方法、经费组成、使用等内容，使奖学金的使用能够有理有据，并得到妥善管理。对于这种规范章程来说，如何通过简洁明了的语言讲明章程的具体方法、规范事项是尤为重要的，这篇章程很好地做到了这一点。

写作训练

训练4-1　机关工会工作计划

××市机关工会需要制定2020年度的工作计划，主要涉及思想作风、精神文明、互助保障、工作作风等方面。请根据以下材料撰写一篇工作计划。

【背景材料】

（1）总体要求：认真学习贯彻党的十九大精神，以贯彻《工会法》的实施为契机，紧紧围绕机关工作的改革、创新和发展这个中心。以抓机制、办实事、求实效、促发展为主题，调动、发挥广大干部职工的积极性和创造性，增强机关的凝聚力和活力。更新观念，增强机遇意识、发展意识、创新意识，加强工会自身建设，以创建“六好”工会为主线，以开展丰富多彩的机关文化活动为载体，以推动“四型”机关建设为核心，围绕中心、服务大局，为“追赶超越”“两个率先”做出新的贡献。

（2）思想作风方面：加强思想作风建设，扎实开展……活动，以开展党的……活动为契机……

（3）精神文明建设方面：开展各种文体活动，丰富职工的业余生活，加强单位精神文明建设；让职工的业余生活既丰富多彩，又高雅不俗……

（4）互助保障方面：抓好职工互助保障工作，切实为干部职工解除后顾之忧；各单位工会要以高度的责任意识，进一步加大宣传力度，组织干部职工积极参与职工意外伤害保障、职工重大疾病互助保障和女职工特殊疾病互助保障、职工住院津贴综合互助保障等四个保障计划，……

（5）工作作风方面：切实转变工作作风，不断加强工会组织自身建设，增强新形势下机关工会工作的紧迫感和责任感，加强思想作风建设，各单位工会要按照……要求……

（6）发文单位：××市机关工会办公室。

（7）成文日期：2020 年 1 月 2 日。

【实训分析】

根据提供的材料可以看出，这篇工作计划首先就说明了总体要求，然后再分别从 4 个方面进一步落实具体的计划内容。整体写法较为简单，拟定标题为《机关工会工作计划》，然后说明工作计划的总体要求，即“认真学习贯彻党的十九大精神，以贯彻《工会法》的实施为契机，……”接下来无需过渡，直接从 4 个方面分条列项地阐述工作计划的具体内容即可。

训练4-2 乡镇社会主义新农村建设工作总结

××乡镇社会主义新农村建设委员会需要对社会主义新农村建设的工作进行总结，要求总结的内容主要涉及基本情况、主要做法、取得的经验、存在的问题和困难，以及下一步工作的计划等方面，为其他乡镇的社会主义新农村建设工作提供指导和参考。请根据以下材料，撰写一篇工作总结。

【背景材料】

（1）背景：今年以来，乡党委、政府认真贯彻县委新农村现场推进会议精神，在进行了认真的调查研究后，制定了社区新农村建设实施方案，包括在宣传发动上突出广泛性，在安排部署上突出整体性，在结合实际上突出针对性，在形式载体上突出创造性，在狠抓落实上突出实效性，创新领导机制，找准工作切入点，全面开展新农村建设工作。

（2）基本情况：社区位于××中心城镇西北边，辖区面积××平方公里，耕地面积××亩，有××个居民小组，总人口××人，其中农业人口××人，城镇人口××人；社区党总支下设××个党支部，党员××名，……

（3）主要做法：创新领导方式，形成强大的合力；深入广泛地宣传，营造良好的建设氛围；组建龙头企业，拉动社区经济发展；科学制定规划，全面组织实施。

（4）取得的经验：不断创新领导方式，充分发挥乡党委的核心领导作用、企业的支撑作用、机关站所的服务作用和社区的主体作用，……

（5）存在的问题和困难：部分党员干部对新农村建设的认识不够，加快发展的紧迫感和责任感不强，“等、靠、要”的思想问题严重，……

（6）下一步工作：结合农村的实际情况，保持针对共产党员的先进性教育活动的开展，把新农村建设与平安村（社区）创建等工作结合起来，不断改善村民的生产条件和居住环境，促进农村生产生活水平的提高，……

（7）发文单位：××乡镇社会主义新农村建设委员会。

（8）成文日期：2020 年 12 月 29 日。

【实训分析】

此篇工作总结的篇幅相对较大，在介绍完背景后，应当分列小标题，依次阐述基本情况、主要做法、取得的经验、存在的问题和困难，以及下一步工作等方面的内容。可采用条文式写法，将总结内容分条列项、阐述清楚，这样一方面可以使得工作总结条理清晰、层次分明，另一方面可以便于受文单位的阅读和理解。

训练4-3 关于某管理办法的补充规定

国家广播电影电视总局发布的《广播电视广告播出管理办法》在实施后，被发现存在一定的问题，因此需要及时发布补充规定，调整其中部分存在问题的内容。请根据以下材料撰写一篇补充规定。

【背景材料】

（1）目的：贯彻落实《中共中央关于深化文化体制改革推动社会主义文化大发展大繁荣若干重大问题的决定》，坚持把社会效益放在首位，充分发挥广播电视构建公共文化服务体系、提高公共文化服务水平、保障人民基本文化权益的作用。

（2）规定内容：将第十七条修改为“播出电视剧时，不得在每集（以四十五分钟计）中间以任何形式插播广告。播出电影时，插播广告参照前款规定执行。”删除第十八条。

（3）实施日期：补充规定自 2012 年 1 月 1 日起施行。

（4）其他说明：根据本规定对《广播电视广告播出管理办法》（国家广播电影电视总局令第 61 号）部分条文的文字作相应调整和修改。

【实训分析】

本规定的标题可使用“事由+文种”的结构，如“《广播电视广告播出管理办法》的补充规定”，既说明了规定的类型是补充性规定，又指明了针对的是《广播电视广告播出管理办法》。在正文部分，开头应说明制定补充规定的目的，然后简洁而准确地说明规定的内容和其他补充内容。

思考与练习

（1）简述条例的写作格式。

（2）简述计划的写作格式。

（3）总结的写作格式包含哪些？

（4）简述条例的写作格式。

（5）规定的写作格式包含哪些部分？

（6）章程的写作格式由哪些部分组成？

（7）根据以下材料撰写一则请假条。

林秋石今天早上觉得头疼，母亲给他量了体温后，发现他发烧了，于是带他去看医生，医生说需要卧床休息两天。请你帮林秋石向班主任白老师请假，成文日期是 2020 年 10 月 26 日。

（8）根据以下材料撰写一篇关于中学生物理竞赛的章程。

以“总则”“组织领导”“竞赛程序”“命题原则”“奖励办法”“守则和纪律”“监督”“惩罚”“经费”“附则”为章节，以以下内容为章程。

全国中学生物理竞赛（对外可以称中国物理奥林匹克，英文名为 Chinese Physics Olympiad，缩写为 CPhO）是群众性的课外学科竞赛活动。这项活动由中国科学技术协会（简称“中国科协”）主管，中国物理学会主办，并得到教育部的批准。……

全国中学生物理竞赛由中国物理学会主办。中国物理学会常务理事会制定了《全国中学生物理竞赛章程》；设立全国中学生物理竞赛委员会（简称全国竞委会），统一领导全国中学生物理竞赛活动。……

全国中学生物理竞赛每年举办一次，包括预赛、复赛和决赛。在校高中学生可向学校报名，经学校同意后，再由学校到地方竞委会指定的地点进行统一报名。凡报名参加全国中学生物理竞赛的学生均在地方竞委会指定的地点参加预赛。……

复赛包括理论和实验两部分。理论题由全国中学生物理竞赛命题组统一命题并制定评分标准，办公室统一制卷。理论考试满分为 160 分，时间为 3 小时。……

竞赛内容要从我国目前高中学生的实际情况出发，但也不必完全拘泥于现行的教学大纲和教材。……

全国中学生物理竞赛只评选个人奖，不搞省、地、市、县或学校之间的评比。……

竞赛的守则和纪律、监督和惩罚，按中国科协颁布的有关条例中的规定执行即可。……

全国中学生物理竞赛所需经费应根据中国科协的规定，通过各种途径进行自筹，但必须严格遵守国家的各项法律法规。……

本章程由中国物理学会常务理事会制定。本章程的最终解释权属中国物理学会常务理事会。

第5章

财经报告文书

财经报告文书指围绕财经工作、市场活动情况，对客观经济活动过程以及发展变化做出调查、预测、分析后撰写的报告文书的总称。

质量可靠的财经报告文书能够有效反映市场经济的变化数据，为企业带来大量准确和实用的资料，帮助企业做出正确的管理决策。本章将介绍市场调查报告、市场预测报告、财务分析报告、可行性研究报告、审计报告、财务预决算报告这6种报告文书的写法。

知识目标

① 熟悉市场调查报告的写法。

② 熟悉市场预测报告的写法。

③ 掌握财务分析报告的写法。

④ 掌握可行性研究报告的写法。

⑤ 熟悉审计报告的写法。

⑥ 掌握财务预决算报告的写法。

技能目标

能够正确且熟练地撰写市场调查报告、市场预测报告、财务分析报告、可行性研究报告、审计报告、财务预决算报告。

5.1 市场调查报告

市场调查报告指作者通过科学的方法对市场的供求关系、购销状况以及消费情况等进行深入细致地调查研究后所写的书面报告。市场调查报告的作用在于帮助企业了解并掌握市场的现状和未来发展趋势，增强企业在市场经济大潮中的应变能力和竞争能力，从而有效促进企业经营管理水平的提高。一份好的市场调查报告，不仅能给企业的市场经营活动提供有效的导向作用，还能为企业的决策提供客观依据。

5.1.1 市场调查报告的特点与分类

1. 市场调查报告的特点

市场调查报告具有许多特点，其中针对性、真实性和时效性是最重要的 3 个特点，下面分别进行介绍。

- **针对性**：市场调查报告通常都是针对某一地区、某一商品或是某个问题而撰写的，其写作有明确的针对性和目的性，只有这样，才能为企业决策提供有利的依据。市场调查的针对性越强，所写的市场调查报告就越具有指导意义。
- **真实性**：市场调查报告必须从实际出发，只有通过对真实材料的客观分析，才能得出正确的结论，否则就失去了指导意义，甚至还有可能使企业做出错误的决策，影响企业的发展。
- **时效性**：市场调查报告应能够迅速捕捉市场新动态、新特点，并及时加以分析研究；市场调查报告不仅要及时反映出目前存在的问题，还要提出相应的政策、办法、措施等解决方案。因此，时效性是市场调查报告的重要特点，准确及时的市场调查报告有利于引导企业的发展。

2. 市场调查报告的分类

按照不同的标准，市场调查报告可以分为多种类别。例如，按涉及内容含量的多少，可以分为综合性市场调查报告和专题性市场调查报告；按调查对象的不同，可以分为关于市场供求情况的市场调查报告、关于产品情况的市场调查报告、关于消费者情况的市场调查报告、关于销售情况的市场调查报告以及关于市场竞争情况的市场调查报告；按表述手法的不同，还可分为陈述型市场调查报告和分析型市场调查报告等。

这里根据调查内容的不同，将市场调查报告分为需求方面的市场调查报告、供给方面的市场调查报告和其他方面的市场调查报告，下面分别进行介绍。

- **需求方面的市场调查报告**：需求方面的市场调查报告主要是通过调查消费者的数量、分布地区、经济状况、购买喜好等，了解消费者的需求，只有充分了解消费者的各种需求，企业才能准确把握未来生产的方向和规模，以获得更高的经济收益。
- **供给方面的市场调查报告**：供给方面的市场调查报告主要指对市场供给情况的调查报告和关于企业产品供应情况的调查报告。前者是调查该种产品在市场上的供求比例、产品生产厂家有关情况、产品供给前景等，后者是调查企业的生产情况和销售情况、企业产品的市场占有率以及影响销售的主要因素、产品销售的渠道与构成等。通过调查分析各种供给的数据，控制企业生产成本，最大化企业利润。
- **其他方面的市场调查报告**：除了需求和供给外，市场调查报告还可以是关于价格方面的调查报告、关于市场竞争情况的调查报告等类型的报告。产品价格调查报告主要调查的是产品成本、税金、市场价格变动、消费者对产品市场价格变动的反应等内容；市场竞争情况调查报告则主要调查的是市场竞争程度、竞争对手的基本情况、竞争产品等内容。

经验之谈

由于市场调查报告以市场调查为基础，而市场调查又可分为实地调查、样本征询、问卷调查、座谈问询和资料调查等形式，因此，市场调查报告也可以按市场调查的方法进行分类。

5.1.2 市场调查报告的写作格式

从严格意义上说，市场调查报告没有固定不变的写作格式。不同的市场调查报告所采用的写作格式的不同主要是依据调查的目的、内容、结果以及主要用途的不同来决定的。而通常各种市场调查报告的结构都包括标题、导言、主体和结尾4个部分，下面分别进行介绍。

××××的调查报告	标题
××××××××××，××××××××××××××××。	导言：介绍此调查报告的基本情况
××××××××××，×××。××××××××××××××，×××××××××，××××××××。	主体：说明调查的数据结果，通过分析数据得出结论
××××××××××，××××××××××××××××。	结尾：对调查进行小结，也可提供附录参考

新手解谜——市场调查报告可以包含目录吗？

目录不仅能显示文件的总体框架，还能引导读者快速定位需要的内容。如果市场调查报告的篇幅非常大，且涉及了大量的标题级别，可以使用目录来加以整理，以便读者阅读。

1. 标题

市场调查报告的标题必须准确揭示市场调查报告的主题思想，应简单明了、高度概括、题文相符。如《××市居民住宅消费需求调查报告》《关于化妆品市场的调查报告》等。

2. 导言

导言一般应说明市场调查的目的和意义，介绍市场调查工作的基本概况，如市场调查的时间、地点、内容和对象以及采用的调查方法、方式等。

3. 主体

主体是表现调查报告主题的重要部分，要求能够客观、全面地阐述市场调查所获得的材料、数据，并用以说明有关问题，得出有关结论。总体而言，主体部分就是运用通过市场调查得到的各种材料数据，分析研究出准确的结果。专业性较强的市场调查报告篇幅通常达到几十页到上百页，还会使用大量的表格、图形、图表等工具来强化数据的表现形式，使调查结果更加专业和准确。

4. 结尾

结尾是对市场调查的结果进行的小结，结尾中可对研究结果提出对策措施，供有关决策者参考。有的市场调查报告还有附录，附录内容一般是相关调查数据的统计图表、相关材料的出处、参考文献等。

5.1.3 范文点评：某鞋业市场调查报告

【范文】

青云鞋业市场调查报告

导　言

青云鞋业着眼于企业的发展，欲进军成都市的鞋类市场，因此，特委托神州营销策划公司于2013年3月11日至4月8日期间做关于成都消费者鞋类需求状况的市场调查。本次调查的目的旨在深入了解成都消费者对鞋子的需求状况、习惯及消费偏好等方面的信息，……（概括本次市场调查的目的和调查得到的有效数据情况）

主　体

一、调查结果的阐述（对得到的数据进行详细分析，包括单一变量分析和相关因素分析等，通过分析得到关于鞋子的各方面的真实数据，如鞋子风格、颜色、价格等）

（一）单一变量分析

1. 受访者男女比例情况

此次参与调查的样本人数为58人。其中男28人，占比例48.28%，女30人，占比例51.72%。男女比例相对较为平衡。由此可见，此次调查抽取的样本具有代表性。

2. 受访者年龄比例情况

在本次被调查者中，年龄18岁以下的人数占比例的10.34%，19～30岁的人数占比例的32.76%，31～45岁的人数占比例的36.21%，46～60岁的人数占比例的10.34%，61岁以上的消费者人数占比例的10.35%。调查结果反映出了各个年龄阶段的消费人群，具有相当的广泛性和代表性，能够体现出不同年龄消费群体的消费需求。

3. 受访者月收入比例情况

……

4. 跟随潮流购买鞋子的受访者的比例情况

……

5. 受访者喜爱不同风格鞋子的比例情况

……

6. 受访者喜爱的鞋子颜色的情况

……

7. 受访者购买鞋子地点的情况

……

8. 受访者对鞋子售后重视程度的情况

……

9. 受访者能接受的鞋子价格的情况

……

10. 受访者了解鞋子的渠道分布的情况

……

11. 受访者购买鞋子的因素的比例的情况

……

12. 受访者喜爱的不同材质的鞋子的比例的情况

……

13. 受访者购买鞋子所考虑的因素的情况

……

14. 受访者所倾向的不同功能的鞋子的情况

……

15. 受访者对于当前鞋子的建议的情况

……

（二）相关因素分析

1. 关于男女在各种情况下发生购买行为的相关因素分析

女士在特价促销和穿着搭配方面的需要远远高于男士，占比为80%，而男士在特价促销和穿着搭配上的占比分别只有64.29%和57.14%。男士在鞋子损坏这一因素上的占比为64.29%，明显高于女士的43.3%。在新款上市这一购买因素上女士所占比例为43.3%，而男士则为28.57%，男士在其他因素所占比例为3.57%。之所以会有这样的结果，可能是男女性别中所包含的天性所决定的。……

2. 关于不同年龄阶段喜爱的鞋子颜色的相关因素分析

……

3. 关于男女喜欢的不同的鞋子材质的相关因素分析

……

二、营销建议及对策（根据得出的数据结果进行综合分析并提出营销建议和对策）

对于拥有3 000多万人口的成都而言，鞋类需求市场的前景是巨大的，青云鞋业进入成都鞋业市场的计划是非常具有发展前景的。但是通过对各方面因素分析，我们也得出，成都市民对于鞋类的需求存在许多特殊化的地方。……

结　尾

中国公民目前平均每人每年消费的鞋子为2.5双，远远低于美国公民每人每年平均消费鞋子5双的数据，这也正是中国鞋业市场的潜力所在。“毫无疑问，未来五年到十年内，中国将成为世界最大的鞋消费市场。……（总结该地区鞋业的情况并适当展望未来）

【点评】

这是一篇较为简单的市场调查报告，该报告首先说明了为什么要进行市场调查，然后说明以何种方式调查，接着介绍如何处理调查得到的数据，如何进行结果分析，如何给出建议和对策，以及如何根据分析结果进行总结。这一系列内容均是市场调查报告中应当包含的内容，因此，该报告是非常值得借鉴和参考的一篇基础性市场调查报告。

5.2 市场预测报告

市场预测报告是根据已经掌握的有关市场的信息和资料，通过科学的方法进行分析研究，从而预测未来市场发展趋势的一种预见性报告。市场预测报告的作用是在市场调查的基础上，通过综合调查后的材料，估计和预测未来市场的趋势，从而为有关部门和企业提供可靠数据，以改善经营管理、促使产销对路、提高经济效益。

5.2.1 市场预测报告的特点与分类

1. 市场预测报告的特点

市场预测报告最显著的特点是预见性、针对性和科学性，下面分别进行介绍。

- **预见性：**市场预测报告的本质就是对市场未来的发展趋势做出预见性判断，因此预见性是市场预测报告最主要的特点。市场预测报告需要在深入分析市场既往历史和现状的基础上，做出最为合理的判断，使预测结果能够和未来实际情况最大限度地吻合。

- **针对性**：一般一次市场预测只能针对某一项具体的经济活动或某一款产品的发展前景，以提高预测的成功率。因此，市场预测报告的针对性越强，选定的预测对象越明确，市场预测报告的现实指导意义就越大。
- **科学性**：市场预测报告在内容上，必须通过使用翔实的资料，运用科学的预测理论和预测方法，以周密的调查研究为基础，并充分搜集各种真实可靠的数据资料，才能较为准确地找出预测对象的客观运行规律，得出切合实际的结论，从而有效地指导实践，这体现了市场预测报告的科学性。

2. 市场预测报告的分类

市场预测报告可以根据不同的标准划分为不同的类别，下面将根据市场预测报告的范围、时间、方法对其进行划分，并介绍各个类别的分类方式和相关内容。

- **预测范围不同**：根据预测范围不同，可分为宏观市场预测报告和微观市场预测报告。宏观市场预测报告是对大范围现象或整体现象的未来做综合预测，常指有关国民经济或世界范围内的各种全局性、整体性、综合性的预测报告；微观市场预测报告是某一部门或某一经济实体对特定市场商品供需变化情况、新产品开发前景等问题进行分析研究的预测报告。
- **预测时间不同**：根据预测时间不同，可分为长期市场预测报告、中期市场预测报告和短期市场预测报告。长期市场预测报告指超过 5 年期限的关于经济前景的预测报告；中期市场预测报告指关于 2～5 年时间内经济发展前景的预测报告；短期市场预测报告指关于一年内经济发展情况的预测报告。
- **预测方法不同**：根据预测方法不同，可分为定量市场预测报告和定性市场预测报告。定量市场预测报告是指通过对大量数据进行分析研究，并用各种数学和统计学等工具找出产品的发展趋势而写成的报告；定性市场预测报告是对影响需求量的各种因素，如质量、价格、消费者等进行分析研究，并在此基础上预测市场的需求量而写成的报告。

5.2.2 市场预测报告的写作格式

严格意义上讲，市场预测报告并没有固定不变的写作格式。不同的市场预测报告的写作格式主要都是依据预测的后果来决定。但各种市场预测报告都包括标题、前言、主体和结尾 4 个部分，下面分别进行介绍。

××××预测报告	标题
××××××××××，××××××××××××××××××。	前言：说明预测主旨，或概括主要内容等
××××××××××，×××。××××××××××××××，××××××。 ××××××××××，×××。×××××××××××××，×××××××××。 ×××××××××××，×××××，××××××××××。	主体：说明经济活动的历史和现状等；对数据资料进行定性分析和定量分析等；提供有价值的、值得参考的建议等
××××××××××，××××××××××××××××××。	结尾：总结预测结论，提出展望等

1. 标题

市场预测报告的标题一般由“预测对象+预测报告”构成，整个标题应当简明、醒目，如《钢材市场预测报告》。

2. 前言

前言一般以简明扼要的文字说明该篇预测报告的主旨，或概括介绍报告的主要内容；也可以将报告所预测的结果在这个部分写出，以引起读者的注意。

3. 主体

市场预测报告的主体一般包括现状、预测和建议 3 个部分，下面分别进行介绍。

- **现状**：预测就是根据过去和现在来预测将来。所以，撰写市场预测报告时，首先要从收集到的材料中选择有代表性的资料、数据来说明经济活动的历史和现状，为进行分析预测提供依据。
- **预测**：利用资料数据进行科学的定性分析和定量分析，从而预测经济活动的发展趋势和规律，这是市场预测报告的核心内容。预测部分的内容应该是在调查研究或科学实验取得的资料数据的基础上，对材料进行认真分析研究，再经过判断推理，找出经济活动发展变化的规律。
- **建议**：根据预测的结果，为领导提供有价值的、值得参考的建议，这是市场预测报告的最终目的。

4. 结尾

市场预测报告的结尾一般是总结预测结论，提出展望，鼓舞人心，也可以照应前文或重申观点，加深认识。

5.2.3 范文点评：快餐店市场预测报告

【范文】

××快餐店市场预测报告

前　言

随着高校的大规模扩招，高校学生数量大幅度增长，人均生活空间日益降低、传统的大学生食堂已不能满足大学生的餐饮需要，快餐行业在学校周边迅速发展壮大。为了了解我们学校周边××快餐店的发展状况，特做一份××快餐店市场预测报告。**（简要说明撰写这篇市场预测报告的原因和目的）**

主　体

一、现状（分析该快餐店的地理环境、店面环境、竞争环境和附近商圈等现实情况）

（一）××快餐店环境分析

1. 地理环境：××快餐店处于××美食城内，距离××大学 100 米左右。××大学有将近一万名学生，且附近居民区集中。

2. 店面环境：店面规模小，消费场所局限，无宽敞的地方让消费者在店内进餐，装修简单，但店面干净整洁；店面两旁分别是另外两家快餐店，店对面是砂锅店，附近还有不少快餐店和面食店，客流量很大，这大大增加了××快餐店的消费人数。

3. 竞争环境：××快餐店周边有很多快餐店和面食店，竞争非常激烈。

（二）××快餐店的商圈

1. 因××快餐店附近是××大学，消费者以学生为主，消费金额不高，属于文教区商圈。

2. 以××快餐店为中心，以距离××快餐店直线距离50米为半径画圆，它的周围包含了××大学及居民住宅区，因此人流量大。但在这个商圈中，也有几家竞争者。例如，桂林砂锅饭、波记烧卤饭、广香源烧卤饭、佳和快餐、好又快快餐等。

（三）××快餐店的经营范围

只经营快餐和砂锅饭。

（四）价格和规格

××快餐店每份快餐价格大约在6～8元浮动。与其他快餐店相比，××快餐店的价格相对较合理，学生普遍能接受。

（五）促销策略

暂无

（六）××快餐店店内基本信息

一个门面、十来张桌子、一个厨房、两个卖饭窗口、7～8个工作人员。

二、预测（对快餐店的前景进行简单预测）

1. 随着高校的大规模扩招，在校学生数量大幅度增长，且大学生消费水平也逐步提高，学校周边市场潜在的爆发力日益增强。因此，学校周边的饮食业有一定的潜力。

2. 高校人流量越来越集中。

3. 饮食业发展呈稳健增长的趋势。

4. ××快餐店周边可能会有更多快餐店和面食店开张，可能会出现比它更为强势的竞争对手，竞争日趋激烈。

5. 市场上原材料价格不断上涨，而消费群体不能接受不断上涨的价格。

三、建议（根据现状和预测的结果，给出一定的营销建议）

1. 针对不同的季节，推出与本季节相应的产品。

2. 偶尔做一些吸引顾客的活动。

3. 保证原材料来源的可靠性，保证产品质量。

4. 做相应的宣传，给消费者留下好印象，特别是公益性的宣传。

5. 店内环境要干净卫生。

6. 门面装修要好，给消费者营造一个良好的就餐环境。

7. 偶尔使用优惠价格吸引顾客。

8. 送外卖。

9. 扩大门面，为消费者提供更多的座位。

四、结尾（简要总结快餐店的未来发展）

每一家快餐店都有自己的经营目标，都希望把自己的店面经营得更好，学校的大规模扩招，在校学生数量的大幅度增长，为我们学校周边××快餐店的发展提供了更多有利的条件，希望××快餐店能够做出更加适合学生的快餐，更好地为学校的学生服务。

【点评】

这篇市场预测报告具备了报告的所有基本要素，包括前言、现状、预测、建议和结尾等。内容上虽然不能与专业性较强的预测报告相比，但整体来看仍然体现了市场预测报告的撰写思路，是一篇值得参考的范文。

5.3 财务分析报告

财务分析报告指用财务会计报告、财务报表等数据信息，对企业的经营状况、财务状况、利润实现、资金周转利用情况、财务成果的有关成绩与问题，以及企业未来发展等问题进行科学分析和预测得出的书面报告。财务分析报告侧重于根据数据、财经活动的事实，从诸多因素中分析原因，而不是简单地罗列数字，从而提出解决问题的有效方法，为投资者揭示财务风险，帮助投资者选择正确的投资策略。

5.3.1 财务分析报告的分类与分析方法

1. 财务分析报告的分类

根据不同的划分标准，可以将财务分析报告划分为不同的类别，下面分别以范围为标准、以时间为标准、以内容为标准进行分类，并分别进行介绍。

（1）以范围为标准

根据范围的不同，可将财务分析报告分为全面分析报告、专题分析报告和项目分析报告 3 种，下面分别进行介绍。

- **全面分析报告：**全面分析报告或称综合分析报告，它涵盖了对企业财务计划、经济活动中各项指标的对比与评价，内容丰富、涉及面广，主要用于对本期或下期的财务状况进行分析，可以客观反映企业经营活动中存在的问题，既可以为管理决策者提供依据，又可以成为动态财务分析的历史材料。
- **专题分析报告：**专题分析报告指对企业经营管理中出现的某项重大经济措施或变动专门进行深入分析后形成的报告，针对的是公司运营项目的一部分。专题分析报告一般一事一议，例如，关于研发费用的损益情况、销售收入变量、资金预算分析对比等内容均可进行专题分析。专题分析报告集中于最近出现的或受到关注的发展问题上，因此专题分析报告易被经营管理者接受、重视，具有集中度高、效果佳、收效快的特点。
- **项目分析报告：**项目分析报告指对公司的局部问题或某单一项目进行财务分析的报告文书。例如，投资项目的分析报告、关于牙科产品验收项目的分析报告等。

（2）以时间为标准

财务分析报告按分析的时间为划分标准，可分为定期分析报告和不定期分析报告两种，下面分别进行介绍。

- **定期分析报告：**定期分析报告一般是指根据上级主管部门或企业内部的规定，间隔一段相等的时间就应进行编制并上报的财务分析报告，如年中财务分析报告、年终财务分析报告、季度财务报告等在固定期限内呈报的财务分析报告。

- **不定期分析报告：**不定期分析报告指没有固定的时间限制规定，从企业财务管理和业务经营的实际需要出发编制并呈报的财务分析报告。例如，关于某项目或某专题展开的分析报告就属于不定期分析报告。

（3）以内容为标准

按报告所反映的内容进行划分，可将财务分析报告分为企业损益情况报告、税务完成情况报告、负债情况报告、资金流动情况报告等。

2. 财务分析报告的分析方法

财务分析报告可以揭示企业的财务现状，包括企业的投资与融资等运营成绩、盈利能力、资金流量现状、财务风险等，还可以通过对财经工作中重大变动的分析来预测未来的发展趋势，为后期决策提供理论依据，因此，财务分析报告的分析部分的内容必须准确到位。

下面介绍一些可以运用在财务分析报告中的分析方法，只有找准企业前后发展变化的原因，才能帮助企业进行科学决策，走向“更优”的发展道路。下面对常见的分析方法进行介绍。

（1）比较分析法

比较分析法又叫对比分析法，指将两个以上的具有相同条件的可比因素进行比较分析，以说明和反映两个事物之间存在的联系和差别，并分析原因，从而提出改进措施的一种分析方法。在财经应用文中，一般从计划、历史、先进程度等角度来进行分析比较。计划是指分析以本期各项指标的计划指标与实际得到的数值，从而说明计划的执行情况，确定需要分析的主要问题，为修改计划提供依据；历史是指将核查期内的实际完成数与往期历史成绩进行比较，这样可以反映出财务状况变化的趋势和各项数据变动情况，从中分析变化原因，为提高企业的财务水平和经营管理水平提供意见和建议；先进程度则是指与自身条件大致相同的同行业先进企业进行比较的手法。这些比较方法都是分析财务变化时常用的方法。

（2）比率分析法

比率分析法也叫比率对比法，指通过对同一期的财务报告上各项重要数据进行比较，求出比率，以判断公司历史情况与现状之间的变化程度，从而肯定公司的经营成绩或找出问题。

在公司的生产经营中，较常用的比率指标包括运营资金比率、投资报酬率、资本报酬率、销售利润率、价格盈利比率、流动资产构成比率、固定资产周转率、存货周转率等，通过相应的比率计算公式，可以对公司的历史、现状、未来有一个清楚的认识，通过分析并总结问题，帮助企业获得良好的发展。

（3）因素分析法

因素分析法又称连锁分析法，这种分析方法主要是通过研究事物变动中的各个因素的影响程度来找出主要矛盾。在进行因素分析时，一般是先确认需要分析的指标，再将其他能对指定指标造成影响的因素的指标进行替换计算，以此来测定各个因素对其的影响程度，最后再找出最本质的因素。通过因素分析法，可以在错综复杂的因素中找出最本质、最关键的因素，这是现代统计学中一种重要且实用的分析方法。

5.3.2 财务分析报告的写作格式

财务分析报告一般由标题、前言、主体和结尾 4 个部分组成，下面分别进行介绍。

××××财务分析报告	标题
×××××××××××，××××××××××××××××××。	前言：概括整体情况、依据及目标等
×××××××××××，×××。×××××××××××××××，××××××。 ×××××××××××，×××。×××××××××××××，×××××××××。 ×××××××××××，×××××，××××××××。	主体：说明财务指标完成情况；对经营、业绩等方面的财务状况及取得的成绩、不足进行分析对比，找出原因，总结评价
×××××××××××，××××××××××××××××××。	结尾：预测、展望或提出决策意见与建议等

1. 标题

财务分析报告的标题没有固定的格式，可根据具体内容而定，一般由“企业名称+年度+文种”构成，如《×××集团 2019 年度财务分析报告》；也可以由“事项+文种”组成，如《资产报表分析报告》。

2. 前言

前言是整篇报告的提要，一般要对报告进行整体概述，说明所报告的年度内的财务状况，报告的依据、目的、意义等，让读者对财务报告有一个整体的认识。

3. 主体

主体部分需要对企业的经营情况进行说明、分析和评价。首先说明企业的性质与财务状况，再利用表格、图示及数据，展开准确的描述与分析，分析时要细化各项指标，抓住重点，突出表现需要分析的内容，说明财务指标的完成情况、成绩及存在问题等。财务分析报告的主体写作可从收入情况、利润、资金运用等方面入手，寻找原因与症结，充分解决问题，使财务分析报告发挥应有的作用。

4. 结尾

财务分析报告的作者在做出分析与研究后，要从财务的角度进行客观的总结评价与预测，提出意见与建议，或有针对性地提出具体的、切实可行的整改措施，以供企业管理者参考。

5.3.3 范文点评：企业年度财务分析报告

【范文】

××企业年度分析报告

20××年度，××企业在改革开放力度加大，全市经济持续稳步发展的形势下，坚持以提高效益为中心，以经济强化管理为重点，深化企业内部改革，深入挖潜，调整经营结构，扩大经营规模，进一步完善了企业内部经营机制，努力开拓，奋力竞争。销售收入实现×××万元，比去年增加了30%以上，并在取得较好经济效益的同时，取得了较好的社会效益（**概括报告的背景并对整体经营情况进行概述**）。

一、主要经济指标完成情况（对主要经济指标完成进度进行总述，让读者对财务状况有一

个总的认识）

本年度商品销售收入为×××万元，比上年增加×××万元。其中，商品流通企业销售额实现×××万元，比上年增长5.5%；商办工业产品销售×××万元，比上年减少10%；其他企业营业收入实现×××万元，比上年增长了43%；全年毛利率达到14.82%，比上年提高0.52%。费用水平本年实际为7.7%，比上年增长0.63%。全年实现利润额×××万元，比上年增长4.68%，其中，商业企业利润×××万元，比上年增长12.5%，商办工业利润×××万元，比上年下降28.87%。本年销售利润率为4.83%，比上年下降0.05%；其中，商业企业为4.81%，上升0.3%。全部流动资金周转天数为128天，比上年的110天增加了18天，其中，商业企业周转天数为60天，比上年的53天增加了7天。

二、主要财务情况分析（从销售收入、费用水平、资金运用、利润方面进行分析）

（一）销售收入情况

通过强化竞争意识、调整经营结构、增加经营网点、扩大销售范围等方式，促进了销售收入的提高。例如，南一百货商店销售收入比上年增加296.4万元；古都五交公司销售收入比上年增加396.2万元。

（二）费用水平情况

全局商业的流通费用总额比上年增加144.8万元，费用水平上升0.82%。各种费用水平情况如下：①运杂费增加13.1万元；②保管费增加4.5万元；③工资总额增加3.1万元；④福利费增加6.7万元；⑤房屋租赁费增加50.2万元；⑥低值易耗品摊销增加5.2万元。

从变化因素上来看，主要是由于政策因素影响：①调整了“三资”“一金”比例，使费用绝对值增加了12.8万元；②调整了房屋租赁价格，使费用增加了50.2万元；③企业普调工资，使费用相对增加80.9万元。扣除这3种影响因素，本期费用绝对额为905.6万元，比上年相对减少10.2万元，费用水平为6.7%，比上年下降0.4%。

（三）资金运用情况

年末，全部资金占用额为×××万元，比上年增加28.7%。其中：商业资金占用额×××万元，占全部流动资金的55%，比上年下降6.87%；结算资金占用额为×××万元，占31.8%，比上年上升了8.65%。其中，应收货款和其他应收款比上年增加548.1万元。从资金占用情况分析，各项资金占用比例严重不合理，应继续加强“三角债”的清理工作。

（四）利润情况

企业利润比上年增加×××万元，主要因素如下。

增加因素：①由于销售收入比上年增加804.3万元，因此利润额增加了41.8万元；②由于毛利率比上年增加0.52%，因此利润额增加80万元；③由于其他各项收入比同期多43万元，因此利润额增加42.7万元；④由于支出额比上年少6.1万元，因此利润额增加6.1万元。

减少因素：①由于费用水平比上年提高0.82%，因此利润额减少105.6万元；②由于税率比上年上浮0.04%，因此利润额少实现5万元；③由于财产损失比上年多16.8万元，因此利润额减少16.8万元。以上两种因素相抵，本年度利润额实现×××万元的增加。

三、存在的问题和建议（在对前面的内容进行分析后，提出存在的问题及相应建议）

1. 资金占用比例增长过快，结算资金占用比重较大，比例失调，特别是其他应收款和销货应收款大幅度上升，如不及时清理，对企业经济效益将产生很大影响。建议各企业领导要引起重视，应收款较多的单位，要领导带头，抽出专人，成立清收小组，积极回收。也可将奖金、工资同回收贷款挂钩，调动回收人员积极性。同时，要求企业经理要严格控制赊销商品管理，严防新的“三角债”产生。

2. 经营性亏损单位有增无减，亏损额不断增加。全局企业未弥补亏损额高达×××万元，相比同期大幅度上升。建议各企业领导要加强对亏损企业的整顿、管理，做好扭亏转盈工作。

3. 各企业不同程度地存在潜亏行为，全局待摊费用高达×××万元，待处理流动资金损失为×××万元。建议各企业领导要真实反映企业经营成果，该处理的处理，该核销的核销，以便真实地反映企业经营状况。

【点评】

这是一篇典型的财务分析报告范文，首先进行概述，介绍企业的基本财务状况，然后引用数据，站在财务的角度展开具体的分析并进行原因剖析，最后提出存在的具体问题和针对性的解决方案。结构层次分明、格式规范，但例证稍显不足。若引入财务报表，并对运营能力、主要财务状况等各项指标对照数据表进行分析，例证效果会更强，可靠性、严谨程度也会得到有效提高。

5.4 可行性研究报告

可行性研究报告指依据一定时期内国民经济长期规划、地区规划、行业规划的要求，对拟建或拟改造工程及科研项目，在技术上、经济上、效益上，通过周密的调查、分析，并对多种方案进行比较，论证其是否合理及是否可行的一种书面报告。撰写可行性研究报告是投资决策前必不可少的环节。

5.4.1 可行性研究报告概述

1. 可行性研究报告的特点

由于可行性研究报告能够全面深入地进行市场分析、预测，为项目是否可行提供强有力的数据支撑，因此，可行性研究报告必须具备科学性、系统性和论证性的特点，下面分别进行介绍。

- **科学性**：可行性研究报告必须依据科学的理论，通过大量准确的文献、资料来论证拟建项目在技术、经济上的可行性、合理性，因此，科学性是其基本特点。
- **系统性**：可行性研究报告是一个全面系统的工程，必须对影响拟建项目的各种因素进行综合分析，包括动态和静态的分析、定性和定量的分析、宏观和微观的分析、技术角度和效益角度的分析等。
- **论证性**：可行性研究报告的撰写在项目正式开始前，需要报告的作者从技术、经济、社会效益等角度对项目进行综合分析，论证必须要有说服力，逻辑要严密，论证的充分与否，直接关系到项目能否顺利通过。

2. 可行性研究报告的类型

按不同分类标准，可将可行性研究报告分为不同的类型，下面分别进行介绍。

① 按经济活动对象的不同，可将其划分为科技类（包括高科技开发项目、技术引进项目等）可行性研究报告、生产类（包括开发新产品、建设项目等）可行性研究报告、经营类（包括合资经营等）可行性研究报告等。

② 按内容不同，可将其划分为政策可行性研究报告和建设项目可行性研究报告等。

③ 按规模不同，可将其划分为小型项目可行性研究报告、大中型项目可行性研究报告等。

3. 可行性研究报告的作用

可行性研究报告对企业的经营决策非常重要，其作用主要表现在3个方面，下面分别进行介绍。

① 可行性研究报告是企业针对拟投资或建设项目的系统的、全面的分析，一般由相关专家组织编写，具有权威性和专业性。因此，企业一般都以可行性研究报告为决策的依据，这对于项目能否成功有重大意义。

② 可行性研究报告是管理部门全面了解项目的依据，对于项目能否获得批准并立项，发挥着至关重要的作用。

③ 可行性研究报告是经济活动中其他投资者认识和了解项目的窗口，对于能否获得银行的贷款，能否得到其他投资者的投资，可行性研究报告具有十分重要的作用。

5.4.2 可行性研究报告的写作格式

可行性研究报告一般由标题、正文和结论3部分构成，下面分别进行介绍。

××××可行性研究报告	标题
××××××××××，×××××××。×××××，×××××。×××××××。××××××××××××，×××××××××。	正文：与项目相关的各方面内容
××××××××××，×××××。×××××，××××××××××。	结论：项目是否可行等

1. 标题

可行性研究报告的标题一般由"项目+文种"组成，有时也可以由"项目主办单位名称+项目+文种"组成，如《地区项目可行性研究报告》《××市火力发电厂进口机组项目建设可行性研究报告》等。

2. 正文

可行性研究报告的正文篇幅较大，包含与项目相关的各个方面的内容，如项目总论、现状评价、项目市场分析、项目规划方案、发展预测及项目规模、建设条件与协议条件、建设方案、实施计划、投资与效益、生产管理与人员培训等。

3. 结论

由于项目的不同，不同的可行性研究报告所侧重的内容也不同，但最终的正文都应当全面而系统地体现与该项目相关的各方面的数据说明、分析和结果。最后得出是否可行，或者选择出投资少、周期短、成本低、利润大的项目可行性方案的结论。

新手解谜——可行性分析报告可以有附件吗？

一般情况下，可行性研究报告都带有附件，应考虑到可行性研究报告的整体结构，根据需要附上必须的材料或表格，如设备材料情况表、工程项目一览表等。

5.4.3 范文点评：餐饮经营可行性研究报告

【范文】

餐饮经营可行性研究报告

一、引言

随着生活水平的不断提高，现在的人们在日常饮食方面已经不仅仅是满足于“吃得饱”，更要追求“营养美味、独具特色”，同时还希望享受一个干净雅致的用餐环境和真诚周到的服务。……

二、项目概况

1. 项目名称：建立绿色餐厅。
2. 项目建设地点：××街。
3. 项目联系人：×××。联系电话：13××××××××××。
4. 项目建设类型：新建创新。
5. 项目建设规模与内容：小规模。
6. 项目投资估算：项目总投资为 75 万元。其中固定资产投资为 25 万元，流动资金 50 万元。
7. 效益分析：项目建成后，年创利税 50 万元。

三、餐厅主营业务及特色

主营美食

（一）主食、套餐

糖醋排骨、宫保鸡丁、红烧肉、回锅肉、麻婆豆腐、木须肉、鱼香茄子、水煮肉片、鱼香肉丝。

（二）风味小食、饮料甜品

鸭血粉丝汤、小馄饨、小笼包、煮干丝、如意回卤干、状元豆/五香蛋、蒸饺、糕团小点。

四、建立餐厅的必要性和可行性

（一）必要性

经考察及问卷调查，我们认为在自己所熟悉的家乡开一家餐厅是很有发展前景的，以下几点可以充分解释开店的必要性。

1. 有大量的市场需求。国以民为本，民以食为天，一家高雅的绿色餐厅可以给消费者提供良好的用餐环境并提高生活的质量。

……

（二）可行性

随着国民生产总值的增长，人们消费水平日渐提高，可以充分满足消费者需求的高健康的饮食享受越来越受到人们的青睐。根据调查，周边存在着大量的潜在消费者，不但市场竞争小，还存在着市场缝隙，虽然存在相类似的竞争对手，……

五、位置选择因素分析

地点选址前必须对以下几个细节问题进行调查。

1. 可见度：即餐饮店被往来行人或乘车者所能看到的程度；场所可见度越高，餐厅越容易引起行人的重视，他们来店用餐的可能性就越大。

……

六、建设餐厅的基础条件

1. 资金：自身一部分的资金，加上合作伙伴的投资资金。

……

七、经费预算

初始投资及装修费 20 万元。

……

八、环境保护与安全措施

1. 环境保护：既然餐厅是以绿色高雅为主题，那么不仅要求菜品是绿色健康的，还要求装潢能够体现绿色，给人们带来一种清新、舒适、大自然的感觉；然后是菜，要色香味俱全，看得顺心，吃得放心。

……

九、项目组织管理与保障措施

1. 组织机构：组织机构明确；由于是合营制，组织机构由总决策人、一个经理、一个副经理、两个领班（两班制的）组成，领班直接领导两个厨师和八个服务员。

……

十、效益分析与风险评价

（一）效益分析……

（二）风险评价……

十一、总结

根据合同协议，由合作单位与我们一同承担风险，从而降低了我们的经营风险。由现金流量表、NPV、IRR、Pt 等指标……因此，从财务上来说，该方案可行。

【点评】

这篇可行性研究报告较为简单，只是对该项目的可行性有了初步的分析，但是从写法和结构来看，的确是较为典型的可行性研究报告的写法。从开篇的引言，到项目概况、业务和特色、必要性和可行性、位置选择因素、基础条件、经费预算、环境保护与安全措施、项目组织管理与保障措施、效益分析与风险评价等方面，简单而全面地对项目进行了说明、分析和总结。整体来看，这篇可行性研究报告的分析力度有所欠缺，论据与论证也不够彻底，但在写法和结构上可以稍作借鉴。

5.5 审计报告

审计报告是由审计机关或具有审计资格的会计师事务所的注册会计师根据独立审计准则的要求，在进行了必要的审计程序后，依法对被审计单位的财务收支、经营成果和经济活动进行全面审查后做出的总结性书面报告。审计报告要求核审其计量、记账、核算、会计档案等会计工作是否符合制度，企业的内控制度是否健全，财务状况是否真实、合法、合规，并给出设计结论与意见，作为处理决定的依据。

5.5.1 审计报告的特点、作用与类型

1. 审计报告的特点

一般来说，审计报告应具有科学性、客观性、准确性、汇报性这4个特点，下面分别进行介绍。

- **科学性**：审计报告以审计分析的内容作为写作素材，在分析时，审计人员应严格按照法律法规依法审计，对审计内容进行公正的分析、判断，审计报告应合法、科学地反映出被审计单位真实的财务运行情况和经营状况。
- **客观性**：在审计的过程中，审计人员在进行细致的调查和研究之后才可报告，审计人员应尊重客观真实的事实例证，公平真实、实事求是地反映客观问题，不能徇私、弄虚作假。
- **准确性**：审计报告应该实事求是，审计报告中所陈述的内容都应该是经过取证的，应以充分的事实为主体。
- **汇报性**：审计报告是审计人员接受某单位的授权或委托后，根据审计计划进行审计、分析、报告后撰写的文书。审计报告中需陈述该项审计工作的流程、被审计事项的问题、产生问题的原因、问题发生的具体经过、结果以及审计人员的评价结论和建议等。审计报告常使用叙述的手法进行写作，具体真实，从实际出发，结构鲜明，重点突出。由于行文方向是向主要授权单位或上级机关，因此审计报告的汇报性特征较为突出。

2. 审计报告的作用

审计报告的作用主要表现在以下6个方面，下面分别进行介绍。

① 审计报告中叙述了审计的目的、事项与结果，可以帮助审计机关领导了解并掌握被审计单位和事项的情况，判断和处理审计问题。

② 通过审计报告，财经、税务、工商等经济部门可以发现自己在管理或监管过程中存在的漏洞或薄弱环节，并根据相应评价、意见，制定一系列的改进计划，提高经营管理水平。

③ 审计报告也可用于衡量审计人员对审计工作的完成情况，了解其是否按照正规的审计程序执行了审计计划，是否以审计工作底稿为依据总结并发表意见，其审计能力如何，最终总结是否与实际情况相符等，为评价审计人员的工作质量提供依据。

④ 根据审计报告，被审计单位可以非常直观地感受到自身的经济变动情况，有利于评价经营业绩。

⑤ 审计报告能为高级管理人员提供有关经营与控制等方面更为客观、具体、详细的信息，这是其他文书很难做到的。

⑥ 审计报告在一定程度上能够对被审计单位的财产、债权人和股东的权益及企业利害关系人的利益起到保护作用。这是因为审计报告能公正地反映被审计单位的经营状况，并为其提供准确真实的数据信息。例如，投资者在进行投资前，为了尽量规避投资风险，就会查阅所投资企业的相关审计报告，了解其经营情况和财务状况，这就是投资人的利益受到保护的体现。

3. 审计报告的类型

结合中国注册会计师协会印发的《独立审计准则》的内容，根据审计报告性质的不同，将审计报告分为标准审计报告与非标准审计报告两类，下面分别进行介绍。

（1）标准审计报告

标准审计报告指无保留意见审计报告，即注册会计师认为会计报表符合合法性与公允性，没有在审计过程中受到限制，且不存在由于应当调整或披露而审计单位未予调整或披露的重要

事项。同时，其会计报表反映的内容真实可靠，符合实际，表述完整无遗漏，能满足非特定多数利害关系人的共同需要，且该报告中不附加说明段或强调事项段。无保留意见审计报告要素齐全，是众多被审计单位最想获得的审计报告的类型。

（2）非标准审计报告

非标准审计报告指标准审计报告以外的其他审计报告，包括带强调事项段的无保留意见、保留意见、否定意见和无法表示意见的审计报告，下面分别进行介绍。

- **带强调事项段的无保留意见审计报告**：该报告指审计人员认为被审计者编制的会计报表符合相关会计准则的要求，并在所有重大方面公允反映了被审计者的财务状况、经营成果和现金流量，但是仍然存在需要说明的事项，如偿贷能力不足导致的持续经营的不确定性或盈利方面的不良发展以及其他重大不确定事项等。
- **保留意见的审计报告**：该报告指审计人员认为就会计报表整体是公允的，但还存在可能会对会计报表产生重大影响的情形，如被审计单位没有遵守国家发布的企业会计准则和相关会计制度的规定、审计人员的审计范围受到限制；对会计报表产生较大影响但不至于出示否定意见时，便可出具保留意见的审计报告。
- **否定意见的审计报告**：当审计人员发现会计报表不符合国家发布的企业会计准则和相关会计制度的规定，存在被调整事项且会对会计报表产生重大影响，会计报表未能从整体上公允地反映被审计单位的财务状况、经营成果和现金流量时，审计人员可出具否定意见的审计报告。
- **无法表示意见的审计报告**：由于审计范围受到限制而不能获取充分的审计证据、无法确定会计报表的合法性与公允性、该审计报告可能产生非常重大和广泛的影响时，审计人员可出具无法表示意见的审计报告。

经验之谈

按审计单位划分，可将审计报告分为由国家审计机关进行审计后制成的政府机关审计报告、由各单位内部审计机构审计后制成的内部审计报告和由会计师事务所等社会审计机构审计后制成的民间审计报告3种。也可按审计范围的不同，将其划分为能反映全部财务活动的综合审计报告和仅针对某个事项的专项审计报告。

5.5.2 审计报告的写作格式

审计报告一般由标题、收件人、正文和签署4个部分组成，下面分别进行介绍。

审计报告	标题
××××××：	收件人
×××××××××××，××××××××。×××××，×××××。××××××××××××××××××××××。	引言段：概括审计工作的开展情况
×××××××××××，××××××。×××××，×××××××××××。××××××××××××××××××××××，×××××××××××××××××。×××××××××××××××××××××××××	主体段：说明被审计单位的基本情况；会计责任、审计责任；审计依据
××××××××××××××××××××××××××××××××××。	意见段：提出审计意见
×××	审计人员（单位）及盖章
××年×月×日	成文日期

1. 标题

审计报告的标题统一规范为“审计报告”。有些审计报告会在标题下添加编号或者文号，格式为“审计机构名称缩写+京政管审字+（年度）+号数”，如“普华永道中天审字（2019）第10012号”。

2. 收件人

审计报告的收件人一般都是被审计业务的委托人。值得注意的是，收件人的名字应用全称，如“上海家化联合股份有限公司全体股东”。

3. 正文

审计报告的正文包括引言段、主体段与意见段3个部分，下面分别进行介绍。

- **引言段**：引言段部分不仅要说明被审计单位的名称，还要表明该单位的财务报表已经经过审计，说明被审计单位的基本情况，说明审计工作的进展，说明财务报表的名称、日期以及涵盖时间等。
- **主体段**：主体段部分主要用于说明被审计单位的基本情况，如财政支出、负荷、资金变动等，表明审计人员具有对实施审计工作的过程发表意见的责任，被审计单位的管理层有按照会计准则和相关会计制度规定编制报表的责任，已实施的审计程序等，获取财务报表金额相关的证据。
- **意见段**：意见段用于说明财务报表是否在所有方面都公允地反映了被审计单位财务资产变动状况与审计期间的经营结果，并根据内容出具带有相关意见的审计报告，如带强调事项的无保留意见审计报告或保留意见审计报告等。

4. 签署

签署包括审计人员或审计机构的签章及成文日期，此成文日期一般指审计人员完成审计工作的日期。若是通过会计师事务所进行审计，则需有注册会计师签名、盖章，加盖事务所公章并标明事务所地址。

5.5.3 范文点评：关于某项目结算的审计报告

【范文】

水七厂绿化和绿道建设项目竣工结算审计

根据《中华人民共和国审计法》第二十二条的规定，成都市青羊区审计局成立审计组，自2016年6月17日至2017年3月30日，对水七厂绿化和绿道建设项目（以下简称“该工程”）进行了结算审计，对重要事项进行了必要的延伸和追溯。成都青羊城乡建设发展有限公司及有关单位对其提供的与审计相关的工程资料以及其他相关资料（含电子数据）的真实性和完整性负责。成都市青羊区审计局的责任是依法独立实施审计并出具审计报告（**第一段作为引言段，概括了审计的依据，表明被审计单位的相关材料已经过审**）。

一、基本情况

（一）立项及招投标情况

该工程位于成都市青羊区非遗博览园南侧靠江安河至文家场大石桥村环城生态区。

2015年6月23日，经成都市青羊区发展和改革局关于水七厂绿化和绿道建设项目项目建议书的批复（成青发改审批〔2015〕48号）批准立项，总投资为4 500 000元，资金来源为自筹。

2015年9月2日，经成都市青羊区发展和改革局关于水七厂绿化和绿道建设项目概算的批复（成青发改审批〔2015〕85号）核定该工程概算总额为4 130 600元，其中，工程建设费3 602 900元。

该工程招标控制价为3 609 879元，经公开招标，由四川中林园林工程有限公司中标，中标金额为2 864 455元。

（二）工程建设情况

该工程建设单位为成都青羊城乡建设发展有限公司，设计单位为四川乐道景观设计有限公司，监理单位为四川康立项目管理有限责任公司，施工单位为四川中林园林工程有限公司。该工程于2015年10月22日开工，于2015年11月25日竣工验收。工程经建设单位、施工单位等多方验收，质量符合设计及施工规范要求。

（三）主要工程内容

工程建设主要内容如下：对原有道路画线、新建绿道和绿化、部分原有道路修补等。

二、审计评价意见

该工程结算送审金额为2 492 131.00元，审减金额为130 922.00元，审定金额为2 361 209.00元，审减率为5.25%。

三、审计发现的主要问题及处理意见

该工程结算送审金额为2 492 131.00元，审减金额为130 922.00元，审定金额为2 361 209.00元，多计工程价款130 922.00元应予调减。

其核减、核增主要内容及原因如下：

（一）工程量审减合计39 192.07元，占比29.94%。主要审减项目：1. 标线工程量由10 590.66m调整为9178.11m，审减金额6 653.11元；2. 横道线工程量由236.47m^2调整为118.235m^2，审减金额5 092.38元；3.挖一般土方工程量由2 252.84m^3调整为2 187.639m^3，审减金额304.48元；4.路床（槽）整形工程量由3 951.63m^2调整为3 833.081m^2，审减金额177.83元；5.250厚5%水泥稳定层工程量由3 805.28m^2调整为3 691.122m^2，审减金额4 923.63元；6.50厚细粒式沥青混凝土AC-13I工程量由3 366.21m^2调整为3 265.224m^2，审减金额6 239.68元；7.500×100×70预制C20混凝土路平石工程量由2 905.136m^2调整为2 817.986m^2，审减金额1 673.28元；8.栽植樱花工程量由25株调整为24株，审减金额373.65元；9.现代60-7小挖机取消，审减金额1 560.00元；10.普工取消，审减金额656.00元。其他工程量审减，审减金额1 673.82元。

（二）材料价差审减合计9 221.48元，占比7.04%。主要审减项目：1.综合信息牌1.5mm厚镀锌钢板综合单价由484.93元/块调整为115.96元/块，审减金额737.94元；2.乳化沥青透油层综合单价由6.67元/m^2调整为4.28元/m^2，审减金额8 477.45元；3.垃圾箱基础综合单价由8.1元/个调整为6.07元/个，审减金额6.09元。

（三）费率审减合计 82 508.35 元，占比 63.02%。主要审减项目：

1. 安全文明费审减 77 418.23 元。

2. 规费审减 687.26 元。

3. 税金审减 4 402.86 元。

上述行为违反了财政部《基本建设财务规则》（中华人民共和国财政部令第 81 号）第二十一条“建筑安装工程投资支出是指项目建设单位按照批准的建设内容发生的建筑工程和安装工程的实际成本。”的规定。根据《建设项目审计处理暂行规定》（审投发〔1996〕105 号）第十四条“工程价款结算中多计少计的工程款应予调整”的规定，成都青羊城乡建设发展有限公司应将多计的工程价款予以调减，按审定金额 2 361 209.00 元与四川中林园林工程有限公司进行结算（**这部分为审计报告的主体内容，集中反映了被审计单位的工程建设情况与相应的资金变动，另外还详细讲述了资金增减的原因，列举了清晰的数据证据，并在此基础上发表了对相应结果的审计意见，全面具体**）。

四、改进意见及建议

针对本工程安全文明施工费送审未按合同约定执行的情况，建议贵单位今后工程严格遵照合同执行，合理控制造价（**最后是对本审计报告内容的总结意见，简明扼要、言简意赅**）。

成都市青羊区审计局

2017 年 8 月 16 日

【点评】

这篇审计报告基本是按照规范格式来写的，因为该篇审计报告是公开发布出来的，因此省略了收件人。其引言段概括了审计工作的基本情况，并表示对报告内容负责，正文一一介绍了项目建设的具体情况、审计结果、审计中发现的问题与处理意见，格式规范、内容完整，值得借鉴与学习。

5.6 财务预决算报告

财务预决算报告包括财务预算报告与财务决算报告，是国家机关、企事业单位基于一定的需要，制订的关于财经方面的预算计划、决算计划等方面的定期书面总结，以供财务主管部门进行经济、财务方面的规划与调控。

预算报告属于计划性文书，是反映企业预算年度内企业资本运营、经营效益、现金流量及重要财务事项等预测情况的文件；决算报告属于总结性文书，是对国家机关、企事业单位及其他经济组织某一年度或某一建设项目预算执行结果的书面总结。预决算报告主要是对一年来的收支情况、年度预算完成情况，或某一建设项目的进展情况、预算执行情况等进行总结，两者都能为经济计划的调控变化提供有力依据。

5.6.1 财务预决算报告的特点与分类

1. 财务预决算报告的特点

财务预决算报告一般具有规范性、综合性、公开性、程序化 4 个特点，下面分别进行介绍。

（1）规范性

《中华人民共和国预算法》及《中华人民共和国预算法实施条例》中的相关条例对预算编制内容、编制程序、预算管理和审批、预算执行和调整、决算、监督等内容都做出了明确的规定。因此，预决算报告应遵循相关规定进行编制，使每一笔收支都符合的规范。

（2）综合性

财务预决算报告反映的是以年度为单位的各项经济活动的状况，其中的内容往往涉及多个方面，如公司财政预算报告会从银行贷款利率、年业务量变化、成本费用等各个方面考虑，因此要做到全面周全，综合性是财务预决算报告较为明显的特征。

（3）公开性

财务预决算报告将收支计划的制订、执行以及决算的全过程以报告的形式进行阐述，在提交给权力机构审议通过后，才可以向公众公布，接受公众监督。如《南宁市公共资源交易中心2017年部门预算及“三公”经费预算信息公开》就是对财务预决算报告的公开性的表现。

（4）程序化

财务预决算报告的编制有一定的流程，不可由个人任意编写。财务预决算一般需要在财经单位领导的指导下，或需要经过集体的研究同意方可编制。完成后还要由本部门负责人审阅、修改和签署，然后报本单位主管领导人审定并签字后，才可呈报上级主管单位或者向有关代表大会做报告。

2. 财务预决算报告的分类

财务预决算报告可根据不同的划分标准分为不同的类型，下面分别进行介绍。

（1）以报告的性质为标准进行划分，可分为财务预算报告、财务决算报告和财务预决算报告3种。

（2）以呈报对象的不同为标准进行划分，可分为提交代表大会审议的预决算报告、上报财务主管部门的预决算报告和单项经济活动提交的决预算报告。

（3）以报告单位为标准进行划分，可分为国家预决算报告、省市预决算报告、企事业单位预决算报告和群团组织预决算报告。

5.6.2 财务预决算报告的写作格式

财务预决算报告的写作格式比较简单，一般由标题、正文与落款3个部分组成，下面分别进行介绍。

××××**预算报告/决算报告**	标题
×××××××××××，×××××××。××××××，××××××××××××××××。×××××××××××××，×××××××。×××××××。××××××，××××××。××××××××。×××××××××××××××××，××××××××。	正文：预算报告需表述相关预算安排，并提出措施完善预算计划；决算报告需表述决算情况与预算计划的差距，并进行总结
××× ××年×月×日	落款：署名及成文日期

1. 标题

财务预决算报告的标题一般由单位名称、时限和文种组成，如《××公司2017年度财务预算报告》。也可在标题中加入事项，如《××集团2016年××项目基本工程竣工决算报告》。

2. 正文

财务预算报告与财务决算报告的正文内容并不相同，下面分别进行介绍。

- **财务预算报告**：财务预算报告的正文中需具体说明预算安排等相关内容，包括编制预算的依据、总收入、总支出、预算年度内生产经营的指标情况及相关说明等内容，叙述要详细完备，财政部门对收支一般是分口、分项安排，事业单位是分项安排；最后要提出帮助完成预算任务的措施与要求。

经验之谈

在财务预算报告的结尾，有时也会补充一些可能影响预算计划执行的事项说明或相关问题。作为写作财务决算书时的参考依据，使决算评价更为准确。

- **财务决算报告**：财务决算报告的正文主要由3部分的内容组成。一是说明决算的情况与预算计划的完成效果；二是在预算的基础上进行分析，根据收、支等的阐述分析预算完成情况的原因；三是进行总结，归纳整个预决算工作的成绩与不足。

3. 落款

在财务预决算报告中，一般需在文末右下方写明报告单位、报告人的身份、姓名以及成文日期，有的还需要单位财务负责人的签名和盖章。当然，在提交代表大会的某些预决算报告中，若前文已注明过相关报告单位或报告人，后文的签名也可省略。

5.6.3 范文点评：公司财务预决算报告

【范文1】

北京××股份有限公司2018年度财务预算报告

董事会：

根据《章程》规定，我们编制了《北京××股份有限公司2018年度财务预算报告》，具体建议报告如下。

一、2018年度经营计划安排

1. 铁钢材产量

2018年钢材产量比2017年有较大增长，铁、钢产量较2017年有所降低。具体安排是：生铁416万吨，钢491万吨，钢材计划447万吨，目标459万吨。

2. 双高及拳头产品产量

2018年公司强化产销研协调创新机制，充分发挥已建成的精品棒、精品线所具有的高性能、高精度轧制的工艺特点，大力开发新产品，提高公司经济效益。全年安排双高产品250万吨，同比增加34.6万吨，增长16.06%；双高产品比率55.9%，同比提高3.7个百分点。其中拳头产品安排184万吨，同比增加46.5万吨，增长33.82%；拳头产品占双高产品比率为73.6%，同比提高9.8个百分点。

3. 主要技术经济指标

2018 年通过技术进步和管理创新，大力开展节能降耗工作，突出节约和回收利用资源，进一步提高技术经济指标水平，具体安排如下。

高炉入炉焦比计划 365kg/t；目标 345kg/t，同比降低 16kg/t。

高炉喷煤比计划 125kg/t；目标 145kg/t，同比提高 28.4kg/t。

转炉钢钢铁料消耗计划 1 093kg/t；目标 1 091kg/t，同比降低 0.6kg/t。

吨钢综合耗计划 710kg/t；目标 705kg/t，同比降低 6.2kg/t。

钢材综合成材率计划 97.1%；目标目标 97.2%，同比降低 0.67 个百分点，主要是增加精品材轧制所致。

二、2018 年度财务指标预算安排

1. 主营业务收入

主营业务收入 229 亿元，同比增加 19.4 亿元，增长 9.26%。

2. 可比成本降低 2%。

三、2018 年度资金流量预算安排

资金流量预算收入 313.711 亿元，其中：营业收入 285.501 亿元；项目资金结转 14.1 亿元；贷款 14.11 亿元。

资金流量预算支出 313.711 亿元，其中：生产经营性支出 267.451 亿元，项目资金支出 32.82 亿元，支付股利 6.931 3 亿元，其他支出 3.234 亿元，预留资金 3.274 7 亿元。

四、主要产品产量计划，双高及拳头产品产量计划，主要生产技术经济指标具体安排，项目资金支出预算安排（详见附表）。

（略）

【特别提示】

本预算为公司 2018 年度经营计划的内部管理控制指标，不代表公司 2018 年度盈利预测，该预算计划能否实现需取决于市场状况变化、经营团队的努力程度等多种因素，存在很大的不确定性。

以上预算报告，提请董事会审议。

董事会通过该预算报告后，需提交股东大会批准。

附：北京首钢股份有限公司 2018 年度财务预算安排表

（略）

北京××股份有限公司

2018 年 2 月 28 日

【点评】

财务预算报告需包含预算目标总体安排，这篇财务预算报告对生产计划、财务指标预算和资金流量预算等列项进行叙述，然后以表格的形式对具体内容做出安排，以确保预算计划的实现；最后对可能影响预算指标的事项做出提示，并将 2018 年度的财务预算安排通过表格汇总，使具体事项一目了然。该篇财务预算报告格式规范，内容完备，是一篇值得学习的财务预算报告范文。

【范文2】

××公司2018年度财务决算报告

各位股东：

根据一年来公司经营情况和财务状况，结合公司合并报表数据，我们编制了 2018 年度财务决算报告。现将 2018 年财务决算情况报告如下。

一、企业生产经营情况（概括公司在 2018 年的总体经营状况及生产指标完成情况）

2018 年，××有限公司（以下简称“公司”）在××集团公司及×××公司的大力支持下，在董事会的正确领导下，经营班子团结协作，上下齐心协力，较好地完成了年度生产经营目标。

生产经营指标完成情况（单位：万吨、元/吨、万元）。

名称	本年实际	本年计划	上年同期	与计划比（%）	与上年比（%）
1. 产量完成					
甲醇	67.57	64.8	70.92	4.27	-4.72
发电（万度）	24 337.00	19 511.00	23 532.40	24.73	3.42
2. 甲醇销量	67.67	64.8	72.09	4.43	-6.13
3. 销售单价	1 504.44	1 520.97	1 614.94	-1.09	-6.84
4. 成本					
直接成本	1 107.88	1 203.27	997.66	-7.93	11.05
完全成本	1 612.69	1 799.47	1 658.36	-10.38	-2.75
5. 利润完成（万元）	-4 147.25	-5 747.64	8 325.43	-27.84	-149.81

1. 产量：全年累计生产甲醇 67.57 万吨，较计划的 64.80 万吨增加 2.77 万吨，增长 4.27%；较上年的 70.92 万吨，减少 3.35 万吨，降低 4.72%。

2. 销量：全年累计销售甲醇 67.67 万吨，产销率 100.15%，比计划的 64.80 万吨，增加 2.87 万吨，增长 4.43%；比上年的 72.09 万吨，减少 4.42 万吨，降低 6.13%。

3. 年均售价（不含税价）：全年平均售价 1 504.44 元/吨，较计划的 1 520.97 元/吨降低 16.53 元/吨，下降了 1.09%；较上年同期的 1 614.94 元/吨降低了 110.50 元/吨，降低了 6.84%。

4. 单位成本：甲醇直接成本（即产品成本）为 1 107.88 元/吨，较计划的 1 203.27 元，下降了 7.93%，较上年同期增加了 11.05%；完全成本 1 612.69 元/吨，较计划下降了 10.38%，较上年同期下降了 2.75%。

5. 利润：全年实现利润总额-4 147.25 万元，较计划的-5 747.64 万元增加了 1 600.39 万元，增加了 27.84%；较上年同期的 8 325.43 万元，减少了 12 472.68 万元，降低了 149.81%。

二、收入、成本及利润完成情况（单位：亿元）

名称	本年实际	本年计划	上年同期	与计划比（%）	与上年比（%）
1. 销售收入	12.07	10.74	12.81	12.38	-5.78
主营业务	10.34	9.98	11.73	3.61	-11.85
其他业务	1.73	0.76	1.07	127.63	61.68
2. 销售成本	8.77	8.78	7.95	-0.11	10.31
主营业务	7.85	6.92	7.19	13.44	9.18
其他业务	0.92	0.52	0.76	76.92	21.05

续表

名称	本年实际	本年计划	上年同期	与计划比（%）	与上年比（%）
3. 销售费用	0.75	1.42	1.77	-47.18	-57.63
4. 管理费用	1.39	1.33	1.2	4.51	15.83
5. 财务费用	1.09	1.01	0.92	7.92	18.48
6. 营业外收支	0.06		-0.02		-400.00
7. 税费附加	0.18	0.1	0.08	80.00	125.00
8. 资产减值	0.35		0.03		1 066.67
9. 利润总额	-0.41	-0.57	0.83	-28.07	-149.40

（一）销售收入情况

1. 全年实现主营业务收入 10.34 亿元，较计划的 9.98 亿元增加了 3.61%；较上年同期的 11.73 亿元降低了 11.85%。

2. 全年实现其他业务收入 1.73 亿元，较计划的 0.76 亿元增加了 127.63%。

（二）销售成本与单位产品成本情况

1. 全年销售成本 8.77 亿元，较计划的 8.78 亿元降低了 0.11%；较上年同期的 7.95 亿元增加了 10.31%；

2. 产品成本情况（单位：元/吨）

名称	本年实际（单耗）	本年实际（金额）	本年计划	上年同期（单耗）	上年同期（金额）	与计划比（%）	与上年比（%）
1. 直接成本		1 107.88	1 203.27		997.66	-7.93	11.05
原料煤	1.56	268.03	204.13	1.57	229.12	31.30	16.98
燃料煤	0.67	115.05	94.96	0.64	94.75	21.16	21.42
原水	16.68	56.67	42.5	15.89	54.01	33.34	4.93
用电	336.97	134.26	156.31	286.42	128.12	-14.11	4.79
化工三剂		30.79	45.86		37.82	-32.86	-18.59
折旧		310.71	331.55		303.22	-6.29	2.47
人工成本（制造费用）		155.49	43.54		138.25	257.12	12.47
人工成本（全口径）		197.68	206.92		176.68	-4.47	11.89
其他		36.88	77.50		12.37	-52.41	198.14
2. 管理费用		206.36	226.08		169.55	-8.72	21.71
3. 销售费用		110.72	198.24		249.94	-44.15	-55.70
4. 财务费用		161.43	156.5		129.29	3.15	24.86
5. 税费		26.3	15.4		11.63	70.78	126.14
6. 完全成本		1 612.69	1 799.47		1 658.36	-10.38	-2.75

全年年均甲醇产品的直接成本 1 107.88 元/吨，较计划单位产品直接成本 1 203.27 元/吨下降了 7.93%；较上年同期的 997.66 元/吨增加了 11.05%。

全年年均甲醇产品完全成本 1 612.69 元/吨，较计划的 1 799.47 元/吨降低了 10.38%；较上年同期的 1 658.36 元/吨降低了 2.75%。

化工试剂单位成本为30.79元/吨，较上年同期单位成本37.82元/吨下降了18.59%。

外购水单位成本56.67元/吨，较上年同期单位成本54.01元/吨增加了4.93%。

（三）销售费用分析情况（单位：万元）

（四）管理费用分析情况（单位：万元）

（五）财务费用分析情况（单位：万元）

三、现金流量情况

2018年全年现金净流量为-12 662.11万元，其中：

1. 经营活动现金净流量为31 272.14万元，主要为产品生产收支盈余；投资活动现金净流量为-3 146.55万元，主要为支付以前年度工程欠款及技改工程款；筹资活动现金净流量为-52 026.88万元，主要为还贷和利息支出。

2. ……

3. ……

4. ……

四、资产负债构成及变动情况

2018年末，公司资产总额212 050.54万元，其中流动资产10 799.44万元，占5.10%，非流动资产201 251.10万元，占总资产的94.90%。

负债总额195 296.73万元，其中……

公司所有者权益16 753.81万元，其中……

（从收支等方面分析原因，表述预算的执行情况，并对现金流量、资产负债构成及变动情况进行总结）

五、亮点事项（最后根据本次决算总结出经验教训）

1. 捂紧钱袋子，压缩财务费用，加大账款清收力度，最大化运用付款账期、无息债务替换部分高息中期票据，贷款长短期结合，承兑汇票置换流贷，签订可随时还款的贷款合同，采用贷款月月还策略等措施，货币资金周转率由6.17%提高到11.65%，2018年同比节约贷款利息共计2 191万元，与上年相比节约了21%。

2. 强化成本控制，抓紧重点费用

……

3. 加强税收管理，积极争取优惠政策

……

请予审议

××有限公司

2019年2月26日

【点评】

本篇财务决算报告中包含了决算报告编制说明、2018年各项生产指标执行情况等内容，并从成本、销售、利润、现金流量和资产负债及构成等方面对该公司的财务进行分析，根据实际数据对计划及完成情况的差异进行解释说明，最后对本年度经营工作的亮点事项进行归纳总结，肯定了已经取得的成绩，并指出了不足之处，为以后的预决算工作提供了经验。

写作训练

训练5-1 关于创立婚庆公司的市场调查报告

某公司进行了一次市场调查，以此来考虑是否创立婚庆公司，请根据以下材料撰写一篇市场调查报告，供该公司领导查看并讨论。

【背景材料】

（1）调查原因与目的：掌握××市青年对婚庆的了解和看法，以及对婚庆公司在服务内容、服务质量、发展方向等方面的意见和要求；对婚庆公司的服务质量和服务效果做出科学、客观的评价，为将来改革服务、提高质量提供依据。

（2）调查对象：××市 20 岁以上的青年群体。

（3）一般情况：这部分人大多在 20～30 岁，大多是将要步入婚姻和刚刚进入婚姻的年轻人，对婚庆有一定的了解和需求。

（4）调查方式和地点：本次调查采取问卷调查的方式，随机选择青年群体，当场发放问卷进行填写，完成后当场收回；此次调查共发放问卷 250 份，现已全部回收。

（5）调查时间：2018 年 05 月 20 日—2018 年 06 月 01 日。

（6）调查内容：调查人们的婚姻状况、对婚庆策划的态度和对婚庆服务的要求以及对婚庆费用的预期等，共包含 8 个常见问题。

（7）受访者男女比例情况：男 130 人，占比例 52%，女 120 人，占比例 48%。

（8）受访者年龄情况：受访者年龄主要集中在 20～29 岁，以及 30～35 岁。其中 20～25 岁所占比例达到 70%，26～29 岁所占比例为 10%，30～35 岁所占比例为 15%，35 岁以上所占比例为 5%。

（9）是否愿意聘请婚庆公司的情况：愿意聘请的调查对象占 39%的比例，表达一般意愿的占 46%的比例，明确表示不愿意和非常不愿意的占比分别只有 10%和 5%。

（10）对婚礼气氛的调查情况：受访者中，选择温馨浪漫的氛围的占据了绝大多数，比例为 55%，选择简约和热闹的氛围的分别占据了 15%和 20%的比例，剩余 10%的受访者选择了其他气氛。

（11）对婚礼形式的调查情况：中式婚礼占 43%，中西结合式婚礼占 25%，韩式婚礼和西式婚礼的比例则分别占比 7%和 10%，个性化婚礼占比 8%，剩余 7%的受访者则选择了其他形式的婚礼。

（12）选择婚庆公司的情况：选择司仪的经验丰富程度的受访者占比 49%，选择摄像专业程度的占比 59%，选择现场美观的占比 66%，选择价格实惠的占比 47%，看中公司品牌的占比 27%，看中策划方案的比例最高，达到了 70%。

（13）愿意花费的婚庆费用：希望婚礼花费在 5 000 元以下的占据了 10%的比例，希望花费在 5 000～10 000 元的占据了 38%的比例，希望花费在 10 000～30 000 元的占据了最高比例，达到了 44%，希望花费在 30 000～50 000 元的占比 6%，剩余 2%的受访者愿意花费的婚礼费用是 50 000 元以上。

（14）了解婚庆公司的方式：73%的受访者通过朋友介绍了解，14%的受访者通过网络渠道了解，4%的受访者通过报纸等平面媒体了解，其余 9%的受访者通过其他方式了解。

【实训分析】

整个市场调查报告分为 3 部分，即导言、正文和结尾。其中导言部分说明调查原因、目的，以及对调查情况做基本交代，这主要涉及材料给出的第 1 条～第 6 条信息，并可以在最前面适当撰写几句开篇的语句，如“每对新人都渴望有一个他们的专属婚礼，举办一场圆满幸福的婚礼至关重要。现今的婚庆市场可谓日新月异，而人们的需求也在不断改变，因此婚庆公司就要面对能否满足客户需求的机遇和挑战。就此……”正文部分主要说明各种调查的具体情况，即材料给出的第 7 条～第 14 条信息，可以适当对每种情况做简要总结和分析。结尾则利用正文的调查结果，进行更为综合的分析并给出适当的建议。

训练5-2 关于钢铁市场的预测报告

最近，随着雨雪天气的增多和国内钢铁市场的调整，我县钢铁价格产生了波动，总体趋势为价格不断下跌，试利用以下材料撰写一篇初步的市场预测报告，评价我县 2018 年 12 月钢材市场运行情况，预测钢材市场的发展，并给出合理建议。

【背景材料】

（1）写作目的：根据从我县商务局收集的信息，分析近期钢铁市场面临的问题和提出相应的建议，并对未来的钢铁市场走势进行预测。

（2）现状：库存数据显示，截至 12 月 29 日，国内主要钢材品种库存总量为 801.15 万吨，较 11 月末减少 35 万吨，减幅 4.19%，较上年同期减少 146.5 万吨，减幅 15.46%。与上年同期相比较，全国钢材市场库存减少 146 万吨，钢厂库存减少 429 万吨，市场库存和钢厂库存合计较上年同期减少 575 万吨，而上月减少 106 万吨；全国低温雨雪天气增多，终端采购需求日趋萎缩，北材南下资源增量承压……

（3）预测：前各地钢厂价格与市场价格倒挂幅度较大，钢厂价格仍面临较大的下调压力，预计下月成本对钢价支撑依然较弱……

【实训分析】

整个预测报告分为前言和正文两部分，正文部分主要包括现状、预测和建议 3 个部分。首先说明钢铁市场的大体情况，分析造成这种情况的原因，然后具体情况具体分析，对该地区的钢铁市场发展进行预测和建议。这篇预测报告是一篇可供参考提供的实训范文，可以在其基础上表达自己的见解。

思考与练习

（1）简述市场调查报告的写作格式。

（2）市场预测报告的写作格式有哪些部分？与市场调查报告相比，区别主要在哪些地方？

（3）审计报告有哪几种类型？

（4）财务预算报告与财务决算报告的写作格式是什么？

（5）根据以下材料撰写一篇可行性研究报告。

① 项目目的：几位在校大学生准备创立与动漫周边业务相关的网络店铺，现在要撰写一篇可行性研究报告，宗旨是满足当下日益增长的动漫周边衍生产品的需求，同时为动漫周边产品推广做出贡献……

② 市场分析：动漫产业行情看涨，动漫市场迅猛发展，国内国际动漫热……

③ 机遇分析：国家政策扶持，消费群体庞大，有成功案例……

④ 定位分析：目标市场定位结合时代时尚文化的背景，结合儿童和青年的喜好，以时尚、个性、搞笑、潮流等为特点，从形象设计到动漫品牌开发都要独树一帜……

⑤ 渗透量分析：店面开业初期，以提升知名度与口碑为首要目标，采用降价折扣促销、网络广告、参加社区活动、论坛发帖和回帖、群发软件推销、店铺留言、评价留言、友情链接、包邮、拍卖、买一赠一、举办动漫主题活动等手段渗透市场……

⑥ 项目分析：店铺主要经营柯南、海贼王、NANA、犬夜叉、死神、火影忍者、死亡笔记等热门动画的周边产品，如杯子、T 恤、靠垫等生活用品，手链、项链、表等饰品，手办、盒蛋、扭蛋、公仔等系列玩具，COS 服及 COS 道具等。下面对具体项目进行 SWOT 分析……

⑦ 客户定位：学生群和上班族……

⑧ 团队架构及运作：创业团队旨在建立一个有理想、重沟通，成员间紧密配合，工作积极主动，善于思考“做有创意的人、做有创意的事”，不断学习进步，有责任心的团队。《××动漫周边铺》的成员主要由 6 个人组成，每个人都有自己的特长……

⑨ 投资风险及收益分析：市场风险……政策风险……财务风险……质量风险……资金流的运转分析……成本、费用与收益分析……

⑩ 项目总结：一年内月营业额达到 20 000 元人民币以上……

（6）根据以下材料撰写一篇关于旅游市场的调查报告。

① 调查背景：经济发展，人们生活水平提高，旅游业作为“朝阳产业”日益突出；大学生思维活跃、精力充沛，喜欢了解新的环境，希望结交志趣相投的朋友；“读万卷书，行万里路”的思想观念促使其选择旅游作为扩大交际、增长见识的途径……

② 调查说明：调查主体为××市在校的大学生；调查目的是对××市大学生旅游市场开发的相关问题进行探讨；调查方法是采用二手资料调查法，如搜寻网上资料、查询相关书籍资料。

③ 调查结果：调查结果显示，高达 44%的大学生每年旅游的次数为 1～2 次，只有 9%的大学生在 4 次以上，而一年旅游 2～4 次和 1 次以下的比例分别为 22%、25%；在对旅游时间段的安排上，选择寒暑假这个时间段的人数最多，占了总人数的 46.8%，在法定假日出游的比例为 24.4%，选择周末出游的人较少，占总人数的 16.4%，剩下的 12.4%是在其他时间段去旅游的；现代旅游形式的多样化已成为一种趋势，我们通过对从调查得到的数据进行分析，不难发现与朋友结伴这一旅游形式所占比例最高，为 54%；自助游的趋势在增加，所占比例为 25.2%；11.6%的学生愿意以班级社团组织的形式出去旅游，剩下 9.2%的学生会选择旅行社包价旅游；大部分大学生平均每次旅游花费在 100～500 元，占比 44%；每次花费低于 100 元的大学生占 22%；18%的大学生每次花费在 500～1 000 元；每次花费在 1 000 元以上的大学生为 16%；调查表明，好友介绍的旅游景点可信度相当高，约占 37.8%，其次是上网搜索，约占 31%，通过高校社团的推广而获得信息的约占 12.2%，通过报刊广告和旅行社咨询而获得旅游信息的分别为 9.6%和 9.4%。由此可看出，好友亲身游玩过的景点的好坏对周围的同学的旅游目的地的选择有很大的影响；绝大多数大学生会选择所在省的其他市旅游景区进行旅游，这一比例高达 46.4%，23.6%

的大学生出游范围为学校邻近地区，5.6%的大学生出游范围为外省旅游景区，还有 5.4%大学生选择其他旅游景区；由此看出，所在省的其他市的旅游景区的出游范围更受大学生的欢迎……

④ ××大学生旅游动机分析：学生在准备外出旅游前，关注的问题通常是出游的住宿、餐饮、娱乐、购物、交通和导游等，其中住宿、餐饮是大学生旅游活动中最受关注的旅游服务要素，所占比例为 33.8%；娱乐、购物也是大学生旅游较关注的服务要素，所占比例为 25.6%；22.6%的大学生旅游时也关注交通这一要素；关注导游要素的比例为 7.4%；剩下的 10.6%有其他的关注要素；调查显示，55.4%以上的大学生认为影响出游最重要的是旅游目的地的吸引力；27.4%左右的大学生认为旅游价格是影响他们出游的重要因素；17.2%左右的大学生认为旅游服务会是影响出游的因素；同时金钱是影响多数大学生出游的重要因素。对于目前××市大学生旅游的人群来讲，40%的大学生的旅游目的是观赏各地风景，32%的大学生的旅游目的是解除压力、旅游散心，17%的大学生的旅游目的是了解各地文化；11%的大学生的旅游目的是探险、寻求刺激……

⑤ 调查结论与建议：更多学生选择在法定节假日及周末与朋友结伴到省内其他市或学校邻近地区进行游玩；调查显示大部分人会考虑到旅游目的地的吸引力，同时价格是影响多数大学生出游的重要因素；在旅游开销不同的情况下，与朋友结伴和自助游的形式最受欢迎；旅游范围的选择受旅游开销影响较大，开销大则旅游范围更广，反之旅游范围小……

⑥ 建议及对策：服务于课堂的认知旅游；服务于企业的商务旅游；就业考察游；体育旅游；建立青年旅馆；社会各个部门的支持和配合；在大学内创建旅游品牌，传播旅游文化，培养长期市场；借助网络及其他媒介的影响，扩大营销的广度和深度……

⑦ 总结：大学生将会是以后社会的主流人群，他们的生活消费将会是主流消费，而旅游是生活中的一个重要组成部分。因此，大学生的良好旅游观念和旅游意识对将来旅游业的发展壮大将会起到重要的推动作用，大学生这一个具有很大上升空间的潜在旅游市场，无论对旅行社还是旅游产品开发者来说，都是一个重大的商业契机……

第6章

财经宣传文书

财经宣传文书是指可以通过电视、广播、报纸、网络等途径对当前财经领域有关生产、经营、管理等的事件或资讯进行宣传报道，让大众及时了解财经领域相关信息的文书。产品说明书、财经新闻、经济评论与广告文案都是典型的财经宣传文书，能够发挥联系群众、传递信息、告知事项和树立形象等重要作用。

知识目标

① 了解产品说明书的基本知识。
② 掌握产品说明书的写作格式。
③ 熟悉财经新闻的类型与写作格式。
④ 掌握经济评论的种类与写作格式。
⑤ 了解广告文案的写作要求。
⑥ 掌握广告文案的写作格式。

技能目标

能够正确且熟练地撰写产品说明书、财经新闻、经济评论与广告文案。

6.1 产品说明书

产品说明书，也叫商品说明书，是一种以说明为主要表达方式，用平实易懂的语言向消费者介绍商品性能、规格、特征、原理、使用和保养方法、用途以及注意事项等知识的文书。目的是使消费者了解某种商品的组成材料及使用方法等。

6.1.1 产品说明书的特点与分类

1. 产品说明书的特点

产品说明书承担了宣传产品、普及科学文化知识等重要作用，可以使消费者对产品有相当细致和深入的了解。因此产品说明书应具有真实性、易懂性、指导性、条理性的特点，下面分别介绍。

（1）真实性

真实性指产品说明书的内容要真实可靠。产品的使用涉及千家万户，如果撰写产品说明书时夸大其词、胡乱鼓吹，会造成严重的后果，轻则损害消费者利益，重则可能会对消费者的人身安全造成威胁。

（2）易懂性

易懂性指说明书使用的语言不要过于深奥专业。由于很多消费者没有相关的专业知识，太过专业或是生僻的语言可能会造成一定的阅读障碍。所以撰写产品说明书时，最好使用通俗易懂的语言，清楚明白地介绍产品，这样消费者在面对注意事项时，才能做到心中有数，使用产品时也能更得心应手。

（3）指导性

指导性指产品说明书不仅要包含关于产品规格、功效、组成等基本内容，还要包含操作、使用、维修等方面的内容，引导消费者正确、有效地使用。

（4）条理性

消费者在使用某项产品、尤其是不熟悉的产品时，通常都会逐项阅读产品说明书上的相关内容后再进行使用。产品说明书包含的内容一般较多，为了让消费者将产品的相关方面都了解清楚，说明书写作应具有条理性。

2. 产品说明书的分类

产品说明书的应用领域非常广泛，根据不同的划分标准，可以将其划分为不同的类型，下面分别进行介绍。

- **按用途划分：**按用途划分可分为使用说明书、维修说明书、修理和替换零件的说明书，以及专业用具、设备和材料的说明书等。
- **按行业划分：**按行业划分可分为工业产品说明书、农产品说明书、金融产品说明书、保险产品说明书等。
- **按写作形式划分：**按写作形式划分可分为条文（条款）式产品说明书、图文式产品说明书、表格式产品说明书和综合式说明书等。
- **按产品包装划分：**按产品包装划分可分为外包装式说明书和内包装式说明书等。
- **按内容划分：**按内容划分可分为详细产品说明书和简要产品说明书等。
- **按语言划分：**按语言划分可分为中文产品说明书、外文产品说明书和中外文对照产品说明书等。
- **按性质划分：**按性质划分可分为特殊产品说明书和一般产品说明书等。

6.1.2 产品说明书的写作格式

产品说明书通常由标题、正文和结尾3个部分组成，下面分别进行介绍。

××××产品说明书	标题
××××××××××，×××××××。×××××，×××××。×××××××。×××××××××××，×××××××××。×××××××××××××××。×××××，××××××××××××。×××××××××××，×××××××××××××××，××××。	正文：要求详细介绍与产品有关的知识，如名称、构造、性能、特点、成分、规格、原理、配件、使用方法、注意事项、维修保养、产地等内容
×××××××××××××××××××××××，×××××。××××××××，××××××××××。	结尾：生产厂家、地址、生产日期、电话等信息

1．标题

标题可以有两种组合方式，下面分别进行介绍。

- 以“产品名称+文种”组成，如“海尔洗衣机使用说明书”。
- 由“产品品牌+型号+产品名称+文种”组成，如“飞利浦 HX9362 电动牙刷使用说明书”。

2．正文

说明书的正文就是主体部分，不同产品的说明书所包含的内容不同，侧重点也不同，篇幅有长有短。下面简要介绍不同类型的产品在说明书正文中应包含的内容。

- **食品药物类**：应包含产品名称、成分、特点、性状、规格、作用、适用范围、使用方法、注意事项、贮藏方法和保质期等。
- **日用生活品类**：应包含产品的构成、规格型号、适用对象、使用方法、注意事项等。
- **大型机器设备类**：应包括结构特征、技术特性、安装方法、使用方法、功能作用、维修保养、运输、储存、售后服务范围及方式、注意事项等。
- **家用电器类**：应包括产品的构成、使用对象、使用方法、功能、注意事项等。
- **设计类**：设计说明书是工程、机械、建筑、产品、装潢、广告等行业对整个设计项目进行全盘构想、统筹规划，并对工作图样进行解释和说明的技术性文书，简单地写在设计图样上，复杂的则单独成文或装订成册。

新手解谜——产品说明书写作时的综合式写法是怎样的？

综合式写法可以是概括式、条文式与图表式写法的结合，既有总体的概述介绍，又有详细的分享说明和图文展示，有详有略，展示的内容较全面，如“精密仪器的使用说明书”。

3．结尾

产品说明书的结尾一般是一些附文的内容，例如生产厂家的名字、地址、电话号码、生产日期、客服电话、邮件地址、网址、联系人姓名及电话等内容，方便消费者与生产者进行联系、沟通与反馈。

6.1.3 范文点评：蓝牙音箱说明书

【范文】

DGSHOW迷你蓝牙音箱使用说明书

感谢您选用领秀科技生产的 DGSHOW 迷你蓝牙音箱，为了让您轻松体验产品，我们配备了内容详尽的使用说明书，您从中可以获得有关产品的介绍、使用方法等方面的知识，在您使用本机前请先仔细阅读说明书，如果有印刷错误或翻译失误望广大用户谅解。

此款迷你音箱共有两个版本：蓝牙版（型号 DG-MS008-B）、普通版（型号 DG-MS008-T）。只有蓝牙版（型号 DG-MS008-B）才能实现蓝牙相关的功能，请您核对购买的产品型号以及产品底部标签。

（图略）

一、注意事项

为了使用者能够正确使用播放器，确保播放器性能良好，请认真阅读并遵守以下注意事项。

（1）切勿严重撞击主机。

（2）切勿接触苯、稀释剂等化学药品。

（3）请不要靠近强磁场、电场。

（4）请避开直射光线或发热器具。

（5）切勿自行拆卸、修理、改造。

（6）骑车、驾驶汽车及摩托车时，请勿使用播放器及耳机，以免造成危险。

（7）切勿以较大音量收听，以免对听力造成不良影响。

（8）废弃包装、电池、旧电子产品，请分类妥善处理。

二、功能特点

【蓝牙音频】Bluetooth3.0+EDR，最大接收距离 10 米。

【蓝牙通话】语音清晰、无回声。

【MP3 播放】直接播放 TF 卡内存放的 MP3 文件。

【F1I 收音机】FM 数字立体声收音机，电台记忆播放。

【音频输入】立体声音频输入接口，轻松连接电脑、数码音乐播放器、手机等音源设备。

【断点记忆】自动记忆上次退出时的曲目、音量大小。

【内置电池】内置可充电锂电池，环保、节能、实用。

【USB 读卡器】连接电脑，可拷贝或删除 TF 卡中的歌曲。

【USB 声卡】连接电脑，播放电脑音频文件，可控制电脑的播放顺序、音量大小。

三、播放音乐操作

本音箱开机时自动检测识别外接设备，开机后进入蓝牙/FM 模式，插入 TF 卡后可自动识别播放，默认后者优先原则，也可自行切换播放模式；插入的音频信号线不自动切换，可通过【O/PLAY】键将其切换到 AUX 模式下播放，详细功能操作请阅读第四项“产品的按键、插孔功能定义”。

四、产品的按键、插孔功能定义（以实物为准）

1.【ON/OFF】：电源开关；ON 为开，OFF 为关。

2.【PLAY】：播放/暂停/接听电话/挂断电话/模式转换/全自动搜台。

短按：TF、AUX 和蓝牙模式为播放/暂停，阳模式为全自动搜台；来电时短按接电话，通话时短按挂机。

长按：长按 3 秒松开进行模式转换，转换顺序为 TF→蓝牙→AUX→FM。

3.【-】：音量调节小/上一曲/上一个电台。

短按：TF 模式为上一曲，F\I 模式选择上一个电台，蓝牙/AUX 模式调节音量减小。

长按：调节音量减小。

4.【+】：音量调节大/下一曲/下一个电台。

短按：TF 模式为下一曲，F/I 模式选择下一个电台，蓝牙/AUX 模式调节音量增大。

长按：调节音量增大。

5.【USB/AUX】：充电接口/AUX 插孔/读卡器接口/LISB 声卡接口/天线接口；电源充电插孔可使用本机配送的专用 LTSB 电源线，接入电脑的 USB 接口进行充电；FM 收音模式，可使用本机配送的专用 LTSB 电源线做外置天线，收台灵敏度更佳。

6.【TF】：插入 TF 卡播放本地音乐。

7.【MIC】：通话咪头，通话时正对咪头可增强通话效果。

五、指示灯介绍

红色指示灯：充电指示灯。

蓝色指示灯：TF、AUX、蓝牙、播放模式指示灯，低电关机指示灯。

六、蓝牙连接方法（可选机型，以实物为准）

1. 开机或按模式键切换进入蓝牙模式，会发出声响，LED 指示灯快闪。

2. 打开移动设备（手机、电脑等）的蓝牙功能，搜索蓝牙设备“DG.SHOW”。

3. 手动点击，设备自动配对、连接，连接成功会发出“咕噜”的声音。（一般情况不用输入密码，特殊机型提示输出密码，输入“0000”即可）

4. 已配对成功的设备，下次开机会自动连接。

备注：进入蓝牙模式 10 秒内，蓝牙会自动寻找设备并配对连接，10 秒后要通过手动连接。

七、收音机功能使用方法

……

八、充电使用方法

……

九、USB功能使用方法

……

十、电池低电

……

十一、疑难解答

……

十二、技术规格

输出功率	3W
工作电压	3.7V
频率响应	100Hz～18kHz
信噪比	≥80dBA
失真度	＜1%

续表

音频输入	蓝牙、TF 卡、AUX、FM
支持 MP3	比特率、32kbit/s～320kbit/s
扬声器单元	50mm、双磁、16 芯、4Ω
输入电源	内置聚合物充电电池 500mAh 3.7V 或外置 DC5V
调节形式	按键调节
输入灵敏度	450±50mV
重量	约 170g
尺寸	75D×42Hm

十三、包装附件

迷你音箱　　1 台

数据线　　1 条

说明书　　1 份

保修卡　　1 份

合格证　　1 份

【点评】

该篇说明书内容翔实，不仅讲述了产品的功能、规则、使用方法、注意事项等，还对消费者对产品的相关疑惑进行了解答，介绍的各个事项都完整清楚，是一篇值得参考借鉴的说明书范文。但内容中还可以更加完善，因为现在的品牌都有自己的官方网站，所以添加官网地址、邮箱、售后联系电话等信息可以更好地推广产品。在文末加上退换货信息或售后维修说明等，也能更好地引导消费者关注附件的相关内容，增加消费者的信赖感。

6.2 财经新闻

财经新闻有狭义与广义之分。广义的财经新闻涉及与经济领域相关的各方面，不管是城市还是农村，宏观还是微观，关于生产、消费、服务质量、经济工作以及社会生活中的经济事实都属于财经新闻的范畴。狭义的财经新闻则侧重于关注资本市场、金融市场以及与投资相关的要素市场，是财政金融与国家、政府行为相关的宏观经济领域。它与一般的新闻报道相似，都是利用媒体对经济活动、经济现象、经济决策等新近发生或有所变动的事项进行及时的报道。

6.2.1 财经新闻的特点与分类

1. 财经新闻的特点

财经新闻主要有以下特点，下面分别进行介绍。

- **及时性**：不管是哪类新闻，都要具有时效性，即其写作与发表都必须及时、迅速。对于财经新闻来讲，发表时间与事件的发生时间越近，新闻价值就越大，受关注度就越高，所产生的经济效益与社会效益越多。

● **客观性**：新闻报道的写作原则是客观真实，即作者在表达自己的观点或记述事实时，要客观公正、尊重事实、尊重读者，这样才能体现事件的本质。

● **真实性**：真实性指财经新闻所报道的内容要客观实际、真实可靠，不要虚构、夸大或无中生有，进行概括叙述时要准确，要传播真正正确的内容，这样才能使人们获得真正有价值并且实在的信息。

● **专业性**：财经新闻中所用到的很多材料都是由专业术语和相关数据组成的，且写作过程中常会把事件的发生放在全球经济的大环境下进行思考与解读，因此其专业化特征明显。在财经新闻的写作中，若缺乏相关专业知识背景，那么不仅内容会不够充实，也会丧失新闻的敏感性。

● **前瞻性**：前瞻性指在进行财经新闻报道时，应有从未来的维度来观察现实的意识，通过对事实的研究分析，对当下与未来的关系做考察，这相当于要求财经新闻的作者对未来的经济形势和经济活动做出预测，并为广大读者提供更为丰富的解读和可能性。

2. 财经新闻的分类

根据不同的划分标准，可将财经新闻划分为不同的类型，下面分别进行介绍。

① 以新闻涉及的层面为标准，可将财经新闻划分为宏观层面的经济政策报道，中观层面的区域经济报道、经济行业报道，以及微观层面的公司报道和经济生活报道 3 类。

其中经济政策报道是对国家总体经济形势的报道，常被放在版面的中心位置，受到主流媒体的高度重视。而区域经济报道指关于一定地域范围内的经济发展的影响因素的相关报道，它既在国家经济体的宏观概念之下，又在企业等微观概念之上，如我国中部、西部的经济发展等就属于区域经济报道的对象。

经验之谈

在国内外，不少财经新闻媒体常将公司报道和行业报道放在一起，称为“公司与行业报道”“公司产业报道”，或者在“公司报道”板块中包含行业报道的内容。

② 以对新闻题材的处理方式为标准，可将财经新闻分为信息型财经新闻、分析型财经新闻和讨论型财经新闻 3 类。

③ 以新闻题材的类型为标准，可将财经新闻分为政经类新闻、产经商业类新闻、财税金融类新闻、战略管理类新闻和投资理财类新闻等。

④ 以新闻内容的特点为标准，可将财经新闻分为描述刚发生或正在发生的事件的动态新闻、描述一定期间内典型事件或经验的经验新闻、在叙事基础上进行评价的评述新闻，以及围绕一个主题、结合不同地区的事实进行联合描述的综合新闻。

⑤ 以新闻的切入点为标准，可将财经新闻分为人物性财经新闻、检验性财经新闻、问题性财经新闻和理论性财经新闻。

⑥ 以新闻的载体为标准，可将财经新闻分为消息、通讯、特写和短评。

财经新闻内容涉及的方面十分广泛，根据不同的划分标准，财经新闻的类型也是多种多样的，要想写好财经新闻，作者应花时间多看、多想、多练。

6.2.2 财经新闻的写作格式

财经新闻一般由标题、导语、主体、背景和结尾 5 个部分组成，下面分别进行介绍。

××××	标题：引人注目
××××××××××，×××××××××××××××××。	导语：概述主题思想
××××××××××，××××××××××××××××××××××××××。×××××××××××××××××××。	主体：导语的展开部分是对导语的全面阐述
××××××××××，×××××××××××××××××。	背景：概括事件发生的历史和环境
××××，××××××××××××××××××××××。	结尾：深化主题

1. 标题

财经新闻的标题一般须鲜明、凝练，起到简明概括全文内容、吸引读者阅读的作用。它可以是单行标题，也可以是由眉题（引题、肩题）、主题（正题）、副题（子题）联合组成的双行标题或多行标题，下面分别进行介绍。

- **眉题**：眉题位于主题之前，用于引导主题，揭示新闻的思想意义或交代新闻背景，说明原因，烘托气氛。
- **主题**：主题是标题中字体最大的部分，主题须概括并说明文章的主要事实和思想内容。
- **副题**：副题的字号须小于主题，副题应作为文章的内容提要或提示新闻的事实结果，又或是对主题进行解释与补充。

单行标题的案例如：《轻工业部决定设计从根本上解决小商品问题》；

多标标题的案例如：

新修改的《产品质量法》正式实施（主题）

千家企业联合发表新世纪质量宣言（副题）

2. 导语

导语指一篇财经新闻的第一自然段或第一句话。导语需要用简明生动的文字概括文章中最中心、最重要的内容，并揭示新闻的主题思想。一般可用“5W1H”要素法对主题进行概括，即何人、何事、何时、何地、何因以及怎么样。根据不同的需要，导语的内容既可以是单个的要素，又可以是要素的组合。

导语写作时，可以采用叙述式、描写式、提问式、引语式、评论式、号召式、对比式、摘要式、结论式等写作手法。结论式即结论先行，揭示意义或做总结；描写式即用白描手法将新闻的主要事实或特定环境描述出来，以烘托气氛、渲染事实，给人身临其境之感。但不管使用什么样的写作手法，都需要达到概括精要信息、吸引读者进一步阅读的目的。

3. 主体

主体是财经新闻的主干部分，是指对导语进行展开后所做出的具体全面的阐述，内容包括对主要事实的叙述、次要事实的介绍以及对导语中未提及的新事件的补充。

主体的结构可以按照时间顺序或逻辑顺序进行安排。时间顺序是指根据事实发展的先后顺序或经过来组织内容；逻辑顺序是指根据事物的内在联系，分别用材料表现它的各个侧面，最终达到凸显主题的目的。也可将两者结合起来写作，但需要有主次和侧重。

4. 背景

背景是新闻的写作要素之一，指新闻事件的历史背景、环境条件等内容。常见的背景类型有3种，即对比性背景、说明性背景和注释性背景，写作背景的目的在于充实新闻内容、帮助读者深入了解新闻价值和意义，同时起到衬托、深化主题的作用。

5. 结尾

新闻的结尾的作用一般是深化主题、强化新闻价值或意义，好的结尾可以起到画龙点睛、加深读者印象的作用。结尾可以有多种写法。例如，概括性小结新闻内容，加深读者印象；写出新闻事实的发展趋势，引起读者关注；进行激励式的话语鼓励，强化读者感受；言有尽意无穷，引发读者深思。但有的结尾并不明显，事件的结束也就是新闻的结束。当然，在导语中就已交代时间结果的财经新闻，其结尾部分也可以省略。

6.2.3 范文点评：关于PMI变化的财经新闻

【范文】

3月PMI重回荣枯线以上　经济短期企稳预期改善

2019-04-01 06:54:18 证券时报　证券时报记者 江聃（“消息头”，介绍发稿单位，时间、撰稿人、地点，一般消息头的内容都在导语之前）

3月中国采购经理指数运行情况于昨日公布。

数据显示，3月中国制造业采购经理指数（PMI）为50.5%，比2月上升1.3个百分点，在连续3个月低于临界点后，重新升至景气区间。非制造业商务活动指数为54.8%，比2月上升0.5个百分点。受制造业和非制造业PMI双回升影响，综合PMI产出指数为54%，比2月升1.6个百分点。分析认为，制造业生产指数的回升对综合PMI产出指数拉升作用显著，我国企业生产经营活动总体扩张加快。（导语概述本篇新闻稿的发布背景，揭示文章主题）

国家统计局服务业调查中心高级统计师赵庆河在解读数据时表示，3月主要呈现生产活动加快，内需继续改善；新动能较快增长，消费品行业运行稳定；价格指数上升，企业采购意愿增强；世界经济增长有所放缓，进出口动力仍显不足等特点。

春节过后，制造业逐步恢复正常生产，生产指数和新订单指数均升至6个月高点。赵庆河表示，这表明随着国家支持实体经济发展的简政减税降费政策逐步落地，供需两端有所回暖。

同时，在流通领域部分生产资料价格上涨的带动下，主要原材料购进价格指数和出厂价格指数升至53.5%和51.4%，均为5个月高点。另外，随着供需两端回暖，企业加大采购力度，3月采购量指数升至扩张区间，为51.2%，企业采购意愿增强。

赵庆河也指出，世界经济增长有所放缓，进出口动力仍显不足。这表现为，新出口订单指数和进口指数为47.1%和48.7%，虽环比有所上升，但继续位于临界点以下。

此外，非制造业总体也保持平稳较快增长。从季度运行情况看，非制造业商务活动指数一季度均值为54.6%，高于上年四季度0.9个百分点。其中，随着制造业生产活动加快，生产性服务业商务活动指数在连续3个月回落后再现回升。从行业情况看，铁路运输、装卸搬运及仓储、邮政、电信、互联网软件、银行、证券和保险等行业商务活动指数位于57.0%以上的较高景气区间，业务总量快速增长，经营活动较为活跃。建筑业重回高位景气区间。

赵庆河表示，随着气候转暖和节后集中开工，建筑业生产扩张加快。从市场需求看，新订单指数为57.9%，比2月上升5.9个百分点，为15个月高点，随着基础设施建设项目加快推进，行业发展预期继续向好。

（略）

花长春也表示，当前来看，资产价格方面，看好传统投资动能复苏给周期、银行和地产板块所带来的投资机会。（对主题展开详细叙述并自然收尾）

【点评】

该篇财经新闻标题鲜明醒目，简明扼要地概括了新闻的主题。导语部分介绍了新闻发生的背景，同时表明新闻的中心思想，使读者对这篇新闻的主要内容一目了然，新闻的主体和背景部分是对观点的展开论述以及对行业的运行和经济环境的分析，介绍了行业内多位知名人士的解读和看法能够支撑观点，且有理有据，结尾自然收尾。本篇新闻结构健全，内容精要，是一篇典型的财经新闻。

6.3 经济评论

经济评论是指对当前经济领域中出现的重大问题或经济现象，特别是人们所关注的经济问题和现象等进行分析评论、发表意见的一种论说性文书。经济评论包括与经济领域相关的短评、社论、专论、纵横谈等。

6.3.1 经济评论的特点与分类

1. 经济评论的特点

经济评论具有针对性、政治性、典型性、权威性、理论性、时效性、参考性等特点，下面着重介绍针对性、政治性、权威性、参考性进行介绍。

- **针对性：**因为经济评论都是对某一经济现象或经济事件展开的评论或意见，评论对象明确，所以具有针对性。
- **政治性：**与财经新闻相比，经济评论重在对事件的分析与发表意见，因此经济评论的舆论引导性更强；为了形成良好的影响，给读者带来正确的认知，经济评论的作者应谨慎把握财经评论的政治性，做到熟悉国家相关的经济政策与法规，按经济规律分析，尽力避免认知错误。
- **权威性：**权威性指由于经济评论的作者在经济领域有较丰富的实践经验或理论水平，因此能在文章中发表有价值的、客观的、实际的评论。
- **参考性：**通过对实事的分析，读者会对所评论的事件有一个清楚明确的认识，并且该认识可能会在其工作或生活中遇到类似问题时起到参考性作用，甚至还有可能间接缓慢地影响经济的发展。

2. 经济评论的分类

经济评论可分为以下4类，下面分别进行介绍。

- **短评：**短评指针对财经活动中的某一则消息、某一现象或某一偶然事件进行的分析与评论；其篇幅短小，形式灵活，内容单一，一事一议。
- **专论或编者按：**专论或编者按指就财经活动中的某一方面或某一典型性问题进行的分析评论，对通讯加按语，表明意见。

● **社论**：社论指编辑部针对当前重要问题、重大事件发表的评论，因此也可作为财经评论的一种类型；不同于其他评论，经济社论代表的是报社，评论对象是重要新闻事实与时政，为的是引导舆论；社论的政策性、权威性、引导性特征明显，并且代表了一定的政治立场。

● **经济综述**：经济综述指针对经济活动中的某一事物或某一问题的多方面情况进行综合分析与评述的文章。

6.3.2 经济评论与经济论文的区别

经济论文指在对经济领域内，包括理论、问题与实践等做出分析、研究和论述后，提出的带有科学性见解或表述科研成果的理论性文章，是对经济学领域的研究成果做出的结论性总结。

写作经济论文时，一般需经过确认选题、选择材料、制定写作计划、撰写大纲、开始写作5个程序。经济论文的理论性、科学性特征十分显著。

经济评论与经济论文主要有以下几个方面的不同，下面分别进行介绍。

● **针对对象不同**：经济评论有明确且具体的写作对象，而经济论文则不需要具体的写作对象，经济论文的内容主要是围绕写作主题展开，可引例的事项较多。

● **写作时间不同**：经济评论讲究时效性，写作及时的经济评论才能对财经工作有指导作用；经济论文则不要求时效性，可在充分地进行研究、分析之后再写作。

● **形式不同**：经济评论形式多样，写法灵活；经济论文一般采用较固定的绪论、理论、结论模式。

● **篇幅不同**：经济评论篇幅短小；经济论文篇幅较长。

6.3.3 经济评论的写作格式

经济评论一般包含标题、消息头、开头、主体、结尾5部分，下面分别进行介绍。

××××	标题：体现主题
××××××××××××××××	消息头：稿件相关信息
×××××××××××，××××××××× ×××××××××。	开头：提出要评论的对象、观点
××××××××××，××××××××× ×××××××××××××××××××××。×× ×××××××××××××××××。	主体：对开头的内容进一步深化，并进行分析论证，用事实依据表达自己的意见或看法
××××，××××××××××××××× ×××××××××。	结尾：照应开头

● **标题**：标题需直接或间接揭示经济评论的主题或观点，因此标题应鲜明生动、简洁小巧，能引起读者的阅读兴趣。

新手解谜——拟制标题时要求的“小巧”指代什么？

分开来讲，“小”一方面是指标题内容要从大处着眼、小处落笔，另一方面是指标题形式应短小精悍、文约义丰。“巧”则是指标题要巧妙，引人注目。

● **消息头**：消息头指稿件的发出时间、发文单位、发文地点及撰写人。

● **开头**：开头的内容要与标题相对应，介绍将要评论的对象，让读者明白作者是因何事而评论，或就何事提出观点；可以用开门见山式、引述式、设问式、论辩式、结论式等写作方法，但均要求明确表现要评述的问题，并说明自己的观点或评论的意义。

- **主体**：主体是在开头的基础上对充足的事实依据进行分析论证并进行评价；需注意，评议时应就事论理、围绕中心展开论述，以充分证明自己的观点，不能随意发挥，更不能过分吹捧或丑化。
- **结尾**：结尾需与开头相呼应，或总结全文，或引人思考，或提出建议，或进行强调等；但结尾部分不用过于强求，若主体部分的评论清晰得当，也可省略结尾内容。

经验之谈

经济评论写作应满足以下要求：题材真实、贴合主题；有的放矢、言之有理；简洁生动、短小精悍；言论深刻、符合经济发展规律；抓住重点、以小见大。

6.3.4 范文点评：进出口数值变化的经济评论

【范文】

9月出口降幅收窄 稳增长还需要更宽松货币政策

2015-10-13 11:05:27 来源：财经综合报道 作者：民生宏观朱振鑫、张瑜

10 月 13 日，海关总署数据显示，以人民币计价，中国 9 月进口同比下降 17.7%，预期下降 16.5%，前值下降 14.3%。不过，中国 9 月出口同比下降 1.1%，预期下降 7.4%，前值下降 6.1%；9 月贸易顺差 3 762.0 亿元人民币，预期为顺差 2 924.2 亿元人民币，前值为顺差 3 680.3 亿元人民币。

就此，民生宏观团队分析认为，9 月出口同比-1.1%，出口跌幅收窄，一方面可能与人民币贬值有关，“811”汇改之后人民币贬值幅度一度接近 5%，企业可能加快出口交货、履行合同落袋为安，导致人民币计价的出口跌幅明显收窄。另一方面可能与国内一系列稳外贸措施以及“一带一路”项目的逐步落地有关。全球需求并未看到明显改善，主要发达经济体受美联储加息预期及股汇市场动荡影响，从 6 月起普遍放缓。从韩国等出口经济体的数据来看，新兴市场的出口需求也仍未摆脱低迷。

对于出口未来走势，民生宏观团队指出贬值对出口的贡献更多来自计价因素，而非实际数量。中长期来看，即使人民币大幅贬值，出口也不能成为增长主力。一是全球人口老龄化推动发达国家“储蓄—投资”缺口收窄，全球贸易再平衡；二是国内劳动力成本优势持续弱化；三是全球贸易保护主义抬头，TPP+TTIP 等新贸易规则将对中国出口带来挑战。

9 月进口跌幅同比-17.7%，前值-14.3%。数据大幅回落的原因一方面与人民币贬值有关，另一方面主因国内需求低迷和产能过剩的长期趋势不改，边际上来看，企业仍以去库存为主，9 月 PMI 原材料库存与产成品库存双双加速萎缩，同时叠加美元强势下的生产性大宗商品价格继续走低，进口恐继续承压前行。

贸易顺差 3 762 亿元，前值 3 680 亿元，持续高位运行。贸易顺差扩大理论上有助于扩大外汇净收入，提振市场对人民币汇率的信心，但实际运行中对汇率的支撑作用有限，主要是目前人民币贬值预期已经形成，企业和居民的结汇意愿不强，结售汇逆差和贸易顺差并存的局面

将会持续。

从汇率政策来看，人民币汇率在央行维稳之下短期企稳，再加上内外市场趋稳、央行或逐渐减少干预，这意味着外汇占款的缺口缩小，导致央行暂缓降准。但从四季度来看，人民币贬值压力和央行干预或卷土重来，届时仍需降准。一是美元加息预期只是推后没有消失，二是国内经济“破 7”在即，内外利差收窄或加剧贬值预期，三是央行持续干预的成本将越来越高，未来可能适度允许释放压力。

从国内的宏观调控来看，出口部门不可能接过金融部门的接力棒，四季度 GDP 占比超过 30%，要想拿一个不错的全年成绩，中央势必加力稳增长。一是继续保持宽松的货币政策，CPI 再度回落（猪价压力缓解），人民币企稳下资本外流压力暂缓，前期的宽松掣肘已打开，在三季度 GDP 破 7 的倒逼下，四季度降息降准一定会出现，考虑到人民币汇率短期企稳，降息可能比降准来得更快。二是加大力度稳投资。通过专项建设基金、PPP 等投融资模式推进铁路、地下管廊、棚改等重点基建项目建设。

【点评】

这篇范文的标题简洁明了，能明显看出该评论是针对我国 9 月出口降幅收窄这一现象发表的观点。开头根据该现象直接提出了作者的观点，后面则通过对人民币贬值、贸易顺差、汇率政策等方面的分析进一步论证自己的看法，并提出相关建议或想法。全文就一个事项发表评论，重心突出，观点鲜明，理论依据强。

6.4 广告文案

广告文案是一种通过文字表现广告信息的文书，也就是广告内容的文字化体现。在广告中，文案与图案同等重要，图案具有前期冲击力，而广告文案则具有较深的后期影响力。要想达到这种效果，要求广告文案的作者有较强的应用文写作能力。

新手解谜——什么是广告？

广告是指为了某种特定的需要，通过一定形式的媒体，公开而广泛地向公众传递信息的宣传手段。广义的广告包括非经济广告和经济广告，非经济广告指不以盈利为目的的广告，又称效应广告，如政府行政部门、社会事业单位乃至于个人的各种公告、启事、声明等，主要目的是推广；狭义的广告则仅指经济广告，又称商业广告，是以盈利为目的的广告，通常是商品生产者、经营者和消费者之间沟通信息的重要手段，或企业占领市场、推销产品、提供劳务的重要形式，广告的主要目的是扩大经济效益。

6.4.1 广告文案的写作原则

广告文案写作有 3 大基本原则，即真实性原则、原创性原则和有效传播原则，下面分别进行介绍。

1. 真实性原则

广告文案的真实性在很大程度上决定了消费者是否能得到真实、准确的信息，能否产生对应的符合真实状态的情绪，能否产生正确的消费意向。只有符合真实性原则的广告文案才符合“以人为本”的广告理念。广告文案人员诚实地展示真实的广告信息，是对消费者最好的服务形式。

广告文案的期望是消费者最终能够消费产品，这个目的使得广告文案的写作具有功利性，一旦作者为了功利的目的放弃对消费者的道德责任，便会大肆出现不真实的广告文案，这对于发展经济、繁荣广告市场、满足消费者身心需要等，都是十分不利的。从这个意义上讲，真实性原则是对于广告特性所可能带来的负面效应的一个强有力的遏制。

广告文案可以经由不同的媒体传播，因此传播范围相当广泛。如果是真实有效的广告，自然可以引导或带动消费者产生物质与文化的双重享受，对社会经济发展产生强有力的推动；但如果是由基于虚假信息的广告文案所造成的消费热潮，则会对消费者和社会经济环境产生不良影响，甚至造成消费者对不良生活方式的盲目追求。

因此，真实性原则是广告文案的生命所在、力量所在。如果违背了真实性原则，广告文案就会因为失真而丧失可信度，丧失了可信度的广告文案将毫无生命力，毫无价值。目前消费者对广告的怀疑、不信任的心态的存在和弥漫，就是虚假广告泛滥导致的后果。

在广告文案写作中，坚持真实性原则，就是坚持广告科学地、真正地为社会服务，坚持正向发展我国广告业。因此，真实性原则是广告文案写作的首要原则。

2. 原创性原则

原创性能够赋予广告文案独特的吸引力和生命力，广告文案如果不具备原创性，就吸引不了消费者的注意力，不能造成震撼力，更无法给消费者留下持久的印象。由于现代社会中同类产品越来越多、同质化愈演愈烈、信息发布铺天盖地、一般表现形式很难引起目标受众注意等状况的存在，原创性原则更应该作为广告文案的一个重要原则来遵循。

原创的意义并不仅仅是形式上的“想人所未想，发人所未发”，还应体现在表现手法上的原创和信息内容上的原创这两个方面。

表现手法上的原创可以是创造新的表现形式，也可以是发掘前人所创造的有意味的形式，而后运用现代的形式与理解去重新组合成一种新的形式，赋予新的含义。信息内容上的原创，主要指要让广告文案寻找到独特的信息进行表现，寻找到能让产品在同类中跳出来吸引人的新信息。

总之，原创性原则不仅要求广告文案在形式上的原创，还要求广告文案所传达信息的原创；不仅要求是首创，还要求是在传递广告信息基础上的首创；形式和信息共同造就的原创，发掘形式中的内在力量的原创才是真正意义上的原创。

3. 有效传播原则

广告文案的好坏决定了广告是否能够更有效地传播。所谓有效传播，指通过沟通，建立品牌与目标消费者之间的独特关系，赋予品牌生命和灵魂，让消费者能够轻易地将该品牌与其他竞争品牌区别开来，能够给消费者亲切的感觉。

广告作为一种有目的、有责任、以说服和诱导目标消费者产生消费行为的信息传播活动，以销售的产品作为自己的最终目的。要想更好地达到这一目的，就应当更加重视有效传播原则，使产品能够真正与消费者之间产生良性的联系。

6.4.2 广告文案的写作要求

广告文案灵活多变，富有创意，但总体而言，写作时应当遵循以下4点要求，下面分别进行介绍。

- **准确规范、点明主题**：准确规范是对广告文案写作的最基本要求，要实现对广告主题与广告创意的有效表现和对广告信息的有效传播，首先就要求广告文案中的语言表达规范完整，避免语法错误或表达残缺；其次，广告文案中所使用的语言要准确无误，避免产生误解或歧义；再次，广告文案中的语言要符合一般语言表达习惯，不可生搬硬套，自己创造众所不知的词汇；最后，广告文案中的语言要尽量通俗化、大众化，避免使用过于冷僻或专业化的词汇。

- **简明简练、言简意赅**：广告文案在语言文字的使用上，要做到简明扼要、精炼概括，要在广告文案中以尽可能少的语言和文字表达出产品的精髓，实现有效的广告信息传播；简明精炼的广告文案有助于吸引消费者的注意力，并且能让消费者迅速记住广告内容；而冗余繁长的语句则会增加消费者对广告文案反感的概率。

- **生动形象、表明创意**：生动形象的广告文案能够吸引消费者的注意，激发其兴趣，虽然图像比文字更能引起消费者的注意，但需要唤起消费者记忆时，文字却比图像的效果更好；这就要求作者在进行文案创作时尽量采用生动活泼、新颖独特的语言，不仅要更好地引起消费者的注意，还要使其“扎根”于消费者的记忆中。

- **动听流畅、上口易记**：广告文案是广告的整体构思，是一种注重听觉的广告语言，要注意语言的优美、流畅和动听，还要注意文字易识别、易记忆和易传播的特点，从而突出广告定位，并很好地表现广告主题和广告创意，产生良好的广告效果。同时，也要避免由于过分追求语言和音韵美，而忽视广告主题，生搬硬套，牵强附会，因文害意。

6.4.3 广告文案的写作格式

广告文案是由广告标题、广告正文和广告口号组成的，下面分别进行介绍。

××××	广告标题：引人注目
×××××××××××，××××××××××××××××××。	广告正文：实事求是、通俗易懂
×××××××××	广告口号：简洁明了，有趣易记

- **广告标题**：广告标题是广告文案的主题，也是广告内容的诉求重点，它的作用在于吸引消费者对广告的注目、留下印象，引起消费者对广告的兴趣，只有当消费者对标题产生兴趣时，才会阅读正文。撰写广告标题时要简明扼要、易懂易记、新颖个性。例如，某广告文案的标题“我的朋友乔·霍姆斯，他现在是一匹马了”就相当容易引起消费者的兴趣，而实际上这是箭牌衬衫的一则广告，内容是朋友死后变成一匹马，主人翁看到马后便和它攀谈起来，而后得知朋友死亡的原因是由于生前衬衣领子经常收缩，有一次不小心就让他窒息而死。主人翁惊讶地告诉它，如果早点对他说，就可以向它推荐箭牌衬衫，它们永远合身不会收缩。

- **广告正文**：广告正文是对产品及服务，以客观的事实进行具体的说明，以增加消费者对产品的了解与认识。撰写广告正文时内容要实事求是、通俗易懂，不论采用何种题材样式，都要抓住主要的信息来叙述，言简意明。如下为通过叙述加说明的方式，对产品“美肌精”所做的平面广告文案的正文。

如果，你是一位追求魅力的女性，那么，肌肤之美，将成就你的梦想。名门闺秀美肌精，蕴涵神奇的大自然能量，银杏、珍珠、灵芝、红景天……精华凝聚，为肌肤注入鲜活能量源，每一滴，都蕴藏着肌肤的至爱。肌肤细胞从此变得鲜活、充盈，富有青春生命力！让肌肤远离衰老、细纹、松弛等问题的困扰，在一天天的改变中，肌肤日臻完美。你，越来越美！

- **广告口号**：广告口号是战略性的语言，目的是经过反复和相同地表现区别于其他企业的精神，使消费者掌握产品或服务的个性。广告口号已经成为推广产品不可或缺的要素。撰写广告口号同样要注意简洁明了、语言明确、独创有趣、便于记忆、易读上口。例如前面的“美肌精”平面广告文案的口号就是“名门闺秀，充满魅力的女人”，不仅对应广告内容，而且也直接说明了产品的核心功能。

6.4.4 范文点评：电视公益广告文案

【范文】

希望在明天

甲：刚打球就下雨，难道连老天爷都不喜欢我？

乙：我们明天再打吧，明天天气一定会好的！

甲：你怎么知道明天一定会是好天气？

乙：不知道啦！但希望在明天啊！

甲：说得对！既然我们来都来了，下雨又有什么好害怕的呢？

乙：对呀！下雨也可以打球啊！

口号（画外音）：生命满希望，前路由我创。

【点评】

这则公益广告主题很明显，就是鼓励公众对生活要抱有希望。由于这则广告是电视广告，因此作者在写作这篇广告文案时考虑了后期拍摄的场景和对话语气等因素。仅就广告文案而言，这篇文案通俗易懂、言简意明，更重要的是，能引发公众的深思，能够起到让公众乐观地对待工作、学习和生活的作用，这才是这则公益广告最成功的地方。

写作训练

训练6-1 药品说明书

请根据产品说明书的写作格式，结合下面的材料写一份关于“草本抑菌乳膏”的说明书。

【背景材料】

草本抑菌乳膏由江西伟豪药业有限公司出品，主要用于皮肤抑菌，一软管的含量是15g，主要成分包括狼毒2.5%，白鲜皮1.5%、蛇床子1.5%、苦参25%、地肤子1%、薄荷脑2%、冰片2%、醋酸氯已定0.03%～0.25%、硬脂酸、纯化水等。其中醋酸氯已定0.03%～0.25%为抑菌成分，该药品对金黄色葡萄球菌、白色念珠菌、大肠杆菌有抑制作用。使用方法是将本品涂抹于皮肤不适处。

注意事项包括以下几点。

① 对本品过敏者禁用。

② 当产品性状发生改变时禁止使用。

③ 请将产品放置在儿童不能接触的地方。

④ 破损皮肤、黏膜和伤口处禁止使用。

⑤ 本产品不能代替药品。

其他信息内容为：该药品由铝塑管包装；需在密闭、常温、干燥处保存；保质期为两年；许可证号为赣卫消证字（2010）第0073号；执行标准为Q/JWHY001-2017；企业地址为东丰县恩江镇桥商工业区××××城×栋×楼东；电话××××-××××××××；传真××××-××××××××；邮政编码为××××××。

【实训分析】

产品说明书是对产品信息的说明、表述，只要将上面给出的信息进行整理之后，再按照产品说明书的格式和写作要点将信息一项项写下来，注意列项清晰即可。尤其应注意的是，药品说明书的写作应格外仔细，成分、名称一定不能写错。

训练6-2　房地产宣传广告

某房地产商开发的“广州奥林匹克花园”楼盘需要做一则广播广告文案，希望能突出该楼盘包含游泳馆、攀岩馆、乒乓球馆、武术学校等场所的优点，并点明“运动就在家门口”这个主题思想。

【实训分析】

首先，由于是广播广告，只能听见声音而不能看见内容，因此要考虑如何才能让文字和声音更具有表现力。由于专业播音的男声和女声已经司空见惯，让人感到索然无味，因此可以考虑使用童声，童声的亲切感容易让人无法抗拒。可以编排几个小学生在放学后讨论去谁家玩的场景，然后决定去某个小学生家的原因就是有游泳馆、攀岩馆、乒乓球馆、武术学校等许许多多的运动场所，最后出现旁白：“广州奥林匹克花园，运动就在家门口！”。整个对话的场景首先要能体现出校园放学的氛围，并且对话内容要天真无邪，不要让听众有戒备心理，这样才能更好地让听众接受广告宣传的内容。

思考与练习

（1）产品说明书应具备哪些特点？

（2）简述财经新闻的写作格式。

（3）说说经济评论由哪几个部分组成？各组成部分又有哪些要求？

（4）根据以下材料撰写一篇关于鲑鱼罐头的平面广告文案。

要求：体现S&W鲑鱼罐头除了盐，没有其他任何添加剂，以及只选择特别肥大的鲑鱼，要能体现鲑鱼罐头环保、健康、绿色的产品特性。

第7章

财经活动文书

在财经工作领域，难免会由于一些财经事务而举办一些活动，而财经活动文书就是指根据现实中可以利用的各种资源，对企事业单位某个未来的活动进行策划与安排，并以书面材料的形式展现出来的应用文书。本章将对营销策划书、广告策划书和会展策划书这3类常见的财经活动文书进行介绍。

知识目标

① 了解营销策划的原则。
② 掌握营销策划书的写作格式。
③ 熟悉广告策划书的特点。
④ 掌握广告策划书的写作格式。
⑤ 掌握会展策划书的写作格式。

技能目标

能够正确且熟练地撰写营销策划书、广告策划书和会展策划书。

7.1 营销策划书

营销策划指根据企业的营销目标，设计和规划企业产品、服务、创意、价格、渠道、促销，从而实现个人和组织的交换过程的行为。营销策划书则是指企业进行整体规划的计划性文书。

7.1.1 营销策划的原则

营销策划是一个非常系统的项目，要想写出优秀的营销策划书，需要注意以下 4 项原则，即系统性原则、创新性原则、操作性原则和经济性原则，下面分别进行介绍。

- **系统性原则：**营销是系统性的企业经营活动，是对市场营销中的信息流、商流、制造流、物流、资金流和服务流进行管理的活动。因此，对营销方案进行策划是一项复杂而系统的工程，策划人员必须以系统性为指导，对企业营销活动的各种要素进行整合和优化，使营销策划能够做到“六流”皆备，相得益彰。
- **创新性原则：**在个性化消费需求日益明显的环境下，通过创新，创造与顾客的个性化需求相适应的特色产品和服务，是提高产品效用和品牌价值的关键。创新带来特色，特色不仅意味着与众不同，还意味着额外的价值。在营销方案的策划过程中，作者必须要在深入了解市场环境，尤其是顾客需求和竞争者动向的基础上，努力营造能够增加产品价值和效用、为顾客所欢迎的特色产品和服务。
- **操作性原则：**营销策划的结果是要形成营销方案，营销方案必须具有可操作性，否则就毫无价值可言。所谓可操作性，则表现为在营销方案中，策划者根据企业营销的目标和环境条件，就企业在未来的营销活动中应做什么、何时做、何地做、何人做、如何做等问题进行周密的部署、详细的阐述和具体的安排。营销方案一旦付诸实施，企业的每一个部门、每一个员工都要能明确自己的目标、任务、责任以及完成任务的途径和方法，并懂得如何相互协作。
- **经济性原则：**营销策划必须以经济效益为核心。营销策划的经济效益是指策划所带来的经济收益与策划和方案实施成本之间的比率。成功的营销策划可以在策划和方案实施成本既定的情况下为公司获得最大的经济收益，或能够花费最小的策划成本和方案实施成本取得目标经济收益。

7.1.2 营销策划书的写作格式

营销策划书由许多要素构成，但并不是每种要素都必须出现在每一项策划书中。下面来认识 10 种最常用的要素分别进行介绍。

<table>
<tr><td rowspan="10">××××营销策划书
××××××××，××××××××。
（一）××××××××
（二）××××××××
××××××××，××××××。
××××××××，××××××××。
××××××，××××××××。
×××××××××，××××××××。
×××××××，××××××××。
××××××××，×××××。
××××××××，×××××××。</td><td colspan="2">封面：包括标题、客户名称等</td></tr>
<tr><td colspan="2">前言：营销策划书的大概内容</td></tr>
<tr><td colspan="2">目录：便于了解营销策划书的整体结构和方便查看具体内容</td></tr>
<tr><td colspan="2">概要提示：策划大致要点</td></tr>
<tr><td rowspan="5">正文</td><td>市场机会与问题分析</td></tr>
<tr><td>预算</td></tr>
<tr><td>进度表</td></tr>
<tr><td>人员分配及场地</td></tr>
<tr><td>结束语</td></tr>
<tr><td colspan="2">附录：与策划相关的各种资料</td></tr>
</table>

- **封面：**营销策划书的封面可包含策划书的名称、该策划的客户、策划机构名称或策划

人姓名、策划完成日期及本策划适用时间段等内容。

- **前言**：前言或序言是写于策划书正式内容前的情况说明。前言应简明扼要、一目了然，最多不要超过500字，简单的营销策划书可以省略该部分；前言的内容主要是说明策划的重要性与必要性、策划的过程及预期达到的目的等。
- **目录**：封面引人注目，前言使人感兴趣，目录的作用是让读者了解策划的全貌；目录除了具有与标题相同的作用之外，也应使读者能方便地查询营销策划书的内容。
- **概要提示**：概要提示主要用于对策划内容的要点进行提示，使读者在阅读内容前，能够对营销策划书的内容有一个大致的了解，概要提示同样应简明扼要，篇幅不能过长，一般控制在一页纸内即可，在一些营销策划书中，概要提示也可以省略不写。
- **市场机会与问题分析**：营销方案是对市场机会的把握和对营销策略的运用，因此分析市场机会是制定营销策划的关键，找准了市场机会，营销策划就成功了一半，另外，还应当针对营销中存在的问题点和机会点进行分析，提出达到营销目标的具体方案。具体方案主要包括本产品的市场定位是什么， 本产品的4P's组合具体是怎样的？

经验之谈

市场营销组合又称为4P's组合，即产品（Product）、价格（Price）、分销（Place）、促销（Promotion）4大营销要素的综合应用与优化组合。

- **预算**：预算是指整个营销方案推进过程中的费用投入，包括营销的总费用、阶段费用、项目费用等；预算的原则是以较少的投入获得最优效果；预算通常以表格的形式列出，一目了然，醒目易读。
- **进度表**：进度表是由策划活动的起止全部过程拟成的时间表，具体到何日何时要做什么；作为策划进行过程中的控制与检查依据，进度表应尽量简化，可以借助表格来组织数据。
- **人员分配及场地**：人员分配及场地部分内容，应说明具体营销策划活动中的各个人员负责的具体事项及所需物品和场地的落实情况。
- **结束语**：一般结束语在营销策划书中是可有可无的，主要是起与前言呼应的作用，让策划书有一个圆满的结尾，不至于让人感觉太突兀。
- **附录**：凡是有助于读者理解策划内容、获取读者信任的资料都可以考虑列入附录，包括各种原始资料，如消费者问卷调查的样本、座谈会原始照片等。

7.1.3 范文点评：化妆品营销策划书

【范文】

化妆品营销策划书

朱砚斋化妆品有限公司

第一章 策划目的

“朱砚斋”化妆品有限公司是一家集科研、生产、销售为一体，日化线、专业线并存的大型跨国企业集团，于2001年。经过企业全体员工的努力，企业已经有所成就，成为中国最具发展潜力的化妆品企业之一，……

第二章 营销环境分析

第一节 市场机会和环境分析

1. 市场机会

朱砚斋诞生于 2001 年，在上海、沈阳和郑州均设有自己的工厂，曾成功开发和推广了多款火爆全国的美容品牌。目前，朱砚斋在全国拥有 109 家代理商、7 500 家加盟店、600 多个商场形象专柜，被誉为 2000 年以来中国飞速崛起的日化品牌之一……

2. 环境分析

出现经济危机后，股市一路下跌，人们的收入减少，不少人面临失业的境况。就连欧莱雅、迪豆、丁家宜、法国馥佩、李医生、玉兰油等品牌也深受其害，面对这种状况，我们应该严抓自己的产品，并对市场进行细分，以积极的姿态面对经济危机这个挑战。

第二节 微观分析

（1）在每年的化妆品购买支出方面，近半数的女士在 1 000 元以内，近 1/3 的女士在 1 001 至 2 000 元……

第三章 SWOT 分析

第一节 威胁

（1）由于现在出现了经济危机，食品界也出现了一系列问题，严重影响了人们对市场上的各类产品的认可度……

第二节 机会

（2）我国于 2007 年颁布了《化妆品标准管理规范》《2007 年化妆品卫生规范》，新的法律法规使得不少中小型化妆品企业面临被洗牌的命运，也淘汰了无法按正规模式运作的企业；2009 年 7 月，由于化妆品行业中部分国际巨头进行了多次调价，部分化妆品生产企业已经被淘汰出局……

第三节 “朱砚斋”企业的优势

（1）朱砚斋目前已发展成为集科研、生产、销售为一体，日化线、专业线并存的大型跨国企业集团，也是目前中国规模最大、实力最强，最具发展潜质的美容、化妆品企业之一……

第四节 “朱砚斋”企业的劣势

（1）企业成立较晚，很难和著名大企业比较……

第四章 目标市场分析

第一节 市场细分

（1）目前各大品牌化妆品在市场上均占有很大的份额，我们必须创造属于我们自己的品牌特色……

第二节 市场定位

正值炎热的夏季，对于大多数爱美的女性而言，现在非常有通过使用化妆品保护自己的皮肤的必要。现在的白领女士很多，在校大学生数量也逐年增长，而我们选定的目标客户就是这些年轻的女士和在校的大学生……

第三节 产品定位

通过使用“朱砚斋”的化妆品，可以改善使用者面部微循环，促进皮肤的新陈代谢，使皮肤恢复到健康状态，为皮肤更好地吸收各种营养成分做好准备，满足广大年轻女性消费者的需求……

第五章 营销策略的制定

首先，我们必须要和更多国际知名企业联合，并从他们的经营中了解国际上的政治、文化、经济等情况……

第六章 营销策略的应用

第一节 产品（以CHCEDO朱砚斋柔和玫瑰水为例）

产品的成分：桑根精华液、芦荟鲜汁、啤酒花、海藻精华、透明质酸、玫瑰果萃取液……

第二节 销售渠道

促销的作用就在于通过沟通买卖双方，使得各自的信息得以交换，我们可以采用对产品进行大规模促销的营销策略。在学校市场这一部分，主要是以学生代理的销售形式为主，以店铺为辅，如POP广告、形象促销专用台、宣传手册小姐形象促销等促销方式……

第七章 费用预算

在网上建立商店，网站的设计及维护费用4 000元，网络广告费用5 000元，电子邮箱费用5 000元，活动费用及奖品费用10 000元，费用总计24 000元。

第八章 结束语

由上文的分析可以看出，化妆品行业还是很有潜力的，我们的产品在学生界、年轻女士化妆品行业中有很大的突破口……

【点评】

这是一篇关于化妆品的营销策划书，这篇策划书通过对策划目的、营销环境分析、SWOT分析（即优势、劣势、机会、威胁分析）、目标市场分析、营销策略制定、营销策略应用、费用预算等方面的阐述，详细说明了该产品的营销策划方案。对于当时的环境而言，该策划方案是比较准确和到位的，就事后来看，该产品也取得了非常不错的销售效果，由此可以证明营销策划书对企业产品销售的重要性。

7.2 广告策划书

一项活动要想取得成功，离不开一份内容精心完备的策划书，广告也不例外。广告策划书又称广告企划书，是广告经营单位在广告主的委托下，以市场调查研究为基础，对广告传播活动进行预想、策划与撰写，并提交给广告主审核认可后，为广告活动提供的实施计划与指导的书面材料，是让广告活动得以顺利展开的一种文书。

7.2.1 广告策划书的特点

广告策划书是为实现广告促销目标而进行的整体统筹计划，具有以下4个特点，下面分别进行介绍。

- **整体性**：广告策划书的撰写涉及广告活动的方方面面，是由若干相互联系和相互作用的要素所构成的有机整体，每个环节环环相扣，共同发挥作用。作者撰写广告策划书时要站在整体的角度来构架框架，有计划、有组织、有逻辑地进行统筹是撰写广告策划书的必然要求。
- **前瞻性**：从操作顺序上看，广告策划书是在广告活动开始之前拟制的，因此，企业在正式实施广告活动前，会对广告策划的内容进行调查研究，包括对企业的生产与营销、市场环境与机会、竞争对手等状况的了解，以确定广告活动中所涉及的广告目标、对象、媒介、预算、设计、制作等事项，确保广告活动的顺利完成。

- **目的性**：撰写广告策划书的目的是实现促销目标，根据不同的策划目的，广告策划书的写作重点也不相同。例如，扩充市场份额、完成销售目标、企业管理升级等不同的策划目标就有不同的调研方向与内容框架，因此目的性是广告策划书的重要特性。
- **指导性**：广告策划书是对广告活动的整体策划，策划的结果就是广告活动的蓝图，广告策划书是实施、执行广告活动的指导性文书，对广告活动中各个环节的工作以及各个环节的关系处理都有参考和引导作用。

7.2.2 广告策划书的写作格式

广告策划书一般由封面、目录、前言、正文和附录5部分组成，下面分别进行介绍。

<table>
<tr><td rowspan="5">××××广告策划书
（一）××××××××
（二）××××××××
×××××××××，××××××。
×××××××××，×××××××××。
××××××，××××××××。
×××××××××，×××××××××。
××××××××，××××××××。
×××××××××，×××××。
××××××××，××××××××。</td><td>封面：包括标题、策划组名单等</td></tr>
<tr><td>目录：便于了解营销策划书的整体结构和查看具体的内容</td></tr>
<tr><td>前言：概述营销策划书的主要内容</td></tr>
<tr><td>正文：包括市场分析、产品分析、消费者分析、竞争分析、广告策划、广告诉求对象、广告表现策略、广告投放、广告发布计划以及广告活动的效果预测和监控等内容</td></tr>
<tr><td>附录：与策划相关的文本与资料</td></tr>
</table>

1. 封面

广告策划书与营销策划书一样，应有一个要素齐备的封面，上面须注明广告策划书的标题、策划小组的名单、文书完成日期等内容。

2. 目录

在广告策划书的目录中，应该列出广告策划书各个部分的标题，必要时还应该将各个部分的联系也以简明的图表体现出来，一方面可以使策划文书显得正式、规范，另一方面也可以便于读者根据目录找到想要阅读的内容。

3. 前言

作者应在前言部分说明制定本策划书的缘由，包括企业概况、企业处境和企业面临的问题等，以及通过该策划想解决的问题、做出的构想等，让客户对策划书的重要内容有大概的了解。

4. 正文

正文的内容基本与目录所展示的一致，一般可将广告策划书的正文分成以下7个部分。

（1）市场分析

市场分析指对广告主的市场背景资料的分析，例如市场规模与文化背景、市场的构成、广告主的市场份额、未来的市场变化趋势、广告主的销售额、广告主的优势、劣势、威胁与机遇等。

（2）消费者分析

消费者分析指对消费者的总体消费趋势、现有消费者的消费行为、所属阶层、对产品的要求和满足程度等的研究与分析。

（3）产品分析

产品分析指对产品特征、功能、价值、形象定位、生命周期、消费者对产品形象的认知、产品定位等的分析与总结。

（4）竞争对手分析

竞争对手分析要求作者分析竞争对手的市场占有率、消费者，竞争对手的广告策略、广告定位、广告活动、广告媒介、广告效果，以及与自身的比较。

（5）广告策略

广告策略指广告的目标、市场策略、广告诉求、广告诉求对象、广告诉求重点、广告表现策略、广告媒介、广告发布计划等。

（6）广告预算及分配

广告预算及分配指广告的调研策划费用、广告制作费用、广告设计费用、媒介使用费用、活动费用等。

（7）广告活动的效果预测和监控

广告活动的效果预测和监控包括对广告主题、创意、文案的测试和对发布媒体以及广告效果的监控。

5. 附录

凡是有助于广告受众对策划内容的理解、信任的资料都可以考虑列入附录，包括市场调查问卷、市场调查报告等。

7.2.3 广告策划书的写作注意事项

撰写广告策划书时，需要注意以下写作事项，以避免在写作时出现常识性错误，下面分别进行介绍。

（1）抓住广告的重点需求，为写好广告策划做深入细致的研究。

（2）质量并重，在策划过程中能不断做出调整，以适应地点、时间、媒介手段、广告对象的变化。

（3）精心组织信息，不仅要能尽量归集第三方信息，还可以要求向广告的有关部门提供资料，应将信息分门别类地处理好，使广告策划书信息充足、可信力强。

（4）创意突出、有风格，可操作性高。

（5）用语简洁精练、编排严谨、写作规范，能干净利落、清晰准确地传达重要信息。

7.2.4 范文点评：婚庆公司广告策划书

【范文】

××婚姻公司广告策划书

目录（略）

一、前言

××婚庆公司成立于20××年2月14日，是一家集婚庆司仪、婚庆策划、婚纱礼服、婚纱摄影、婚礼花艺、婚车租赁、婚庆用品、舞台设备租赁、婚礼歌曲、会场布置于一体的专业婚庆公司。我们有着“诚信为本、顾客至上”的服务理念和专业的策划团队，专为各位新人打造独一无二的婚礼……

二、市场分析

（一）中国婚庆行业市场分析

通过对电视、互联网、社交娱乐平台等的了解与观察可知：当前人们在解决了温饱问题的基础上，对优质生活的要求越来越高。新婚消费需求现状统计表明，近年来我国每年约有1 000万对新人登记结婚，全国每年因结婚产生的消费总额高达3 500亿元人民币。到2010年，我国的婚庆综合消费能力将达数千亿元人民币，发展前景不容小觑。在婚庆产业快速发展的过程中，婚庆相关企业也越来越注重品牌服务和规模经营，高层次的婚庆服务也在不断增多，整个行业都在为满足当代青年多元化、时尚化、个性化、追求浪漫服务的婚庆需求而努力，婚庆产业的产业链正在逐步形成。

（二）新婚消费结构

统计显示，全国每对新人消费结构为：影楼婚纱照3 526元，结婚珠宝首饰5 659元，婚纱礼服2 008元，婚庆礼仪7 464元，喜宴水平（不含酒水）1 030元/桌，新居装修5.628 9万元，蜜月旅游9 304元，家用电器16 533元，家具17 263元等，仅仅这些新婚项目的消费已达38 646元。

……

三、消费者分析

结婚不是一个人的事情，而是两个家庭的结合。双方父母都想要自己孩子的婚礼办得热热闹闹，这是天下父母的心愿。现在很多年轻男女举办婚礼，都需要自己父母来买单……

从以上分析可以看出，我们的主要消费群体是家庭情况还不错的年轻男女，以及一些想要拍婚纱照的中年夫妇。

四、竞争对手分析

××原创婚纱摄影：17年老店，价位6 000元左右，拍照水平一般，无官方网站，服务态度一般，没有会场布置的服务……

××摄影工作室：有制作精美的网站，价位在10 000元左右，拍照水平中等偏上，服务态度良好，反映较好；门店装修精美，但地理位置较偏；提供婚车租赁服务……

我们的优势在于……

我们的劣势在于……

五、产品分析

（一）产品经营范围

我们的产品经营范围包括婚礼主持、摄影摄像、婚纱化妆、场地布置、婚车租赁、鲜花乐队、婚宴组织等。顾客就是上帝，我们将统一为顾客提供婚礼必需品。当然，我们也有专业的策划团队，可以根据顾客的需求为客户精心准备客户所需要的产品和服务，以最大限度地满足您的需求。（略）

……

六、广告战略

（一）广告目标

将名门盛典婚庆服务在本市的市场占有率提高到30%以上。

品牌的知名度达到60%以上。

消费者在××市以名门盛典婚庆服务为首选的目标率达到20%以上。

消费者在××市以名门盛典婚庆服务为第一品牌率达到50%以上。

（二）广告的目标市场地域

1. 地域

郑州城郊区，以城区为主要目标地域。

2. 群体

我们向新婚或中年夫妻提供婚礼主持、摄影摄像、婚纱化妆、场地布置、婚车租赁、鲜花乐队、婚宴组织等服务。

（三）广告策略

方案一：视频。

广告主题：最幸福的人。

运用手法：蒙太奇思维。

画面背景：中国传统的婚礼，洞房花烛夜，新郎进入洞房（怀着喜悦与兴奋），走到新娘（凤冠霞帔）面前，新娘端庄地坐在床头，新郎拿起秤杆轻轻地挑起新娘的盖头，新娘羞答答地低下头了。

特写：新娘脸上泛起红晕，洋溢着幸福。

背景音乐：中国喜庆的唢呐曲。

……

（四）广告投放时间和相关安排

投放时间：选择在结婚旺季的前期，例如，五一之前与十一之前。

投放力度：广告投放之前，首先要进行对市场规模的预测，从而确定广告的投放力度。

……

（五）广告媒介

网络广告媒体：根据年轻男女的兴趣爱好，可在游戏网站、小说网站、音乐网站、旅游网站、微博、各大论坛、邮箱、电影视频网站、购物网站（淘宝、天猫、聚美优品）等网络广告媒体进行网络宣传。

电视广告：选择地方都市频道、电视剧频道，例如××频道。

报纸广告：选择《××报》《××日报》等××市人经常阅读的日报或者时尚报纸杂志等。

网络投放：选择《××婚庆网》《红豆社区》《××信息网》等网站。

相关合作企业的宣传单发放：选择婚纱店、鲜花店、结婚用品店、酒店、婚礼租车行等。

相关娱乐场所的宣传单的发放：选择咖啡厅、茶庄等。

其他场所：各大超市、电梯、公交站台、公交车身等。

七、广告预算及分配

下面对本次广告策划的费用做一个预计，根据……

广告经费预算表

项目	金额（元）
网络广告媒体	30 000
电视广告	50 000

续表

项目	金额（元）
新闻报纸广告	20000
财经杂志	20000
宣传页、宣传册一万张	5000
条幅、标语 100 条	5000
超市、电梯内广告	20000
……	……
共计	180000

八、广告效果预测和监控

广告的投放力度决定了消费者对产品的反映的强烈程度，由推销及促销活动体现消费者对产品的接受程度。产品本身质量会与广告的效果产生叠加，因此，及时检测广告发布效果，根据市场反馈信息随时修正宣传中不完善的部分，强化效果显著的部分，争取达到最佳的广告效果。

附件：2016 年各地结婚人口数量统计

××婚姻观调查问卷

……

【点评】

这篇广告策划书要素齐全，格式规范，对市场、消费者、产品等都进行了相应的分析。其广告战略也十分详尽，不仅提出了广告目标，还点明了广告需求人群，提供了广告的具体策略与投放渠道，对策划中的广告情景也做到了描述到位。文末还包括经费预算、附件等内容，条理清晰、框架明朗，是一篇值得参考的广告策划书范文。

7.3 会展策划书

会展策划书是策划者针对即将举办的展览活动所撰写的关于策划与营销的应用性文书。会展策划书要求内容全面规范，能有效指导会展活动的一切活动流程与操作。

7.3.1 会展策划书的作用与类型

1. 会展策划书的作用

撰写会展策划书是会展筹备阶段一项十分重要的工作，它体现了主办方与承办方关于整个会展活动的构想与安排，是举办会展活动不可缺少的文件。会展策划书主要具有以下 4 个方面的作用，下面分别进行介绍。

- **决策规划作用：**由于会展策划书是建立在科学预测、理智分析和大胆创意的基础上的，同时还要经过严格的咨询和论证的程序才能产生，因此，会展策划书的内容十分科学、合理，能为会展活动提供决策依据。
- **进程制约作用：**会展策划书中对会展的举办时间和具体的活动流程都做出了安排，会展一般都会进行 2～3 天，每天都有不同的活动安排，因此会展策划书一旦制定并通过之后，对会展流程的制约作用就比较明显。

- **规范运作作用：**会展策划书会对整个会展的进行流程做出严格的安排与把控，不管是主持流程还是嘉宾、观众进场等，都有专人引导和时间限制，在筹备阶段和会展现场，也有专门负责相关事宜的人。因此，按照会展策划书的内容进行安排，能更好地把控会展活动进程，维护会场秩序。
- **战略指导作用：**一个全面的会展策划书包含从会展构想到方案确定、具体实施以及事后评估的全过程，一经确定，就能指导且引导会展的筹备，以及展开的各项活动的具体实施。

2. 会展策划书的类型

会展策划书可以分为以下 4 种类型，下面分别进行介绍。

- **按会展策划书的内容分类：**可将会展策划书分为涉及会展策划的所有文案内容的整体方案，或针对会展活动某一部分的专项方案。
- **按会展策划业务的工作阶段不同分类：**可将会展策划书分为调查业务策划，实施业务策划，以及分析、判断业务策划等。
- **按策划频率分类：**可将会展策划书分为：一定周期内必须重复进行的周期性策划，如半年性会展策划、季度会展策划等；一定时间阶段内必须重复进行的阶段性策划，如公司不同发展阶段中的战略策划和战术策划等；或一次性的单独策划这 3 种类型。
- **按策划的动机分类：**可分为谋求委托者认可的依赖性会展策划，为达到企业自己目的而独立进行的自主性策划，以及企业为获取最大利益而主动制定的主动性策划。

7.3.2　会展策划书的写作格式

会展策划书一般由标题、目录、正文与结尾 4 部分组成，下面分别进行介绍。

<table>
<tr><td rowspan="4">×××××××
×××××××，×××××××。
××××××××，××××××××。
××××××，××××××××。
×××××××××，××××××××。
××××××××，×××××××××。
××××××××，××××××。
×××××××，×××××××。</td><td>标题</td></tr>
<tr><td>目录</td></tr>
<tr><td>正文：包括会展地点、时间、办展机构或单位等基本情况、环境分析、办展频率、会展定位、展品范围、宣传推广、会展具体布置和进度表、会展经费预算以及会后评估等</td></tr>
<tr><td>结尾：策划组署名</td></tr>
</table>

- **标题：**标题一般由“会展名称+文种”组成，如“贵州茅台酒展览会策划书”“旅游会展策划方案”，也可在具体会展前加上时间信息，如“2011 年 7 月秦皇岛南戴河荷花节 · 中国南戴河国际雕塑展展览策划”，总之，要尽可能具体地写出策划的名称。
- **目录：**会展策划书的目录和其他的策划书一样，会展策划的内容较多，设立一个目录可以使读者更清楚地了解到文章的框架与结构，使其对策划内容有一个大概的了解。
- **正文：**正文的内容包括：活动背景，如基本情况、组织机构、活动开展原因、环境优劣势分析（SWOT 分析）等；展品范围，即会展的展览面积、参展单位、观众人数等；办展频率；会展定位；宣传推广；活动具体开展，这部分需要按时间顺序进行安排，包括会场布置、人员分工、会场服务、灯光、音响、摄像、交通、联络、会后清理人员、餐饮招待等方面的事宜；会展经费预算；活动中的注意事项；会展相关活动等会展补充安排以及策划评估等内容。不同的会展策划的内容也不同，但基本包括以上的内容。

经验之谈

会展经费预算一般是对场地费用、公司行政管理人员工资及办公费用、宣传费用、招展与招商费用、活动经费和其他费用的一个预估与统计。但在如动漫展等会展策划书中，预算中还需统计包括会务费、展位费、门票费、企业赞助费等收入。

- **结尾：**会展策划书的结尾须备注策划人的署名，并附上成文日期。在很多会展策划书中，这一步常被省略，或是将其注明在标题之下，或是在策划正文中就已包含相关策划人员。

7.3.3 范文点评：关于××酒文化的会展策划书

【范文】

××酒文化会展策划书

目录（略）

一、会展基本信息

（一）会展概述

会展名称：2017年第一届××酒文化展览会

布展时间：2017年6月8日至10日

展出时间：2017年6月11日至13日

会展地点：××国际博览中心

主办单位：××××酒有限公司

承办单位：××××文化促进中心

主题：把酒问月

（二）会展平面图与功能分区

（图略）

（三）会展路线分析

公交路线：地铁6号线（方向）、685路、572路、博览中心专线（博览中心–鸳鸯）

（图略）

（四）办展频率

一年两届

（五）参展范围

展厅面积：200平方米，参展产品锁定为年份董酒、悠董酒、经典董酒、贵董酒、珍品董酒、特级国密董酒……其余面积用于举办各项专题活动。

二、办展环境分析

（一）市场环境

从目前的白酒市场来看，区域名优品牌有强劲的发展空间，譬如江苏的洋河、山西的汾酒、安徽的古井贡酒、四川的沱牌舍得等，各地的名优白酒品牌在近几年的发展中强势突围，在白酒市场已经逐渐拥有一定的市场竞争力。

……

（二）宏观环境（略）

（三）微观环境（略）

（四）传统白酒的优劣势（略）

（五）SWOT 分析对应措施（略）

三、会展进度表

（一）会展日程安排

1. 布展时间：2017 年 6 月 8 日 9:00AM—17:00PM
　　2017 年 6 月 9 日 9:00AM—17:00PM
　　2017 年 6 月 10 日 9:00AM—17:00PM

2. 展览时间：2017 年 6 月 11 日 9:00AM—17:00PM
　　2017 年 6 月 12 日 9:00AM—17:00PM
　　2017 年 6 月 13 日 9:00AM—17:00PM

（二）会展进度表

第一阶段：进行报备 3.20—3.31（日期）

1. 为举办展览会须向当地工商管理部门登记，登记的内容包括展览会的名称，主办、承办机构，举办地点，时间，展品范围等。

2. 组织机构须提前向当地公安部门报备，以便当地公安部门掌握相关情况，预防发生危及公共安全的事故。

3. 展览会组织机构须向交通管理部门提前报备，同时，对于平常不允许货运汽车通行的道路，经申请获准的展览会可由城市公共交通管理部门核发专用的货运汽车通行证。

4. 展览会组织机构须向举办地知识产权管理部门提前报告展览会的有关情况，知识产权管理部门可以视需要在展览现场设立临时机构，以处理展览会有关知识产权问题方面的投诉。

第二阶段：确定场地资料 4.01—4.10（日期）

……

第十阶段：客户资料入库 6.11—6.20（日期）

寄出公司感谢贺卡与纪念书签

四、会展现场管理计划

（一）会展现场布置

在举办开幕仪式之前，首先要将开幕现场布置好，为会展开幕和观众参观做充分准备。

（二）VIP 接待

贵宾应给予特别的对待，从到达会展地点到出席开幕仪式直到离开会展地点都要进行周到的安排，对于重要贵宾还需要事先制定接待计划，上报有关负责部门和相关人员审定后执行。

（三）媒体的管理与接待（略）

（四）会展设备设施的管理（略）

（五）会展现场的安全管理（略）

五、会展人员安排

（一）会展筹备人员安排

1. 策划筹备组

组长：××

组员：××、××、××

主要工作职责：筹备进度控制

决定筹备展览议程

协调各组工作

2. 秘书组

3. 招商组

4. 招展组

5. 会展前期宣传组

6. 公关组

（二）会展现场管理安排

1. 综合服务组

2. 宣传组

3. 安保组

4. 现场组

5. 医疗救护组

六、宣传推广

（一）宣传单派发（略）

（二）新媒体合作（略）

……

七、会展现场活动

（一）活动目标（略）

（二）媒体组织（略）

（三）相关活动策划（略）

八、经费预算

（一）展览场地及相关费用

展览场地及相关费用 共计 329 100 元，其中：……

展览场地租金费：××市国际博览中心 10 个展位共计……

（二）宣传推广相关费用（略）

（三）筹备相关费用（略）

（四）其他相关费用（略）

九、展后评估

（一）效果评估

通过终端走访、朋友了解、谈判沟通、实地考察等方式对潜在客户进行全方位的调查了解，在对合作条款做出评估后报公司审批，有条件的情况下，可再将几家意向客户进行横向对比，择优合作。

组委会联系方式：××××

地址：×××××××××××××

传真：××××××

邮箱：××××××

网址：××××××

（二）问卷调查（略）

策划单位：××××××（名称）

成员：××、××、××

2017年×月×日

【点评】

会展策划书的内容较多，本篇范文对从会展的基本信息，到展品范围、会展计划进度、现场管理方案、活动计划、人员分工、宣传、经费等有关内容都描述到位，内容具体翔实，可操作性高。撰写会展策划书应遵循这样的要求，只有具体事项都落实到位，才能使整个会展活动顺利进行，并有效预防会展现场可能出现的意外状况，同时也能更好地获得主办方的信任。

写作训练

训练7-1　网络营销策划书

广西金花茶业有限公司需要对其系列产品进行网络营销推广，现需要撰写一篇网络营销策划书，从营销环境、SWOT分析、组合策略、推广方式、经费预算、评价指标等方面进行全方位策划。

【背景材料】

（1）营销环境分析：韩国丽水世界博览会将于2012年5月12日至8月12日举办，金花茶将全程亮相这一届世博会……，金花茶原料珍贵，价格偏高……，市场定位于白领或者成功人士，属于送礼佳品……

（2）SWOT分析：“金花茶业”历史悠久，具有企业优势……，没有充分利用网络这个平台……，金花茶业在国内只有广西是产地……，广西金花茶行业的竞争对手较多……。

（3）组合策略：绿茶系列、茉莉花茶系列、六堡茶系列……；金花茶采用撇脂定价法，金花茶都是走高端路线，价格定得高，以获取较高的利润，在产品周期的初期就能收回研发成本和费用……，在渠道策划阶段，我们可以通过渠道的长度、宽度、广度和渠道系统4个方面来选择……广告促销、销售促进、关系营销……

（4）推广方式：企业的网站已经建好，接着就是推广网站，推广网站的目的是为了让即将成为我们客户的群体以及我们确定的消费群体知道我们企业的网站，这也是为让我们企业在行业内树立良好形象，占有一席之地做准备工作……

（5）经费预算：……

（6）评价指标：网络营销的优点就在于对效果的评估可以更全面、及时和精准，这是传统媒体无法比拟的，而在中国互联网的特定环境里，应该怎样去采集和分析数据……

【实训分析】

首先可以利用“前言”部分对金花茶进行普及推广，让消费者先了解金花茶，这样才能更好地了解本公司的金花茶产品；营销环境分析可以从市场环境、产品价位和客户的角度来分析；组合策略分析可以从产品组合、价格组合、渠道组合、促销组合的方面策划，推广方式重点考虑各种免费推广，如软文、病毒营销、友情链接、发帖等，以及传统的付费推广和网络付费推广。

训练7-2　会展策划书

××市人民政府与××省旅游局拟联合举办一场关于四川旅游的展览会，请从会展基本信息、展品范围、展会规模、展会定位、展会人员分工、展会开幕及现场管理方案、展会期间活动方案、展会筹备进度方案、宣传计划及预算方案等方面，撰写一篇会展策划书。

【背景材料】

（1）展会基本信息：此次“四川旅游展览会”由成都市人民政府、四川省旅游局主办，四川旅游发展集团和中国国际旅行社承办，成都世纪城新国际会展中心协办，定于2016年6月1日—3日上午9点到下午5点开幕。

（2）展品范围：四川省内的景点、景区及相关服务，四川省内的酒店集团、单体酒店、度假村、精品酒店、酒店管理公司，航空公司；四川省内轿车租赁公司，旅游装备公司，与四川景点相关的全国各地旅行社，旅游相关的电视媒体和网站等。

（3）展会规模：展览地点是世纪城国际展览中心的一号馆主馆单馆，共计1.15万平方米，参展单位数量分别为四川省内景点及景区100个，四川省内的酒店集团、酒店、度假村、精品酒店、酒店管理公司50个，航空公司6家，四川省内轿车租赁公司30家，旅游装备公司30家，与四川景点相关的全国各地旅行社50家，旅游相关的电视媒体和网站50家，参观展会的观众预计为10万人。

（4）展会定位：展现××省的旅游自然风光与人文景观特色，深度挖掘××省的旅游度假产品。

（5）展会人员分工方案：首先分为招展分工与招商分工两种。

① 招展分工：项目部——展会与招展项目说明
市场营销部——寻找目标参展商和观众
策划部——招展方案设计

② 招商分工：组织部——招展及招商工作的组织管理
展物协调部——签订会展产品营销合同
展物协调部——材料样品准备
综合协调部——展位布置
服务部——人员配备与服务解说
客商邀请部——会后跟踪调查

（6）展会开幕及现场管理方案：展会开幕式2017年6月1日上午9点召开，内容依次是：主持人介绍到场贵宾，政府领导、主办方、承办方、参展商代表讲话，嘉宾代表为展会剪彩，由××省旅游局局长介绍本届展会的主要内容并宣布“2017年第一届四川旅游展览会”正式开始，现场服务管理分为具体的VIP服务管理、媒体服务管理、专业观众服务管理、餐饮安全服务管理、交通服务管理、人身安全服务管理、参展商的服务管理和展会现场服务管理等。

（7）展会期间活动方案：展会目的是塑造和传播四川城市形象，打响四川旅游知名度、提高四川竞争力和影响力，树立旅游品牌，带动四川的经济发展，吸引投资商、企业家到四川投资……具体活动应是与四川景点有关的活动。

（8）展会筹备进度方案：2017年5月—2017年6月，与成都世纪城新国际会展签订合同、选择一个总服务承包商进行展会总体服务部署、确定招商渠道及措施、向预期参展商发出第一批邮件；2017年7月在四川电视台、四川文化旅游频道、成都电视台、成都商报、成都晚报、华西都市报、旅游新报等相关媒体及刊物上进行第一次新闻发布……

（9）宣传计划：新闻发布会，借专业媒体、新媒体推广……

（10）预算方案：会展场地费用、展会招展与招商的费用、宣传推广费用……

【实训分析】

这篇策划书是根据罗列出来的信息及该文体的写作格式来撰写的，先介绍展会的基本信息，然后根据每个部分涉及的内容进行叙述，尤其是现场管理服务、展会活动方案和展会筹备进度方案的内容要进行适当补充，最后进行整个策划的预算总结，最好对各项费用预估到位。

思考与练习

（1）简述营销策划书的写作格式。

（2）在下面的方框中写出广告策划书的模板，并进行说明。

（3）请简要概述会展策划书由哪几部分组成。

第8章

财经契约文书

财经契约文书是机关、企事业单位在政治与经济活动中较常使用的一种的文书，是双方为了各自的利益，在平等商洽的基础上，以文字的形式将共同议定的事项记录下来，并签订的具有约束力较强的契约性文书。财经契约文书包括商务函电、招标书、投标书、合作意向书、协议书和经济合同等。

知识目标

① 了解商务函电的特点。
② 掌握商务函电的写作格式。
③ 熟悉招标书的特点。
④ 掌握招标书的写作格式。
⑤ 了解投标书的特点。
⑥ 掌握投标书的写作格式。
⑦ 掌握合作意向书和协议书的写作格式。
⑧ 熟悉经济合同的写作格式。

技能目标

能够正确且熟练地撰写商务函电、招标书、投标书、合作意向书、协议书和经济合同。

8.1 商务函电

商务函电指在商务往来中，双方在传递信息、处理日常事务时所使用的一种通讯文书，一般的函电常指信函、函件、电报、传真、电子邮件等。下面对商务函电的特点与分类、商务函电的写作要求进行介绍。

8.1.1 商务函电的特点与分类

1. 商务函电的特点

商务函电是商务活动中重要的交流方式之一，在商务交流中发挥着重要的作用。商务函电一般具有以下4个特点，下面分别进行介绍。

- **目的性：**由于每封函电都是为达成某个目的而发出的，因此商务函电具有显著的目的性特征。
- **针对性：**函电中一般都会写上对方公司的名称或收件人的称呼，表明这封函电是专发给对方而不是群发的，同时让对方也能感受到己方的重视。
- **及时性：**商务函电不管是回复还是发文，都需要及时、迅速，不然有可能会失去先机。
- **简明平实：**由于商务函电的内容基本上都是交流与工作相关的事项，因此表达务必简明扼要。

2. 商务函电的分类

根据函电内容的不同，可将其分为商洽函电、询价函电、报价函电、订购函电、催款函电和索赔函电等，下面分别进行介绍。

- **商洽函电：**商洽函电属于邀请函的一种，常在无隶属关系的机关商洽工作或处理有关业务性、事务性事项时被用到，由商洽缘由和商洽事项组成。
- **询价函电：**询价函电是买方向卖方就某项商品交易条件提出询问，请对方报出商品价格（一般是报出最低价格），用以参考购买的函电。
- **报价函电：**报价函电是对询价函电的回应，是商务活动中作为卖方在接到买方的询价函电后发出的回复性函电。
- **订购函电：**订购函电是买方向卖方发出的以订购某种商品或服务为目的的一种函电。
- **催款函电：**催款函电是在商务过程中，针对到期应付而未付的欠款，以书面形式提醒并催促对方付款结账的函电。
- **索赔函电：**索赔函电是指合同双方中的一方，根据法律法规和双方共同签订的合同，以对方违反合同约定，造成当事人经济损失或精神损失为理由，向另一方提出赔偿或维护其他权利的函电。

8.1.2 商务函电的写作要求

商务函电主要是双方用于商务洽谈事务的一种通讯文书，因此，商务函电的写作应满足以下写作要求，下面分别进行介绍。

- **简洁：**在准确、全面的前提下，函电应尽量精炼简洁，用最少的文字将事项描述清楚。
- **准确：**商务函电的内容要求能够完整、准确地表达意思，用语小至标点符号都要做到准确无误；函电的内容多与双方的利益有着直接的关系，为免造成不必要的麻烦，如时间、价格、数量等均需要表述准确。
- **具体：**函电所要交代的事项必须明确，尤其是对于需要对方答复、对方需要你答复及会对双方关系产生影响的内容，绝不能语焉不详。
- **体谅：**若是通过函电交流的双方都能够换位思考，站在对方的立场上思考问题，容易获得对方的认同，达成有效的沟通。

- **礼貌**：礼貌指的是作者在写作商务函电时，收到需要回复的函电时及时回复，用语严谨、恰当、得体等均是一种礼貌的行为，这样有利于双方保持良好的关系。例如，在称谓上可以使用“尊敬的”“先生”“女士”等敬语，文末结语应表示诚恳礼貌的希望或表示对别人帮助的感谢等。

8.1.3 商务函电的写作格式

商务函电一般由标题、称谓、正文、落款 4 个部分组成，下面分别进行介绍。

×××函	标题
×××××：	称谓
××××，×××××××，×××××××××××。×××××，×××××××××××××××，×××××。×××××××，××××××××××××××。	正文：说明函电缘由及主要内容，最后根据不同需要用“专此函达”“盼复”等结尾
×××× ××年×月×日	落款：署名及成文日期，单位需加盖印章

- **标题**：标题由“事由+文种”组成，如报价函、索赔函、订购函、告知函等。
- **称谓**：称谓是对收件人的称呼，需要用礼貌用语，以示尊敬。例如，可在具体的姓名前加“尊敬的”，姓名后加“女士”“先生”或“经理”等，若收件人是某部门的某个人则需要把单位部门及姓名都写上，若不清楚具体负责人的姓名，则称谓为公司名称。
- **正文**：正文的开头需要说明发函的缘由，起到承上启下的作用，然后重点写作具体事项，如询价函可写我方所需商品规格、数量、其他要求及询问的商品单价、质量、数量、交货期、结算方法、运输方式等，具体内容则以发函目的而定；结尾一般要用礼貌用语，内容也是视函电的具体内容而定，如询价函可用“请函复”“希速见复”，不需要函复的可用“特此函达”，同时结尾也可根据具体内容表达感谢、歉意、希望等情绪。
- **落款**：落款处需写信人签名并写上成文日期，写信人既可以是个人，也可以是单位或部门；若是代表单位或部门，需写明单位或部门名称，负责人签名并在成文日期中间盖上单位印章，其中单位或部门名称需写出全称或规范化简称。

经验之谈

若函电中有附件，则要将其附于落款的下方

8.1.4 范文点评：常见商务函电

【范文1】

商洽函

敬启者：

我方在《××杂志》上，得到贵公司的名称和地址，盼与贵公司建立商务关系，特函奉告。

本公司系中国化学产品最大的出口商之一，具有五十年的商务经验，商誉驰名。我方的服务和产品品质保证会使贵方满意。如需对我方的信用做进一步了解，请直接向中国银行深圳分行查询。

盼尽速回音。

敬上！

××公司

××年×月×日

【点评】

这篇商洽函首先写明了发函缘由，然后以“特函奉告”过渡到正文，简单介绍已方的情况和合作意向，结尾以“盼尽速回音”表达自已期待复函的希望，格式规范正确，是一篇典型的盼复的商洽函。

【范文2】

询价函

××制造公司：

×经理，您好！

我公司因业务需要，需对外采购××3 000—5 000件。

交货期：××年×月×日—×日。

交货地：供方仓库交货。

付款方式：电汇。

请给予报价。

联系人：×××

电话：**********

传真：********（传真前请电话联系，以便及时收件）

希速见复。

××有限公司

××年×月×日

【点评】

这篇范文结构简单，但询价函的基本内容已包括在内，是企业之间采购询价常见的编排结构。如果是重要项目，或是政府部门等的询价函，写作格式则要更加正式，一般会在正文开始处介绍项目情况，然后用“特邀请你单位参加报价，现将本项目情况告知如下”的结构详细说明采购情况，正文中还会涉及对供应商的资质要求、复函要求和报价要求等其他内容。

【范文3】

理赔函

××百货中心××先生：

贵公司×月×日来函收悉。贵方信中说订购的××件商品和××件商品分别只收到了××

件和××件。我方立即进行调查，经查明情况属实。原因是我方的装货员误将发往其他公司的货物发给贵方。由于我方的疏忽，给贵公司带来损失，我方深表歉意，我方愿写一封道歉信，来表明我方的诚意。同时我方提出以下解决方案。

1. 我方依照合同赔偿你方损失××元。

2. ××日内，将货物送到。

希望我们的处理方法能使贵方满意，也希望这次事件不要影响我们今后的合作。

此致

敬礼！

××公司

××年×月×日

【点评】

该篇函电前因后果分明，内容简洁精炼，态度诚恳，理赔方案明确，既对造成的后果表达了深深的歉意，又表达了继续合作的期望，是理赔函的标准写法，值得大家借鉴学习。

8.2 招标书

招标书是招标人为选择合适的项目承包人或合作者而对外公布有关招标项目、范围、内容、条件、要求的文书。招标书是一种告示性文书，是为了使投标方可以根据招标书的内容做好准备工作，同时指导招标人顺利地开展招标工作的文书。

8.2.1 招标书的特点

招标书作为招标人选择最理想合作伙伴的重要文书，具有其自身独有的特点，主要体现在公开性、竞争性和时间性这 3 个方面，下面分别进行介绍。

- **公开性**：招标书是一种告知性文书，需要借助大众传播手段进行公开，从而吸引众多投标人进行投标，以便在更大的范围内找到理想的合作伙伴。
- **竞争性**：招标书充分利用了竞争机制，首先以竞标的方式吸引投标人加入，再通过激烈的竞争优胜劣汰，从而实现择优的目的。
- **时间性**：由于招标书要求在短时间内获得结果，因此具有紧迫的时间性。

8.2.2 招标书的编制原则

招标书是受法律监督和保护的文书，因此，在编制招标书时需要遵循一定的原则，下面分别对常见的招标书编制原则进行介绍。

- **遵守法律法规**：招标书的内容应符合相关法律法规、国际惯例、行业规范，特别是对于政府采购而言更是如此；招标书中设置的各项条款都不能背离法律法规，如合同条款不得与《中华人民共和国合同法》相抵触等。
- **公正合理**：招标书中的要求应当对投标人公正、平等，提出的技术要求、商务条件必须依据充分并切合实际，不应过于苛刻，更不允许将风险全部转嫁给投标人。
- **公平竞争**：招标书不能存有歧视性条款，只有公平才能真正吸引有竞争力的投标人，才能选择更合适的合作伙伴。

- **科学规范**：招标书应当以最规范的文字，将采购的目的、要求、进度、服务等内容描述得简洁有序、准确明了，使投标人能够清楚地知道招标内容，做好投标的准备工作，不能使用大概、大约等模棱两可的词语，也不能出现容易引起歧义的语句。
- **维护招标方利益**：招标书的内容应注意维护采购单位的业务秘密或其他需要保密的内容，不得损害国家利益和社会公众利益。

8.2.3 招标书的写作格式

招标书主要由标题、正文、结尾3部分组成，下面分别进行介绍。

××××**招标书**	标题
××××××××××，×××××××。×××××，×××××。×××××××。×××××××××××××，××××××××××。 ××××××××××，×××××。×××××，××××××××××。	正文：招标原因、招标方式、招标范围、招标程序、招标内容等 结尾：招标方信息、联系方式等

- **标题**：常见的招标书标题直接由文种构成，如《招标书》《招标文件》《招标通告》《招标公告》《招标启事》等；完整一点的标题格式为"招标单位+招标内容+文种"，或"招标单位+文种"，或"招标内容+文种"，如《××行政事业单位办公自动化设备采购项目招标文件》《××系统软件开发项目招标文件》等。
- **正文**：正文由引言、主体构成；引言部分要求写清楚招标依据、原因，主体部分要翔实交代招标方式、招标范围、招标程序、招标的具体要求，双方签订合同的原则、双方在招标过程中的权利和义务、组织领导、其他注意事项等。
- **结尾**：招标书的结尾应签署招标单位的名称、地址、联系人、电话、传真等，以便投标人报名参与。

8.2.4 范文点评：关于工程维修的招标书

【范文】

办公楼维修工程招标书

根据《中华人民共和国招标投标法》和××学院有关规定，我学院的办公楼维修工程计划进行公开招标，现将有关情况介绍如下。

一、招标内容

办公楼屋面、走道吊顶、门窗油漆整修、走道楼梯地板油漆整修、管线整理、所有照明灯具更换等（内容详见工程量清单）。

二、报名要求

1. 报名时间：2018年7月10日—2018年7月15日 09:00—18:00

报名地点：××学院基建维修管理科

联系人：×××

电话：××××××××

2. 报名要求：有房屋建筑施工专业三级以上（含三级）施工资质、有类似工程经历、有一定的经济实力。

3. 报名资料：加盖公章的公司营业执照、资质等级复印件、公司介绍信。

三、投标文件中必须包含的内容（投标文件必须密封并加盖公司公章）

1. 加盖公章的公司营业执照、资质等级复印件及项目经理和有关技术人员的资质证书复印件。

2. 单项工程单价及工程总价。

3. 有满足工程施工工期、质量、安全、文明施工现场要求的技术措施。

4. 有简单可行的施工方案。

5. 有满足国家规定的保修承诺。

四、投标、评标、中标

1. 评标方式采用综合评标法，β值取1。经我院组成的评标小组对投标人的技术措施、企业的综合实力等综合评议后，合格的投标人中报价得分最高的单位为中标单位。

2. 我院无须向未中标单位解释未中标原因，也不退还投标文件。

五、合同的签订和付款方式

中标单位须在接到甲方通知后立即到××学院基建维修管理科办理工程开工手续并签订项目施工合同。

整个工程完工并验收合格后我院付合同造价的80%工程款，办理完工程结算审计后付款至总造价的95%，余款5%一年后付清。

六、工期和上限值

工期为30天；上限值50万元。

七、相关事宜

1. 投标单位领取招标文件时须交投标保证金1 000元，递交投标文件时退还。

2. 招标文件发放时间地点：2018年7月10日，基建维修管理科。

3. 投标文件递交时间地点：2018年7月18日上午8:30，基建维修管理科。

4. 开标及评标时间地点：2018年7月25日，第一会议室。

附件：工程量清单（略）

××学院招标小组

2018年7月10日

【点评】

这篇维修工程招标书详细且准确地说明了招标内容，报名要求，投标文件中必须包括的内容，投标、评标、中标的方法，合同的签订和付款方式，工期和费用上限值，以及其他相关事宜。投标单位可以清楚地了解到招标单位的各种要求，语言表达严谨且到位，不会产生歧义，提高了招投标效率。如果在文末加上“如有任何疑问，可致电……”将会更加方便投标单位了解招投标信息，并与招标单位有一个良好的沟通，不过这并不影响这篇招标书的内容质量。

8.3 投标书

投标书指投标单位按照招标书的条件和要求，向招标单位提交的对所投项目进行报价并填具标单的文书，投标书要求在密封后邮寄或派专人送到招标单位，因此又叫作标函。

8.3.1 投标书的特点

投标书具有规范性、可行性、限定性这3个特点，下面分别进行介绍。

- **规范性**：投标书的制作既应遵守国家对招投标工作的有关规定和具体办法，又要执行国家颁布的技术规范和质量标准，不能随心所欲，任意制作。
- **可行性**：投标人应当保证投标书中所承诺的各项条件，如项目标价、规格、数量、质量及进度要求等，均应具有可行性，一旦中标，投标人就必须严格履行。
- **限定性**：投标活动一般都有严格的时间限定，投标人必须在限期内将投标书递交招标单位，否则过期将视同自动放弃。

8.3.2 投标书的写作格式

投标书主要由标题、正文、落款3部分组成，下面分别进行介绍。

××××投标书	标题
××××××××××，×××××××。××××××，×××××。××××××××。××××××××××××，×××××××××××。	正文：投标依据、投标数量、报价等
×××××××××××，×××××。×××××。××××××××××。	落款：投标人信息、联系方式等

- **标题**：常见的投标书标题直接由文种构成，如《投标书》《投标申请书》《投标答辩书》等；完整一点的投标书标题格式为“投标单位+文种”，一般不会出现投标单位名称。
- **正文**：正文由引言、主体构成，引言部分应写明投标依据、原因等内容；主体部分应写明本次投标的项目名称、数量、规格、技术要求、报价、交货（或完成）日期、质量保证等，内容应该真实、详细，注意突出自己的优势，但不得夸大其词，虚构或瞒报自身基本情况。
- **落款**：落款处应写明投标人的基本信息，如名称、联系方式、投标日期等。

8.3.3 范文点评：关于物业管理的投标书

【范文】

投标书

安宁物业招投标有限公司：

根据贵公司关于安宁住宅小区（三、四期）前期物业管理的邀请，我公司正式投标，并提交下述文件正本一份，副本五份。据此函，签字代表宣布同意如下。

1. 在提供所附投标报价中规定的相应的物业管理服务的基础上，物业管理服务费标准为每月建筑面积每平方米 2.6 元。

2. 我公司已详细阅读招标文件、参考资料及有关附件，我们完全理解并同意放弃对任何方面有不明白及误解的权利。

3. 如果在规定的开标日期内投标文件撤回，保证金将被贵方没收。

4. 同意按照贵方要求提供与投标有关的一切数据或资料。

5. 如在投标过程中有任何不正当的商业行为，或采取任何方式向招标人施加压力与干扰，我公司同意被取消投标资格。

6. 我公司严格按照《投标须知》履行应尽的义务，遵守招投标过程的纪律。

7. 未尽事宜依照《中华人民共和国招标投标法》及《前期物业管理招投标管理暂行办法》等相关法规执行。

××物业管理有限公司

××年×月×日

附：投标人资格证明文件

一、法定代表人授权委托书（表略）

二、公司简介

××物业管理有限公司是于 2010 年 7 月注册成立的专业化物业管理公司，具有乙级管理资质等级，注册资金 200 万元。它是经市房管局物业管理处、工商局批准成立的专业化物业管理公司，是自主经营、自负盈亏、独立核算的企业法人。××物业管理有限公司自 2010 年底进驻“绿洲花园”以来，始终坚持“人性化的管理，亲情式的服务”的理念，对小区实施专业化、标准化、规范化的管理服务。三年多来，赢得了业主的广泛信任、支持和理解。2013 年，曾受开发商的委托，对三十五万平方米的大型文化社区——“蝴蝶谷”进行前期物业管理，数次展开丰富多彩的社区文化活动，赢得了广大业主的赞誉。2013 年又获得了《2013 年度物业管理省会知名品牌企业》《2013 年物业管理工作先进单位》的荣誉称号。

三、安宁小区的物业概况

1. 基本情况

安宁小区定位为中高档项目，位于××中路与××街交口 166 号，规划用地面积 12 万平方米，总建筑面积 27.23 万平方米，绿地率高达 61.9%。项目规划有 14 栋 18 层高层板楼，28 套联排别墅（1 套独栋别墅），居住总户数 1 397 户，可居住人口 4470 人。小区实行人车分流，规划有高标准地下车库、地下车位 1 034 个，住户可由地下车库刷卡直接进入电梯入户。小区总停车率高达 81.6%，停车位 1 140 个，属××市少有的高停车率住宅小区。

2. 物业管理服务范围

小区红线内所有公共区域及共用设施设备管理、小区供暖（包括西侧 4 栋 6 层住宅）、业户服务、治安消防、保洁绿化、应急事件处理、停车场管理、档案管理、更新改造、账务管理、公共事务，以及受业主委托的和法律法规规定的其他服务事项。

四、管理方案

1. 管理目的

保持和提高物业的完好程度，通过加强对整体物业的管理养护和对使用人的服务和管理，确保物业保值、升值。加强对业主和住户的行为管理，服务就是为了维护业主的利益。

2. 管理原则

根据《物业管理条例》及有关政策规定，本着“以区养区，略有节余”和“业主至上，服务第一”的管理原则，执行公司“为业主（住户）创造安全、文明、优美、舒适的居住和工作环境”的服务质量方针，实行“管、养、修、服务”为一体的综合管理。

3. 管理优势

理念优势、技术优势、经验优势、配套优势、团队优势。

4. 拟采取的管理方式

严格的资质管理，确保各类人员的专业素质和综合素质，以严格的管理制度规范各类服务行为；采用直线管理方式，运用信息管理等现代化手段，实现高效率、高水平的综合一体化管理，加强社区精神文明建设，实施品牌战略。我们的管理方式由组织机构系统、运作程序系统、信息反馈系统和激励系统4部分组成。

五、结束语

以上是我公司郑重提交的投标书。感谢招标人给予我公司如此珍贵的合作机会。同时也非常感谢物业专家评委提出的宝贵建议和意见。如中标，我公司将严格践行各项承诺，积极与招标人员进行密切合作，不断完善管理细节，持续提高服务水平，致力于达到业主满意的效果。请相信，通过我公司精心细致的人性化服务、专业周到的规范化管理、积极的策划经营，安宁小区的物业形象和市场价值将会不断提升。我公司相信通过双方的精诚合作和广大业主的通力支持，安宁小区一定会更加祥和、洁净、美好！

【点评】

这是一篇比较简单的投标书，并没有涉及法定代表人授权委托书、开标报价书等的内容。标题直接采用“文种”的形式，简洁明确。正文首先表明了投标人对招标人公布的招标书内容的态度和看法，如放弃某项权利，同意某项要求等。然后将重点内容放在投标人资格证明等内容上，详细说明了投标单位的情况，对需要管理的物业的基本情况、管理范围、管理方法等进行了解。投标人最后表达了希望中标的意愿，并做出了如若中标，一定严格遵守不断提高服务水平的承诺，态度诚恳，让招标人能够全方位地了解投标人的情况，提高中标的概率。

8.4 合作意向书

合作意向书简称为“意向书”，是指商务活动中，初次发生经济关系的贸易双方或多方在进行贸易合作之前，通过初步谈判，就合作事宜表明基本态度、提出初步设想的协约性文书。合作意向书能够表达当事双方合作的意愿，为后期的实质性合作奠定基础。

8.4.1 合作意向书的特点

合作意向书具有意向性、暂时性、一致性和信誉性这4个特点，下面分别进行介绍。

- **意向性**：合作意向书的内容是各方的原则性的意向，并非具体的目标和实施方法；意向书的具体内容是经过协议双方或多方一致同意的，能表达双方或多方的共同意愿。
- **暂时性**：合作意向书是双方或多方共同协商的产物，是对今后的具体合作做出的安排或提出的设想，表达的是谈判的初步成果，为今后的谈判做铺垫；因此一旦谈判深入，并最终确定了合作双方的权利和义务，合作意向书的使命便宣告结束。

- **一致性**：合作意向书要求签订双方或多方在某一事项上达成共识，要签订双方或多方有共同意向、共同目标才能确定下来，合作意向书的内容是双方初步洽谈后一致同意的原则性意见。
- **信誉性**：合作意向书不具有法律约束力，但可关系到商业信誉。

8.4.2 合作意向书的写作格式

合作意向书一般由标题、正文、落款 3 部分组成，下面分别进行介绍。

××××合作意向书	标题
××××××××××，×××××××，现达成如下合作意向： ××××，×××××。××××××××。×××××，×××××。×××××××。××××××××××，××××××××××。	正文：先用过渡语过渡到下文，然后再具体介绍合作情况、双方责任与义务、保密协议、违约责任及其他事项
甲方：××× 乙方：××× 代表（签字）：××× 代表（签字）：××× ××年×月×日 ××年×月×日	落款：双方签字盖章，并附上成文日期

1. 标题

合作意向书的标题一般以“项目名称+文种”的格式编写，如《合资建立××农场意向书》《关于共同建造××楼的意向书》，或是直接以《合作意向书》或《意向书》作为标题也可以。

2. 正文

合作意向书的正文中需要写明双方或多方一致同意的条款。正文可以分为开头和主体两大部分，下面分别进行介绍。

- **开头**：正文的开头须写明签订合作意向书的依据、缘由、目的，一般以“就××，现达成如下合作意向”等固定格式的语句过渡到主体内容。
- **主体**：正文的主体中应以条文的形式说明合作涉及的各项内容，主要包括合作概述、合作事项、双方或多方的责任和义务、保密协议、违约责任、补充内容及其他事项等。

3. 落款

合作意向书的落款需要有签订双方或多方的法定名称和代表签字，同时要写明签订日期并盖章，有的合作意向书还需要在日期上方编排签订地点。

8.4.3 范文点评：关于项目合作的意向书

【范文】

××博览会合作意向书

甲方：××广播电视台（以下简称甲方）

乙方：××广告有限公司（以下简称乙方）

甲乙双方为满足国内外市场需要，决定合作发展外向型经济，根据《中华人民共和国中外合资经营企业法》等相关法律的规定，本着平等互惠互利的原则，经双方友好协商，就合资举办“××博览会”项目，达成如下意向，并共同遵守执行（交代合作双方和合作项目，并用过渡语承接下面的主体部分）。

一、双方简介（这部分的内容是主体，介绍合作的基本情况、合作具体事项、合作双方应承担的工作责任、违约责任等合作意向书须写明的具体内容）

甲方：××广播电视台，××××××××××，××××，××××××，××××××。

乙方：××广告有限公司，×××××，××××××××××。××××××。

二、合作事项

1. 合作公司名称：×××××公司、××××××公司。

2. 合作地点：××××××××××。

3. 项目投资数额为××××元，其中甲方投入占 70%，乙方投入占 30%，甲乙双方合作成立合资公司。公司成立后设立股东大会，股东大会是合资企业的最高权力机构，决定合资企业的一切重大问题，股东大会及组织机构以《中华人民共和国中外合资经营企业法》及《中华人民共和国中外合资经营企业法实施细则》为法律依据。

三、前期甲乙双方各自责任

甲方责任：

1. 负责提供建立中外合资企业所需的相关文件材料。

2. 负责资金的安全注入，并承担资金移动的相关费用。

3. 负责聘请或委托独立的权威机构及专家对乙方提供的项目（包括相关文件材料）进行论证和审查，向乙方提出相关意见。

乙方责任：

1. 按甲方的要求提供实物（厂房、用地、设备等）明细表、三年财务报表及全部客户资料等经营数据，做好市场分析。

2. 提交的相关文件材料必须真实、完整、合法、有效。

3. 负责甲方项目考察人员、专家在项目期间的交通及食宿。

4. 负责落实该项目的前期有形资产准备工作并办好相关手续，负责办理中外合资企业的相关手续。

5. 本意向书正式签订后，未经甲方许可，乙方不得在本意向书的有效期内寻求第三方进行合作。

四、在甲乙双方完成前期工作基础上，双方商定于××年××月之前签订正式合同。

五、保密条款

1. 甲、乙双方应遵守本保密条款，履行对合作项的保密的责任和义务。

2. 一方向另一方提供的以文字、图像、音像、磁盘等为载体的文件、数据、资料及双方在谈判中涉及的此项目的一切言行均包括在保密范围内。

3. 保密期限自本意向书生效之日起，至双方合同正本签署之日止，或本意向书终止之日后 60 个工作日止。

4. 保密条款适用于双方所有涉及此项目的人员及双方由于其他原因了解或知道此项目信息的一切人员。

5. 如第三方因项目进程而需向一方了解本协议所保密的内容，则一方应在向第三方透露保密信息之前，以书面形式征得另一方的同意，且有责任确保第三方遵守本保密条款。

6. 若双方在此项目运作过程中一致同意终止该项目，则双方应协商将对方提供的一切关于该项目的资料及复制品还给对方，接受方关于这些资料所做的记录等文件也应立即销毁。

六、违约责任

1. 乙方应保证乙方对该项目所提供的相关文件材料真实、完整、合法、有效，否则甲方有权退出该项目的合作，并保留向乙方要求相关赔偿的权利，同时本意向书自行终止。

2. 在项目运作过程中，由于甲方违反本意向书第二条款的规定，而导致项目无法继续运作时，乙方有权退出该项目的合作，并保留向甲方要求相关赔偿的权利，同时本意向书自行终止。

3. 在项目运作过程中，由于乙方违反本意向书第二条款的规定，而导致项目无法继续运作时，甲方有权退出该项目的合作，并保留向乙方要求相关赔偿的权利，同时本意向书自行终止。

4. 如果任何一方违反本意向书第四条（保密条款）的规定，而给对方造成了相关影响及损失，则违反方承担相关赔偿责任。

七、其他（合作意向书的补充内容）

1. 除双方另有约定的特殊情况外，双方应以书面形式对与本意向书有关内容进行沟通，电传、快递一经发出，即被视为已送达对方。

2. 甲乙双方各自承担项目运作过程中相关人力、物力及财力的耗费，对双方有争议而无法确定数额的资产，由双方共同委托有资质的机构进行评估，费用由乙方支付。若此时合资公司成立，则由已成立的合资公司支付。

3. 本意向书是双方合作的基础，合作的具体方式、内容与执行等以双方正式签订的合同、章程及协议为准。

4. 若因不可抗力（如战争、骚乱、瘟疫及政府行为）而致使本意向书无法履行，本意向书自行终止，双方互不承担责任。

5. 双方在项目运作过程中如发生争议，应友好协商解决，协商不成，双方均可向本意向书签订地人民法院提起诉讼。

6. 本意向书一式两份，甲乙双方各执一份，由双方代表签字盖章后生效，未尽事宜，双方另行协商。

甲方（盖章）：××广播电视台	乙方（盖章）：××广告有限公司
代表（签字）：×××	代表（签字）：×××
地址：××××××××××	地址：××××××××
电话：××××	电话：××××
传真：××××	传真：××××

签订地点：××××××

签订时间：××年×月×日

【点评】

这篇合作意向书范文格式规范、内容全面，对合作事项、双方责任、保密条款、违约责任、意向书补充内容等都做出了明确规定，展现的条款内容清晰，责任明确，为双方能够在后续达成正式的合作中发挥着良好的推动作用。

8.5 协议书

协议书有广义和狭义之分，广义的协议书指社会集团或个人处理各种社会关系、事务时常用的“契约”类文书，如合同、议定书、条约、公约、联合宣言、联合声明、条据等；狭义的协议书指政党机关、企事业单位、团体或个人就某个问题经过谈判或共同协商并取得一致意见后，订立的一种具有经济或其他关系的契约性文书，双方或多方签署后具有法律效力。

作为契约文书中的一种，协议书是当事双方或多方在工作和生活中，为了保障各自的合法权益、解决或预防纠纷，而需要确立某种法律关系，在经双方或多方共同协商达成一致意见后，以书面的形式表达意见的文书。

8.5.1 协议书的特点与作用

1. 协议书的特点

协议书有协商一致性、强制性这两个特点，下面分别进行介绍。

- **协商一致性**：协议书表达的是当事双方或多方就某一重大问题，经过协商后一致同意的意见。
- **强制性**：协议书一经签订，就具有政治或法律约束力，必须全面履行，不能单方面变更或撕毁。

2. 协议书的作用

协议书有以下 3 个方面的作用，下面分别进行介绍。

① 协议书可以促进协议签订双方的交流与合作。

② 协议书作为合作前期签订的文书，可以为经济合同的拟定提供一个内容纲要，作为制定经济合同的依据。

③ 当主观情况发生变化时，可根据协议书对原来的合同进行补充或修订。

新手解谜——协议书和合同有什么联系及区别？

协议书和合同之间的联系主要体现在概念上，二者都是根据经过协商达成一致的事项而写作的文书，只是名称不同。协议是人们比较常用的、习惯的叫法，所有的合同都可以叫作协议书，但并非所有的协议书都能叫合同。两者之间的区别在于经济合同有《合用法》作为法律依据，且签订的内容更为具体，格式更为规范正式。而协议书没有具体法律规定，且应用范围广，协议签订之后还需签订专门的合同。同时，协议书的使用更加灵活，既可以作为在合同签订之前明确双方权利的文书，又可以对合同的相关事项进行补充。

8.5.2 协议书的写作格式

协议书一般由标题、正文、落款 3 部分组成，下面分别进行介绍。

×××协议书	标题
××××××××××，现达成如下协议。 ××××，××××××××××××××。×××××，×××××××××××××。×××××××××，×××××。	正文：签订协议的双方、签订缘由、签订目的，以及协议商定的具体事项
甲方：（签字盖章）　　乙方：（签字盖章） ××年×月×日　　××年×月×日	落款：双方签字盖章，并附上成文日期

- **标题**：协议书的标题最好写明协议书的具体名称。
- **正文**：协议书的正文包括开头和主体两部分，开头部分须交代协议双方或多方的单位名称和签订协议的目的、原因、依据等；主体部分要求对协议的有关事项做出明确和全面的阐述，尤其是明确双方或多方的权利和义务。
- **落款**：包括双方或多方单位的名称，加盖公章并写明签订协议的日期。

8.5.3 范文点评：安全施工协议书

【范文】

安全施工协议书

甲方：××××

乙方：××××

为了加强对承发包工程和临时工的安全管理，深入贯彻“安全第一、预防为主、综合治理”的安全生产方针，保证人身、设备安全，确保合同期间甲方发包给乙方的工程和临时工作顺利进行。根据国家有关法律规定，经甲乙双方平等协商、意见一致，自愿签订如下安全生产协议，作为工程外包合同的必要补充条件。**（说明签订协议书的缘由，接下来介绍协议书的具体内容）**

第一条 甲乙双方必须认真贯彻执行国家制定的安全生产政策、法律、法规。

第二条　甲方承担的安全责任、权利。**（说明了作业期间甲乙双方的权利、责任）**

（一）甲方有权要求乙方严格遵守安全生产法律、法规、标准，以及安全生产规章制度和操作规程，熟练掌握事故防范措施和制订事故应急处理预案。

（二）甲方管理人员有权制止乙方人员违规作业，并按规定给予处罚。

（三）甲方有权责令安全意识差、不听安全生产指挥的乙方人员退场。

第三条　乙方的责任、权利。

（一）乙方是外包工程、临时工作的安全生产的直接责任人，必须严格执行甲方有关安全生产的规定、制度。

（二）乙方负责为所有乙方工作人员办理医疗及工伤社会保险，并根据需要为从事高度危险工作的人员购买适当的人身意外伤害保险，在施工过程中如发生人身伤亡事故，由乙方承担全部责任。

（三）乙方应对工作现场的行为完全负责，乙方工作人员不得违章作业、冒险作业，不能疲劳作业，并应按规定做好保护工作。

（四）乙方在工程现场的人员必须配备齐全的安全防护用品，若不能满足安全工程需要，则乙方人员不得进入工程现场。

第四条　现场管理要求。

乙方工作人员必须严格遵守和服从现场安全规定及安全管理，在施工现场必须做到以下几点。

（一）高空悬空作业时必须系好安全带。

（二）班前不得喝酒，不得在禁止吸烟的区域吸烟。

（三）现场内不得赤脚，不得穿拖鞋、高跟鞋，高空作业时不得穿皮鞋和带钉易滑鞋。

（四）未经甲方施工负责人批准，不得随便拆除已架设的安全防护设施及安全装置和安全标牌。

（五）不得私自乱接乱拉电线，保证工地上临时用电电缆及配电箱的完好，不得用材料、工具等压砸电缆电线，确保用电安全。

（六）不得在工程现场烧火。

（七）不得从高处向下抛扔任何物资、材料，堆放物资、材料时不得超过支撑物限重的 70%。

（八）不得在高处临边一米的范围内堆放活动材料。

（九）不得在操作面上及高处临边竖立放置工具和线材。

（十）使用电动工具时，必须严格按操作规程和说明书的要求正确佩戴防护用品。

（十一）在施工过程中乙方人员必须严格遵守安全操作规程。

（十二）乙方人员未经允许不得进入煤气区域，如因工作需要需进入煤气区域则必须遵守甲方煤气区域的管理制度，在保证人身安全的情况下方可进入。

第五条　安全责任。（表明双方的安全责任）

（一）本协议约定期间如果是由于乙方的原因造成安全事故的，乙方负全部责任，并由乙方承担所有经济损失，甲方概不负责。

（二）本协议约定期间如因乙方或乙方工作人员的过错给甲方造成损失，由乙方负责向甲方赔偿，甲方有权直接用乙方工程款对相关损失赔偿款进行抵扣。

第六条　本协议为长期协议，自签订之日起生效，乙方人员在我厂作业期间均有效；本协议一式两份，甲乙双方各一份。（这是对协议书的说明，包括有效期限及份数）

甲方（签章）：××××　　　　乙方（签章）：××××

甲方负责人（签字）：×××　　　　乙方负责人（签字）：×××

××年×月×日　　　　××年×月×日

【点评】

协议书与合作意向书的写法比较类似，都要先写明甲方、乙方，订立协议的缘由、目的及具体的协议事项，这篇安全施工协议书格式规范，内容完整，尤其是对施工过程中甲乙双方应做到的具体事项和安全责任描述到位，是一篇值得参考的协议书范文。

8.6　经济合同

合同又称为契约或协议，是当事人之间设立、变更、终止民事关系的协议。经济合同是合同中的一个大类，指平等民事主体的法人、其他经济组织、个体工商户、农村承包经营户相互之间，为实现一定的经济目的，明确相互权利义务关系而订立的合同。

8.6.1 经济合同的遵循原则与法律效力

1. 经济合同的遵循原则

签订经济合同是一种法律行为，因此当事人在签订经济合同时必须遵循一定的原则，下面分别进行介绍。

- **遵守国家法律和行政法规**：签订经济合同，必须遵守国家法律和行政法规，这是最基本的原则，当事人只有在遵循这一原则的前提下签订的经济合同，才能得到国家的认可和具有法律效力，当事人的利益才能受到保护。
- **平等互利、协商一致**：签订经济合同时，应当遵循平等互利、协商一致的原则；首先，经济合同当事人的法律地位平等，无论是法人、个体工商户，或是国有企业、私营企业等，它们的法律地位都是平等的，任何一方不能强迫他方，不能要求不平等的权利；另外，当事人在签订经济合同时，必须坚持协商一致的原则，即签订经济合同是当事人自愿的行为，是建立在当事各方自愿的基础上的；在签订经济合同时，当事人必须进行充分的协商，只有经过充分协商，并考虑到各方利益，才能得到最终达成一致协议，实现各自的经济目的。
- **诚实信用**：诚实信用原则要求当事双方或多方在签订经济合同时，主观上没有损害国家、社会利益和他人利益的意识，做到不欺诈、不规避法律、恪守信用、尊重商品交易的道德和习惯、尊重社会公德。

2. 经济合同的法律效力

经济合同的法律效力指经济合同依法签订并受到国家法律保护后，当事人双方必须受到国家法律和行政法规的约束，否则就要接受法律的制裁。经济合同的法律效力主要表现在以下 4 点，下面分别进行介绍。

（1）当事人必须按照合同约定全面履行各自的义务，不能违反合同。

（2）当事人需要变更和解除经济合同时，必须依照符合法定条件和法定程序的流程，必须依法变更和解除经济合同，当事人任何一方不得擅自变更和解除合同。

（3）一方违约，造成经济合同不能履行或不能完全履行时，违约的一方要承担相应的违约责任。

（4）由于经济合同而产生的纠纷，任何一方均可依据约定向仲裁机构申请仲裁，或向人民法院起诉。

8.6.2 经济合同的分类与主要内容

1. 经济合同的分类

《中华人民共和国合同法》第二篇“分则”部分将合同按业务性质和内容分为 15 类，由于合同的业务性质和内容或多或少都与经济活动相关，因此，在一定程度上也可以视其为经济合同的种类，下面分别进行介绍。

- **买卖合同**：买卖合同又称购销合同，是出卖人转移产品的所有权于买受人，买受人支付价款的合同。
- **供用电、水、气、热力合同**：供用电、水、气、热力合同是供电（水、气、热力）人向用电人（水、气、热力）供电（水、气、热力），用电人（水、气、热力）支付电费（或其他相应费用）的合同。

- **赠与合同**：赠与合同是赠与人将自己的财产无偿给予受赠人，受赠人表示接受赠与的合同。
- **借款合同**：借款合同是借款人向贷款人借款，到期返还借款并支付利息的合同。
- **租赁合同**：租赁合同是出租人将租赁物交付承租人使用，承租人支付租金的合同。
- **融资租赁合同**：融资租赁合同是出租人根据承租人对出卖人、租赁物的选择，向出卖人购买租赁物，提供给承租人使用，承租人支付租金的合同。

新手解谜——怎么理解融资租赁？

融资租赁主要涉及 3 个方面的交易。例如，甲需要向乙购买一台车床，但没有钱购买，于是甲找到丙，希望丙购买该车床，然后租给甲，甲只需要支付丙租金。待租赁期结束后，如果合同有规定，那么甲可以按当前残值向丙购买车床，如果没有规定，则车床归丙所有。

- **承揽合同**：承揽合同是承揽人按照定做人的要求完成工作，交付工作成果，定做人给付报酬的合同。
- **建设工程合同**：建设工程合同是就承包人进行工程建设，发包人支付价款等事宜订立的合同，主要包括工程勘察合同、设计合同、施工合同。
- **运输合同**：运输合同是就承运人将旅客或者货物从起运地点运输到约定地点，而旅客、托运人或者收货人支付票款或者运输费用等相关事宜订立的合同。
- **技术合同**：技术合同是当事人就技术开发、转让、咨询或者服务等事宜订立的确立相互之间权利和义务的合同。
- **保管合同**：保管合同是就保管人保管寄存人交付的保管物，到期返还该物等事宜订立的合同。
- **仓储合同**：仓储合同是就保管人储存存货人交付的仓储物，存货人支付仓储费等事宜订立的合同。
- **委托合同**：委托合同是就委托人和受托人约定，由受托人处理委托人事务等事宜订立的合同。
- **行纪合同**：行纪合同是就行纪人以自己的名义为委托人从事贸易活动，委托人支付报酬等事宜订立的合同。
- **居间合同**：居间合同是就居间人向委托人报告订立合同的机会或者提供订立合同的媒介服务，由委托人向居间人支付报酬等事宜订立的合同。

新手解谜——行纪与居间有什么区别？

行纪合同与居间合同有许多不同，二者最重要的区别在于，居间合同中的居间人是以委托人的名义从事促成合同订立的工作，最终合同还是需要委托人和相对人签订，所有权利义务与居间人无关，居间人只是收取居间费用；而行纪合同则是行纪人以自己的名义从事贸易活动，委托人支付报酬，行纪人自己要承担法律行为，甚至要负担处理委托事务的费用。

根据合同的有效期限，可以将合同划分为临时合同、短期合同、中期合同、长期合同和终身合同 5 种。根据合同的呈现方式，还可将经济合同分为书面合同和口头合同，其中书面合同包括口条文式合同、表格式合同和混合式合同。由于用语言而非文字表示协议内容的口头合同在发生合同纠纷时难于取证、追责，因此常用于商店零售交易中，需注意涉及金额较大的经济合同并不适用。

2. 经济合同的主要内容

经济合同的主要内容指经济合同当事人之间的权利和义务。虽然经济合同的类型很多，具体到每一个经济合同的法律关系也不相同。从经济合同当事人确定的相互权利义务关系的角度来看，经济合同的各项条款主要包括以下 8 个方面，下面分别进行介绍。

（1）当事人的名称或者代表姓名和住所。

（2）标的。

（3）数量。

（4）质量。

（5）价款或酬金。

（6）履行期限、地点和方式。

（7）争议解决方式。

（8）违约责任。

经验之谈

除上述条款以外，根据法律规定或者按照经济合同的性质必须具备的条款及应当事人一方要求必须规定的条款，也是经济合同中的主要条款，属于经济合同的主要内容，如验收方式、结算方式等。

8.6.3 经济合同的写作格式

经济合同的写作格式主要包含标题、正文和落款 3 大部分，其中正文主要由引言和主体两部分构成，下面分别进行介绍。

××××合同	标题	
××××××× 甲方：×××　　乙方：××× 地址：×××××××　　地址：××××××× 为了×××××，根据×××××法律的规定，×××××双方经过充分协商，特订立本合同，以便共同遵守。	正文	引言：交代合同双方信息，并过渡到正文主体
第一条　名称、品种、规格和质量 ××××，×××××××××，××××。×××××××××××××。 第二条　数量和计量单位、计量方法 ××××，×××××××××，××××。×××××××××××××。 第三条　×××××××× ××××，×××××××××，××××。×××××××××××××。 第××条　×××××××× 本合同一式××份，双方各执××份。		主体：明确经济合同的主要内容和其他事项
甲方：×××　　乙方：××× 法定代表人：×××　　法定代表人：××× ××年×月×日　　××年×月×日	落款：双方当事人签名盖章，签订日期等	

1. 标题

经济合同的标题应表明合同的性质和内容，其结构为“内容+性质+文种”，也可以省略内容，直接由“性质+文种”格式构成标题，如房屋租赁合同、借款合同等。

2. 正文

正文首先应注明合同当事人名称或当事人姓名及住所，当事人指签订合同的双方或多方单位的当事人的姓名。名称可以简称甲方、乙方，出租方、承租方、委托人、受托人等，以便在叙述合同条款时行文方便。比较重要的合同还要在当事人姓名上方或右上方注明合同编号、签订时间、签订地点等。

引言部分应写明签订合同的目的、根据、是否经过双方平等协商等内容。可以利用“根据……为了……经双方协商一致，签订本合同”等惯用语过渡到正文主体部分。

主体部分应说明经济合同的主要内容，一般采用条文式的结构，各主要内容的具体写法如下。

- **标的：**标的是合同当事人权利和义务的共同指向对象；签订经济合同时，标的必须明确，否则合同就无法顺利执行；标的可以是实物，也可以是非实物，可以是货物、劳务，也可以是工程项目。

经验之谈

经济合同中不仅要指明标的对象，还要通过各种附件信息来对该标的进行进一步确认。例如当标的是货物时，则需要通过产品名称、花色、规格、型号、产地、商标等辅助信息来进一步说明标的物，否则容易出现纠纷。

- **数量和质量：**标的的数量是标的的具体量化指标，以数字和计量单位来衡量的标的，是计算标的价款的直接依据；质量是对标的内在特征和品质的规定，如成分、品种、等级、保质期等，同样必须有明确的说明。
- **价款或酬金：**价款或酬金是合同中一方以货币数量形式付给另一方标的的代价，用以体现标的的价值；以货物或工程为标的的经济合同，其代价体现为价款；以劳务为标的的合同，其代价体现为酬金；无论是货物或工程涉及的单位价格与总价款，还是劳务涉及的酬金的单价标准和计算方法，都需要在合同中有明确、具体的体现。
- **履行期限、地点和方式：**履行期限指合同当事各方权利义务执行的时间界限，如购销合同的期限表现为供方的交货时间、需方的付款时间；履行地点指完成经济合同内容、具体履行义务的地点，如交货、运货、承建等的地点；履行方式是指当事人履行义务的方式，如购销合同中，供方是分批交货还是一次性交货，是提货还是送货，用什么方式运输等，都需要详细说明。
- **争议解决方式：**争议解决方式指当合同履行过程中出现争议或是纠纷时应如何解决问题，是由各方当事人友好协商，还是提请仲裁，还是向人民法院上诉等，都需要在合同中说明清楚。
- **违约责任：**违约责任指对不按合同规定履行义务的违约行为的制裁措施，是维护合同各方合法权益的保证。
- **合同附则：**主要包括合同的生效时间、有效期限、合同份数、保管方式等，有的合同还有表格、图纸、实样等附件。

3. 落款

经济合同的落款要说明合同各方单位名称，有法定代表人及委托代理人签名，双方当事人加盖印章，各方当事人的地址、电话、邮政编码、传真号码、开户银行名称、账号等。若有签证或公证单位，要写明签证或公证单位的名称、代表人姓名、加盖公章或私章。最后，写明合同的签订日期。

8.6.4 范文点评：常见经济合同

【范文1】

产品购销合同

供方：×××××××××　　　　　　　　需方：××××××××

根据需方提出的需求，本着平等互利的原则，供方与需方经友好协商，就购买供方提供的商品达成如下合同，双方愿共同遵守，内容详见以下。

一、货名、规格、数量、金额 （单位：元 人民币）

<table>
<tr><td>产品名称</td><td>规格型号</td><td>单位</td><td>数量</td><td>单价（元）</td><td>金额（元）</td></tr>
<tr><td>×××</td><td>××××</td><td>×</td><td>××</td><td>×××</td><td>×××××</td></tr>
<tr><td colspan="6"></td></tr>
<tr><td>大写金额
合计（元）</td><td colspan="3">×××××××××××整</td><td>小写金额
合计（元）</td><td>×××××</td></tr>
<tr><td colspan="6">注：</td></tr>
</table>

二、交货时间、地点

交货时间地点由需方指定，运费由供方承担。供方将货物运输至需方指定地点后，经需方书面验收合格，货物毁损灭失风险转移至需方。

三、验收

1. 需方应在产品到货后3天内完成验收并出具验收报告。

2. 需方在验收时如发现产品品种、型号、规格、数量、质量与本合同规定条件不符，须在产品到货后 3 日内提出书面异议和处理意见，供货时间不顺延。如需方未在规定期限提出书面异议，则视为所供产品验收合格，该验收合格并不代表免除供方承担货物瑕疵担保责任。

四、质保

任何硬件故障，供方提供一年免费上门服务，一年以后硬件更换只收取成本费，软件故障供方提供长期电话技术支持，需方也可另签补充服务协议。质保期为货物验收合格后一年。

五、付款方式及期限

1. 供方作为需方长期供应商，需方在对产品调试完毕并验收合格后，支付合同金额，金额即为人民币￥×××××元（大写：￥××××××××××××整）。

供方全称：××××××××××××

开 户 行：××××××××××××

账　　号：××××××××××××

2. 支付上述款项前，供方须向需方提供真实、合法、足额完税的发票，款项以转账支票的形式支付，需方在收到真实、合法、足额的发票后30个工作日内完成支付。

六、违约责任

1. 如任何一方违反本合同约定，应向对方支付数额为合同总金额5%的违约金。

2. 如逾期交货或逾期付款，每逾期一日应支付合同总金额千分之三的延迟履行违约金。逾期超过7日，需方有权单方面解除本合同，且供方应承担由此给需方造成的一切损失。

七、解决纠纷方式

由本合同引发或与本合同有关的一切争议，双方首先应友好协商解决，协商不成，经双方同意后将争议提交需方所在地人民法院。

八、其他约定事项

1. 在需方未付清全款前，本合同所列产品的所有权归供方所有。

2. 本合同附件及补充协议是本合同不可分割的部分，并具有同等法律效力。

3. 本合同一式四份，需方三份，供方一份。

4. 本合同自双方签字盖章之日起生效。

供方代表：×××
部门负责人：×××
经办人：×××
单位盖章：
××年×月×日

需方代表：×××
部门负责人：×××
经办人：×××
单位盖章：
××年×月×日

【点评】

这篇产品购销合同篇幅很短，但内容完整到位，基本上说明了经济合同中应包含的主要内容，如当事人的名称，货物的名称、规格、数量和金额，交货的时间和地点，验收方式，质保方式，付款方式及期限，违约责任，争议解决方式，以及其他约定事项。对于购销合同而言，交货时间、地点、验收方式等非常重要，是风险转移的分界点，因此必须准确地体现到合同中。不过，产品交货数量的正负尾差、合理磅差和在途自然损耗量等问题，并没有在合同中明确注明，或许是双方已达成按实际收获量结算的共识，也可能是该货物一般不存在这类误差。总体而言，这篇购销合同简单完整，语言准确到位，内容系统全面，是一篇典型的购销合同范文。

【范文2】

借款合同

甲方（出借人）：×××××××
住所：××××××××××××
乙方（借款人）：×××××××
住所：××××××××××××

甲乙双方本着平等自愿、诚实信用的原则，经协商一致，达成本合同，并保证共同遵守执行。

一、借款金额：乙方向甲方借款人民币（大写）××××××元整（小写：××××××元）。

二、借款用途为××××。

三、借款利息：借款利率为月利息×%，按月收息，利随本清。

四、借款期限：借款期限为××年，从××年×月×日起至××年×月×日止；如实际放款日与该日期不符，以实际借款日期为准，乙方收到借款后应当出具收据，乙方所出具的借据为本合同的附件，与本合同具有同等法律效力。

五、甲方以转账的方式将所借款项打入乙方账户。

借款人用户名：×××××××××

账号：××××××××××××××××

开户银行：×××××××××××××××

六、保证条款

1. 借款方必须按照借款合同规定的用途使用借款，不得挪作他用，不得用借款进行违法活动，否则，甲方有权要求乙方立即还本付息，所产生的法律后果由乙方承担。

2. 借款方必须按合同规定的期限还本付息。逾期不还的部分，借款方有权限期追回。

3. 乙方还款保证人（丙方）×××××公司，为确保本契约的履行，愿与乙方负连带返还借款本息的责任。

七、违约责任

1. 乙方如未按合同规定归还借款，应当承担违约金以及因诉讼发生的律师费、诉讼费、差旅费等费用。

2. 乙方如不按合同规定的用途使用借款，甲方有权随时收回该借款，并要求乙方承担金额为借款总金额百分之五的违约金。

3. 当甲方认为借款人发生或可能发生影响偿还能力之情形时，甲方有权提前收回借款，借款人应及时返还，借款人及保证人不得以任何理由抗辩。

八、合同争议的解决方式：本合同在履行过程中发生的争议，应由当事双方友好协商解决，也可由第三人调解。协商或调解不成的，可依法向甲方所在地人民法院提起诉讼。

九、本合同自各方签字之日起生效。本合同一式两份，甲乙双方各执一份，合同文本具有同等法律效力。

甲方（签字、盖章）：××××××××
法定代表人：×××
签订日期：××年×月×日

乙方（签字、盖章）：××××××××
法定代表人：×××
签订日期：××年×月×日

【点评】

这篇借款合同涉及借款行为最为核心的几点内容，避免了后期产生纠纷的可能。这些核心内容分别是借款金额和期限、利息约定、还款方式和担保方式，同时还声明了借款必须按合同规定用途使用，不得挪作他用。这些都是借款合同中非常重要的问题，因此，本文作为一篇借款合同范文具有一定的参考价值。

写作训练

训练8-1　货物运输招标书

某钢铁集团需要公开招标一家有实力的货运公司为其运输钢材，请根据以下材料撰写一篇招标书。

【背景材料】

某钢铁集团年运输钢材 40 万吨，除了少量火车运输外，大部分均为汽车运输，且运输量较大。集团希望以公开邀请的招标方式，找到价格合理，能确保提供优质、安全、可靠的运输服务的货运公司运送螺纹钢、弹簧扁钢、圆钢等货物。运输路线主要有两条，一是从生产车间到××港码头间的钢材运输，二是从生产车间到指定客户间的钢材运输。集团要求运输车辆为 17.5 米半挂载货车，载重在 30 吨以上。希望货运公司采用最安全的运输方式、最合理的运输时限、提供最优的价格。同时，装货车辆车况良好，有保险公司承保，各验车手续完备（行驶证、营运证、驾驶证等），必须保持通信畅通，必须购有货物保险，并按照集团市场营销部及物流班的要求装卸钢材。

厂内的运输应按照物流班的要求填写运输清单，一式三份，综合管理部一份，物流班一份，车主一份。货物运输完毕后由物流班将运输清单交综合管理部审核，审核通过后盖章生效；对于集港运输及定制客户的运输，随货有集团的发货单，送货时接货单位会根据发货单验收货物，回单上应有接货人签字或盖章确认。运输回单必须按月整理统计，并于次月月底交回本集团综合管理部，回单原则上严格要求有收货单位签收或盖章确认，集团将严格按回单结算运费，如果次月月底前回单未能交回我集团综合管理部，承运方必须说明原因，同时这部分运费将押至下月结算，下月仍不交的，集团要做出相应的处罚。集团严格要求承运公司提供真实回单，不允许有伪造收货人签字的回单，并对回单进行不定期的检查，如发生伪造情况，集团将做严肃处理，甚至取消承运资格；结算时开具正规发票。货运公司应在投标书中说明如出现货物延期、损坏、丢失等情况的赔付方式。欢迎各货运公司提出更好、更快、更合理、更安全的货运提案，可以打破表述要求的范围，提出更独特、更详细、更符合我集团的货运方式。

投标的各货运公司的服务承诺要求至少包括以下内容：（1）准时，能够提供全天候服务，能迅速安排最合适的车辆、最佳的运输路线及时承运，在途中出现的任何问题都能够有车续运，确保准时将货物送至目的地；（2）安全，必须按照物流班的要求完成承载量，不得发生“拒载”现象，确保承运货物在运输过程中的安全，如发生意外应按合同条款对货物的失窃、损失承担赔偿责任，有严格的物流现场管理制度；（3）价格合理，即同类业务中服务较优，价格合理。

投标的货运公司应提供企业情况登记表，企业法人营业执照、税务登记证、组织结构代码证、法人代表授权证、组织结构图等资质证明材料并加盖公章，财务状况表，近期的运营绩效表，银行资信证明，投标价格表。中标单位在中标后，必须支付一定数额的押金，具体数目待定。

运费的支付按以下流程操作：每月月底，承运公司将上月运输清单及回单核对清楚后交集团综合管理部，综合管理部再一次进行核对、确认，并整理出运费清单，于下月5日前送财务审计，财务在10日前反馈审计结果，物流班通知承运单位开票，本集团见票即付款。

投标单位将标书密封并加盖公章，于2019年12月1日前送至××市××区××街128号，联络人为×××，电话：×××××××××。集团将按公平竞争的原则，采用暗标竞标的方式，确定中标者，并于2019年12月5日前公布中标单位。投标单位中标后，我集团将与中标单位签订正式的运输服务协议，以上招标资料内容请投标单位保密，不可外泄，否则我集团有权追究相应责任。

【实训分析】

实训提供的材料内容比较齐全，但需要重新整理。首先考虑以一段话作为正文的开头，例如“为了降低物流成本，提高货物运输质量以及物流管理体制的水平，我钢铁集团计划选择有实力、管理规范的货运公司进行长期的运输合作，我钢铁集团拟在2019年12月开始对所需运输钢材的全部路线汽车运输招标，具体方案如下。”然后可以为招标内容设置若干标题，使整个内容的结构清楚，层次分明。例如，可以划分为招标宗旨、招标方式、承运货物、招标内容、要求、投标运作步骤、付款方式、投标方式及评标和中标事宜等。

训练8-2　物业保洁投标书

某大厦物业项目部公开进行物业保洁招标，某物业管理有限公司有意投标，现请根据以下材料撰写一篇投标书。

【背景材料】

（1）投标函主要内容：我方（某物业管理有限公司）经踏勘现场和研究上述招标文件中的投标须知、技术规范、工程量清单及其他有关文件后，对全部招标文件予以确定，愿意按招标文件规定的内容，以开标报价信的最终报价，承担××大厦日常保洁项目的服务，并保证严格履行招标文件所要求的责任和义务。我方已详细审查全部招标文件，包括修改文件（如果有的话）以及全部参考资料和有关附件，如果中标，将成立××大厦日常保洁项目部，并选派专业日常保洁人员履行××大厦项目日常保洁服务合同。在制订和执行正式合同之前，招投标文件及中标通知书应作为双方之间有约束力的合同。我方理解贵方不一定接受最低投标报价或受到的任何投标文件的约束，同时也理解贵方不承担我方的任何投标费用。

（2）法定代表人授权委托书主要内容：××物业管理有限公司×××总经理以本单位法人代表的身份，代表本单位参加××大厦日常保洁的投标、合同谈判、协议书签署等相关活动，全权处理与之相关的一切事宜。

（3）开标报价书主要内容：日常清洁服务人员配置（略），清洁设备、工具、物料的说明（略），清洁报价（略）。

（4）保洁服务方案主要内容：项目介绍、服务区域、管理制度、人员编制和岗位培训、保洁人员行为准则及礼仪规范、岗前培训、保洁知识及技能的培训、物业管理知识和安全方面的培训、大厦保洁部岗位职责、大厦项目保洁服务检验流程和标准、大厦项目物业办公室保洁操作规程、大厦项目洗手间保洁操作规程、大厦保洁应急预案。

（5）结束语：感谢贵公司提供参与××大厦项目日常保洁竞标的机会，感谢贵公司为我公司投标文件提出的合理化建议；公司作为××市较早从事物业保洁服务的机构之一，一直致力于保洁技术的钻研和服务品质的提升，一直把铸就公司在××市保洁行业的品牌作为战略目标，公司经济、管理实力雄厚，对重大突发事件有强大的控制能力，如若能够中标××大厦日常保洁项目，对我公司的战略意义远远大于经济意义；在服务过程中，公司将和××大厦项目物业进行充分合作，共同提高保洁服务品质；不管本公司是否中标，公司都祝愿××大厦能够通过此次招标改善工作环境、提升工作质量。

【实训分析】

从实训提供的材料来看，这篇投标书的内容结构比较完善，主要包含标函、委托书、报价书、服务方案和结束语等内容。对于这种内容丰富、篇幅较大的投标书而言，首先可以考虑设计封面，封面的内容主要是投标书名称、投标项目名称、投标文件内容、法定代表人或委托代理人签名、投标人盖章、投标日期等。然后依次制作投标函页面、法定代表人授权委托书页面、开标报价书页面，以及保洁服务方案和结束语等内容。对于开标报价书中涉及的人员配置、清洁设备、工具、物料等内容，可以考虑使用表格的形式进行整理，使内容一目了然，便于统计。对于保洁服务方案的内容，则需要按章条式写法，划分多个不同级别的标题，让整个内容的层次结构更加清晰与合理。

训练8-3 计算机购销合同

某买方向某卖方购买计算机，请根据以下材料撰写一篇电脑购销合同。

【背景材料】

（1）采购产品的名称、数量、价格规定：采购×××共计××台；单价为×××元（大写：××××元整）；总金额为×××元（大写：×××元整）。

（2）交付方式：送货上门；送货时间为合同签订后三日内；送货地址为××××，运费由甲方承担。

（3）验收方式：甲乙双方共同验收；甲方向乙方说明商品的配置，核对商品品牌、型号，通电调试，若符合使用说明书中的配置和产品质量状况，经乙方确认后，即为验收完毕。

（4）货款结算：协议签署后，乙方向甲方以现金或者转账的方式一次性付清货款。

（5）售后服务：甲方按合同规定提供质保和售后服务。

（6）甲方承诺：商品质量与包装完全合格。

（7）乙方须知：开封后 15 天内，应保留商品的原包装和充填物；在质量保证期内，应妥善保存商品的发票、配置清单和三包凭证。

（8）违约责任：若甲方不保修，乙方有权要求其保修，并追究由于甲方的原因带来的损失；若乙方无故拒收，甲方有权解除合同，乙方应赔偿甲方所受损失。

（9）争议解决方式：双方协商解决。

（10）备注：利用表格整理计算机整机配置清单。

【实训分析】

材料已经说明了合同的主要内容，还需要适当对部分内容进行补充。同时应当注意不能忽略了正文开头当事人双方的信息及引言，还要注意最后的落款内容，包括买卖双方的名称、经办人、联系电话、签订日期等。

思考与练习

（1）简述商务函电的写作格式。

（2）招标书有哪些编制原则？

（3）简述招标书和投标书的写作格式。

（4）如何写作协议书？

（5）经济合同有哪些主要内容。

（6）根据以下材料，撰写一篇合作意向书。

××公司与××集团有限公司在就一个项目的相关事宜进行协商之后，初步达成了一个期限为一年的合作意向，请按照本章介绍的合作意向书的主要内容和写作格式，尝试撰写一篇合作意向书，内容包括合作概要、双方工作、费用分担、保密原则、违约责任、意向书的补充修改等。

① 双方的共同目标是长期合作、持续改进产品质量，使其符合当地的标准，并能够在××和周边国家销售；甲方主要负责与本国政府部门、银行、商会等相关单位进行总体协调和联系工作，并对项目开发进行总体管理；乙方主要负责技术文件编制、供货、技术服务和技术支持等工作，并提供对周边国家的市场的支持。

② 本意向书涉及的产品是乙方生产的××、××和××3 种规格的××。

③ 在正式的合作协议签订前双方的工作中，甲方的责任和义务包括编制该项目在××的可行性报告，及时就技术和商务问题与乙方进行沟通；负责项目融资事宜并承担相应工作，在必要时与乙方协作为该项目争取优惠的信贷条件；审核乙方编制的商务、技术文件并汇总，提出修改意见、组织谈判；负责组织乙方以及相关人员在××的考察工作；负责在合作过程中及时向当地的商会和政府部门汇报项目情况，并获得有关政府部门的支持。乙方的责任和义务包括在充分考虑甲方要求的前提下编写目标产品的技术文件，保证技术的完整性、可靠性和先进性；充分考虑甲方要求与乙方习惯的差异，并针对差异项尽可能地提出备选方案以供甲方选择；负责考察人员的接待，并负责安排参观生产工厂、会谈、组织技术交流；及时安排有关人员参加国内外的考察和谈判工作，并根据甲方的意见对有关技术文件、商务文件进行补充和修改。

④ 正式的合作协议签订后，甲乙双方将根据合作协议的规定和要求，另行签订具体的采购合同，明确各自在合同执行过程中的责任和义务；乙方根据自身的业务特点，特授权其全资子公司——“××贸易有限公司”作为乙方的全权代表，与甲方签订采购合同、技术协议及服务协议等各种文件，并负责整个项目的操作过程。

⑤ 费用分担：在正式协议签订前，甲乙双方分别承担各自为获得该项目所产生的所有费用；在正式协议生效后的执行过程中，双方根据所签订的合同或意向书支付相关货款或费用。

⑥ 违约责任：甲乙双方中的任何一方违反本意向书已经明确的责任和义务而使对方蒙受损失，受损方有权向责任方提出索赔要求，责任方应予以经济赔偿，赔偿的额度以造成的直接的或间接的经济损失为依据进行计算。

⑦ 意向书的补充修改：此意向书为双方合作的依据，未尽事宜由甲乙双方另行协商解决；任何需修改、变更和补充的条款和内容，应由一方提前两个月向另一方以书面形式提出，经双方确认签字盖章后，将被视为本意向书不可分割的组成部分，与本意向书具有同等的法律效力。

第9章

财经诉讼文书

在经济活动的过程中，参加活动的双方或多方常因为各种不同的原因而产生经济纠纷，当当事各方无法通过协调解决问题时，当事的某一方可依照事实和法律，向有管辖权的仲裁机构或人民法院提出仲裁、诉讼或辩驳的文书。这类财经诉讼文书可分为仲裁文书和经济诉讼文书，本章将进行具体的介绍。

知识目标

① 掌握仲裁申请书和仲裁答辩书的写作方法。
② 熟悉仲裁协议的特点和写作格式。
③ 熟悉经济纠纷起诉状的写作格式和写作注意事项。
④ 掌握经济纠纷上诉状的写作格式和写作注意事项。
⑤ 了解经济纠纷上诉状与申诉状的区别
⑥ 掌握经济纠纷申诉状的写作格式。
⑦ 掌握经济纠纷答辩状的写作格式。

技能目标

能够正确且熟练地撰写经济仲裁申请书、经济仲裁答辩书、仲裁协议、经济纠纷起诉状、经济纠纷上诉状、经济纠纷申诉状和经济纠纷答辩状。

9.1 仲裁文书

我国《仲裁法》规定，平等自主的公民、法人以及其他组织之间发生的合同纠纷和其他财产权益纠纷，可以仲裁。这就说明，仲裁文书是为了解决平等主体之间的经济纠纷而使用的文书。

在生活中，较为常见以及较常使用的仲裁文书可以分为仲裁协议、仲裁申请书和仲裁答辩状 3 种，它们是在仲裁各种经济合同纠纷时使用频率较高的文书，皆具有法律约束力、强制性以及特定的格式，下面分别进行介绍。

9.1.1　仲裁协议

仲裁协议指当事人双方自愿将他们之间已经发生或可能发生的可仲裁的合同纠纷或其他经济纠纷等事项提交仲裁机构裁决的书面协议。仲裁中的任何一方在申请仲裁机构仲裁时，都要以双方订立的仲裁协议为前提，这样仲裁机关才会受理案件。

仲裁协议一方面表示当事人愿意将纠纷事项提交仲裁机构裁决并接受仲裁结果的意向，另一方面也排除了人民法院对经济纠纷的管辖权，因为人民法院不能受理已达成仲裁协议的某一方提出的诉讼。

新手解谜——仲裁机构和人民法院受理的经济纠纷有什么区别？

仲裁机构和人民法院都能解决经济纠纷，但根据《仲裁法》可知，仲裁机构能解决的经济纠纷指的是在经济、贸易、劳务、海事及运输等领域内产生的纠纷，而依法应由行政机关处理的行政争议以及因与人身关系有关的财产关系而产生的纠纷不能通过仲裁解决。

1. 仲裁协议的特点

仲裁协议具有共同性、明确性、独立性、前提性和法律性 5 个特点，下面分别进行介绍。

- **共同性**：仲裁协议是当事人双方自愿共同签订的，表达的是双方共同的意愿。
- **明确性**：仲裁协议中要对选定的仲裁机构、仲裁事项等做出明确的规定，否则该协议不能生效。
- **独立性**：虽然仲裁协议可以是对某合同中的纠纷事项请求仲裁的书面文书，依附合同存在，但当合同产生变更或终止时，仲裁协议依然有效，这是其独立性所在。
- **前提性**：仲裁协议是对需要解决的纠纷的相关事项的预先确定，也是仲裁机构进行裁决的前提条件。
- **法律性**：法律性一方面是指仲裁协议的签订必须合法，不能违反《仲裁法》的规定；另一方面是指达成协议之后，里面关于裁决机构、地点和具体事项的规定将立即生效，裁决结果将带有法律效力，会被要求强制执行。

2. 仲裁协议的写作格式

仲裁协议由标题、协议当事人、正文以及结尾 4 部分组成，下面分别进行介绍。

仲裁协议	标题
甲方： 乙方：	协议当事人
××××××××××××，××××××××××××××××××，××××××××××××××××××××××××××。 ××××××××××××。	正文：主要包括指定的仲裁机构以及需要仲裁的事项等内容
甲方： 乙方： ××年×月×日	结尾

- **标题**：标题为“仲裁协议”或“仲裁协议书”皆可。
- **协议双方**：要求写明签订协议的双方或多方当事人的姓名、称呼和地址等内容。
- **正文**：说明是因为什么纠纷而订立的协议，协议的内容是什么，然后写明当事人双方共同选定的仲裁机构名称；还可在正文中附带一些条件或说明，如协议书的份数说明等。
- **结尾**：当事人签名、盖章，并写上成文日期。

9.1.2 仲裁申请书

仲裁申请书是经济纠纷中的一方当事人，为了维护自己的合法权益，向仲裁机构提交的请求仲裁双方之间经济纠纷的书面请求文书。

1. 仲裁申请书的特点

仲裁申请书具有陈述性、参照性和规范性 3 个特点，下面分别进行介绍。

- **陈述性**：陈述性具体表现为在仲裁申请书中需要有对经济纠纷产生的事实经过的陈述，并说明理由、提供证据等。
- **参照性**：仲裁申请书中提供的事实和证据对仲裁机构最终做出的裁决结果有重要的辅助作用，可以作为其依法调解、仲裁经济纠纷的参考依据。
- **规范性**：仲裁申请书的行文和其他的经济诉讼文书一样，都有固定的格式规范。

2. 仲裁申请书的写作格式

仲裁申请书由标题、当事人双方基本情况、申请仲裁的案由或事由、仲裁请求、事实与理由、结尾和附项 7 个部分组成，下面分别进行介绍。

仲裁申请书	标题
申请人： 地址： 法定代表人： 委托代理人： 被申请人（填写信息与原告基本相同）：	当事人双方基本情况
××××××××××，××××××××××××××××。	申请仲裁的案由或事由
1. ××××××××××，××××。 2. ××××××××××××。	仲裁请求
××××××××××，××××××××××××××××。 1. ××××××××××，××××。 2. ××××××××××××。	事实与理由
此致 ××人民法院 起诉人：××× ××年×月×日	结尾
附： 1. 申请书副本×份 2. 书证×份 3. 物证×件	附项

- **标题：**标题应标明“仲裁申请书”。
- **当事人双方基本情况：**写明当事人的基本情况，包括申请人和被申请人的姓名、性别、年龄、工作单位、职业、地址、电话，法定代表人和委托代理人的姓名、职务、住址和联系电话等信息。
- **申请仲裁的案由或事由：**写明是因为什么纠纷申请仲裁。
- **仲裁请求：**仲裁请求即请求仲裁机构仲裁的具体事项以及进行仲裁想要达到的最终目的。
- **事实与理由：**简要概括经济纠纷产生的事实经过，重点写出被申请人违约的具体事实和自己承受的经济损失，并阐明申请仲裁的法律依据、有关证据及证据来源等。
- **结尾：**结尾要包含“此致”加上仲裁机构名称，申诉人的签章以及成文日期等内容。
- **附项：**附项主要包括本仲裁申请书副本份数、物证件数和书证件数等信息。

3. 仲裁申请书的写作注意事项

撰写仲裁申请书时，需注意以下几点。

- 仲裁申请人不能因受情绪影响随意提出仲裁申请，申请理由必须以事实为依据。
- 要注意申请人想要通过仲裁达到的目的是否合法、合乎情理。
- 申请仲裁的双方当事人的基本信息必须完全准确、完整、有效，以便双方当事人能收到仲裁机构送达的法律文书；若申请人的姓名有所变更，与仲裁协议或合同不一致，应以现行有效且经登记机关登记的姓名为准，并将相关文件变更后一并提交，以免因此被通知补正，影响立案效率。
- 行文过程中，申请人或被申请人要填法定全称，若要用简称，需注明“以下简称‘××’”，且应当满足仲裁裁决书的撰写习惯并全文统一使用，不得更改。有多个申请人或被申请人的，应以“第一申请人”“第二申请人”的方式一起表述出来。
- 仲裁申请的内容应分条列项、条理清楚、准确具体，与法律条款或合同条款的用词一致。
- 申请人可以在仲裁请求中要求被申请人承担申请人律师的代理费等仲裁费用。

9.1.3 仲裁答辩书

仲裁答辩书是被申请人根据申请人在关于经济纠纷的仲裁申请书中提出的要求和相关依据理由，对申请人仲裁申请书所列事实和请求进行答复或辩解，并提供事实依据和理由的文书。被申请人作为答辩人，应当在规定的时间内向仲裁机构提交答辩书，承认或否认申请人的要求。

1. 仲裁答辩书的特点

仲裁答辩书具有针对性、辩论性、被动性和真实性 4 个特点，下面分别进行介绍。

- **针对性：**答辩人在仲裁答辩书中答复和辩解的具体内容，即是申请人在仲裁申请书中所提出的事项和要求。
- **辩论性：**仲裁答辩书是答辩人对申请人提出的要求，用事实和法律进行答复或者辩论的文书，因此具有辩论性的特征。
- **被动性：**仲裁答辩书是针对仲裁申请书出现的文书，是被申请人或其委托代理人根据仲裁申请书的内容做出的应答，这种文书不能随意、主动地使用，也不要提出其他不相干问题。
- **真实性：**仲裁答辩书的内容要是真实、符合法律依据的内容，否则答辩的内容便没有价值。

经验之谈

仲裁答辩书的作用在于承认或否认申请人的请求及事实理由，为自己的经济行为做出辩解，使仲裁机构能够公平裁决，以维护自己的合法利益。

2. 仲裁答辩书的写作格式

仲裁答辩书一般由标题、答辩人基本情况、正文、结尾和附件组成，下面分别进行介绍。

仲裁答辩书	标题
申请人： 地址： 法定代表人： 委托代理人：	答辩人基本情况
××××××××××，××××××××××××××××。	申请仲裁的案由或事由
1. ××××××××××，××××。 2. ×××××××××××。	仲裁请求
××××××××××，××××××××××××××××。 1. ××××××××××，××××。 2. ×××××××××××。	事实与理由
此致 ××人民法院 起诉人：××× ××年×月×日	结尾
附： 1. 答辩书书副本×份 2. 书证×份 3. 物证×件	附项

- **标题：**标题为“仲裁答辩书”。
- **答辩人基本情况：**答辩人基本情况包括答辩人的姓名、地址、职务、联系电话、法人代表及委托代理人等。
- **正文：**正文包括案由、答辩内容与要求等；案由指答辩的缘由，需简述因何人、何事而进行答辩，答辩内容是陈述事实过程，答辩人需对申请人在仲裁申请书中提出的事实理由进行反驳或辩解，并说明自己的辩驳理由和事实依据，可以引述相关法律条文说明己方是无错或依照法律可以免责的，合法做出对己方有利的陈述，且具体实施证据要罗列清楚；最后在以上内容的基础上，表明自己的态度或提出自己的请求，并恳请仲裁机构依法裁决，支持自己的主张。
- **结尾：**采用信函格式呈送仲裁机构，内容为“此致”“×××仲裁委员会”，然后是答辩人签章及答辩日期。

- **附件**：附件包括答辩副本份数，证据的名称和份数。

9.1.4 范文点评：常见仲裁文书

【范文1】

仲裁协议

甲方：××省××有限公司，地址在××省××市××路××号

法定代理人：徐××，经理

乙方：××省××经贸公司，地址在××省××县××路××号

法定代理人：罗××，经理

当事人双方愿意提请××市仲裁委员会按照《中华人民共和国仲裁法》的规定，仲裁如下争议。

双方于××年×月签订羊绒衫买卖合同。在合同履行中，因买方对卖方提供的羊绒衫质量等级提出异议，导致双方发生争议，由于协商未果，故双方一致同意选择××市仲裁委会依据《中华人民共和国仲裁法》及该会仲裁规则，对双方合同中所涉质量等级和双方如何继续履行合同作出裁决。

甲方：××省××有限公司　　乙方：××省××经贸公司

（公章）　　（公章）

法定代理人：徐××　　法定代理人：罗××

××年×月×日

【点评】

这是一篇典型的仲裁协议，其结构比较简单，包括订立协议双方的信息、委托的仲裁机构、具体的仲裁事项等，表达了签订协议的双方的共同意愿，格式规范，要素齐全，值得参考与学习。

【范文2】

仲裁申请书

申请人：××××体育设施有限公司

住所地：××省××市××区××路××

法定代表人：×××，该公司总经理

委托代理人：×××，该公司项目经理

第一被申请人：××市××中学（以下简称××中学）

住所地：××省××市××区××路×××号

法定代表人：×××，该校校长

第二被申请人：×××××××××公司（以下简称××公司）

住所地：××省××市××区××路×号

法定代表人：×××，该公司总经理

第三被申请人：××××建设工程有限公司（以下简称××工厂）

住所地：××省××市××区××路×××号

法定代表人：×××，该公司总经理

案由：建设合同纠纷

仲裁请求。

1. 裁决被申请人××中学向申请人支付拖欠的工程款及其利息共计×××元，被申请人××厂承担连带清偿责任。

2. 裁决被申请人××公司向申请人退还属于申请人的工程款及其利息共计×××元。

3. 裁决本案仲裁费用由被申请人负担。

事实与理由。

申请人与被申请人××中学于××年×月×日签订了编号为ZTS×××××的《××省建设工程施工合同》，约定由申请人为被申请人承包××市××中学运动场改造工程，工程规模约××××平方米。该合同就工程承包的范围及内容、工期、质量标准、质量验收、合同价款及支付、工程进度计划、竣工验收与结算、质量保证、争议的解决等内容做了规定。该合同约定开工日期为××年×月×日，竣工日期为××年×月×日，合同工期总日历天数为××天。合同价款为玖拾捌万捌仟陆佰玖拾玖元整（元）。合同约定了监理单位为××市××建设监理有限公司。合同中发包人即被申请人××中学承诺按照本合同约定的期限和方式支付合同价款及其他应当支付的款项，履行本合同约定的全部义务；同时承包人即申请人也承诺按照本合同约定施工、竣工，在质量保修期内承担工程质量保修责任，履行本合同约定的全部义务。双方约定本合同自签订之日起生效并已经报××市综合招投标中心备案。

申请人与被申请人××中学在该合同中约定："基础完工后，发包方向承包方支付合同价的50%。""工程完工并全部验收合格后，办理结账手续，留取总工程款的5%待工程质保期满后付清。"另外合同约定了缺陷责任期为五年，质量保证的方式为质量保证金，质量保证金的金额按通用条款的约定，为工程价款结算总额的5%，扣留方式是在办理结账手续时留取总工程款的5%。该工程（包括申请人分包给被申请人××公司的道路施工工程）已按期全部完成并已通过竣工验收，申请人已经履行了合同约定的全部义务，但被申请人××中学及其援建单位、被申请人××厂还拖欠申请人工程款及其利息共计×××元直至今日仍未支付，因此被申请人××中学应向申请人支付拖欠的工程款及其利息共计×××元，被申请人××厂承担连带清偿责任；同时被申请人××公司分包的道路施工工程部分只应领取共计×××元的工程款，而××公司项目经理却通过伪造印章和相关资料的手段总共领取了工程款共计×××元，因此被申请人××公司应向申请人退还工程款及其利息共计×××元。

为了维护申请人的合法权益，根据申请人和被申请人××中学签订的《××省建设工程施工合同》中的仲裁条款约定（"双方同意选择下列一种方式解决争议：向××仲裁委员会申请仲裁。"）和《中华人民共和国仲裁法》第二条的规定，特向贵委提出仲裁申请，请依法裁决。

此致

××仲裁委员会

申请人：××××体育设施有限公司

20××年×月×日

附：

1. 仲裁申请书副本一式四份；

2.《××省建设工程施工合同》（编号为ZTS×××××）复印件一份；

3.《道路施工承包合同》复印件一份；

4.《××市××中学沥青混凝土路面施工合同》复印件一份；

5. 其他证据×份。

【点评】

这篇仲裁申请书格式正确，写明了申请人、被申请人的基本信息，以及申请仲裁的案由、仲裁请求、事实与理由并总结陈词，以“特向贵委提出仲裁申请，请依法裁决”语句结束正文，结尾致敬仲裁机构，附件内容完整。统观全篇，格式规范，是一篇典型的仲裁申请书的范文。

【范文3】

劳动争议仲裁答辩书

答辩人：××有限公司

地址：梁山县宋江路××号

电话：0787-×××××

法定代表人：宋江　　职务：总经理

尊敬的××区劳动人事争议仲裁委员会：

贵委“×劳人仲院××庭收字【2018】8号”应诉通知书收悉，

现就申请人与××有限公司（以下称答辩人）劳动争议一案，提出答辩如下。

一、申请人请求答辩人支付其2017年11月、12月工资，共计13 677.42元

（8 000+8 000/31×22）

答辩意见：答辩人就申请人工作失职及严重违反用人单位规章制度一事于2017年12月18日、2017年12月20日、2017年12月22日、2017年12月23日前后4次与申请人进行沟通。第二次沟通后，即2017年12月20日起，申请人便未再到答辩人处上班，依员工手册《假期管理制度》的规定，视为旷工处理（自离），后申请人并未到答辩人处办理任何相关的手续，依薪资发放规定：离职工资依据员工的考勤记录及本人签名确认后发放；自离人员工资暂不发放，待办完相应手续后发放。故申请人11月、12月的工资暂未发放，依规定自离人员工资将在次月发放工资时统一发放，即申请人2017年11月、12月工资将在2018年1月底（31日）前统一发放，具体发放数额依申请人实际考勤计算，故申请人要求的数额与实际情况不符。

二、申请人诉称答辩人违法解除与申请人劳动关系，请求支付申请人经济赔偿金140 927.5元。

答辩意见：自2017年11月起，答辩人先后收到针对申请人滥用职权、徇私舞弊和败坏公司风气的各种举报材料。具体材料有：墙上大字报、意见箱举报材料、当面举报、电话举报等。为此，答辩人专门成立调查小组，经过近一个月的走访调查，得出结论及事实：1.申请人在公司内部有二三台（申请人承认的有2台）车辆运营，且在整个外请车辆调度（路线、定价）上明显向这2台车辆倾斜，从中渔利，严重违反本公司的车辆管理制度；2.据各种举

报材料表明，申请人在外请车辆调度上存在徇私舞弊、收受贿赂行为，严重违反了其岗位职责规定；3.申请人在公司外开设麻将馆，常有公司司机去光顾，不但违背了工作守则，长时间打麻将熬夜也不利于行车安全，给公司利益造成了损害；4.部分外请车司机为了谋取私利，向申请人进行利益输送，严重破坏了公司的管理风气。基于此，答辩人多次与申请人沟通确认此事，并于 2017 年 12 月 18 日、2017 年 12 月 20 日与申请人当面沟通，但在 2017 年 12 月 20 日的沟通后，申请人就再未到答辩人处上班，且未履行相应的手续，后 12 月 22 日答辩人再次电话约申请人前来协商被拒，12 月 23 日答辩人告知申请人会对其做出处分让其来办理手续，申请人于是来答辩人处，以没有赔偿为由拒不签收《解除劳动关系通知书》，后 12 月 27 日答辩人通过微信方式向其发送《解除劳动关系通知书》并在人事系统做了“离职未结账”处理。

申请人在答辩人于 2017 年 12 月 20 日与其沟通后至 12 月 22 日一直未上班，且未履行相关请假程序，依相关管理规定连续旷工两日或当月累计旷工三日以自离处理。

申请人的行为严重破坏了公司的管理制度，造成了恶劣的影响。答辩人依据《中华人民共和国劳动合同法》第三十九条规定了劳动者有 6 种情形之一的，用人单位可以解除劳动合同，其中“（二）严重违反用人单位的规章制度的；（三）严重失职，营私舞弊，给用人单位造成重大损害的；”规定，用人单位可解除与申请人的劳动关系，故申请人称答辩人无故解除劳动关系，要求答辩人支付经济赔偿金没有法律依据，且在答辩人提出与申请人解除劳动关系时，申请人非常抗拒，后在微信收到解除通知后又提起仲裁，对此，答辩人有理由怀疑申请人的动机。

三、申请人请求答辩人支付 2016 年及 2017 年年休假薪酬 9 104.16 元

（80 530/12/21.75×5×2+80 530/12/21.75×356/365×10×2=9 104.16）

答辩意见：申请人自 2007 年 9 月 13 日进入答辩人处工作，一直以来，答辩人按照国家相关法律、法规的规定安排工作，发放工资及待遇。至 2017 年 12 月 27 日（系统显示离职日期），2016 年申请人年假共 5 天，已休 2 天，未休年假为 3 天，2017 年年假共计 10 天，已休 1 天，未休 9 天，申请人共计未休年假为 12 天，且申请人离职前 12 个月工资为 75 278 元。故对申请人关于要求答辩人支付未休年假工资 9 104.16 元的请求与事实不符。一直以来，答辩人信任、培养申请人，如今申请人的做法，实在令答辩人不解，也感到心寒。鉴于申请人的所作所为，不但给答辩人的声誉造成了影响，还在经济上带来了损失，答辩人将另案对申请人提起诉讼，追究申请人的责任。

综上所述，答辩人请求劳动争议仲裁委员会依法驳回申请人所有的不合理仲裁请求。

此致

××区劳动人事争议仲裁委员会

答辩人：××有限公司
××年×月×日

【点评】

本篇劳动争议仲裁答辩书的范文内容齐全，其中写明了仲裁答辩书应包含的具体内容，尤其是正文部分，以有关规定为依据，对申请人提出的要求逐一进行反驳、解答，还将具体的算术公式罗列出来，有理有据。答辩人在文末提出了自己的答辩意见，格式规范正确，整体内容

观点鲜明，例证有力。

9.2 经济诉讼文书

经济诉讼文书是经济纠纷当事人在诉讼过程中，为行使诉讼权利，请求人民法院维护自身利益，实现诉讼目的而撰写的具有法律意义的文书，主要解决的是民事主体之间的经济合同纠纷与诉讼。适用于当事人使用的经济诉讼文书有经济纠纷起诉状、经济纠纷上诉状、经济纠纷申诉状和经济纠纷答辩状，由法院制作的有调解书、判决书和裁定书等。本节将介绍供当事人使用的 4 种经济诉讼文书。

9.2.1 经济诉讼文书概述

经济诉讼属于民事诉讼范畴，但不同之处在于民事诉讼可以是公民与公民之间的经济纠纷，和因人身关系或财产关系引起的诉讼，而经济诉讼的当事人双方必须有一方属于经济组织，经济诉讼主要由人民法院经济审判厅审理。下面介绍经济诉讼文书的特点与作用。

1. 经济诉讼文书的特点

经济诉讼文书主要有事实的客观性、叙述的重点性、论点的合法性以及行文的规范性 4 种特点，下面分别进行介绍。

- **事实的客观性：**请法院裁决的诉讼文书都需要以事实为依据，以法律为准绳，保证诉讼内容的真实性、准确性，只有从客观事实出发，实事求是地进行陈述，其请求或意见才能被法院采纳、接受。
- **叙述的重点性：**虽然经济诉讼文书要求全面、准确地揭示事情的本来面貌并补充各个侧面，但也没有必要事无巨细，而要重点罗列关键部分，做主次分明。
- **论点的合法性：**经济诉讼文书的内容和写作必须符合《合同法》《民事诉讼法》等相关法律规定，其客观事实要与相应的法规要求相一致、相符合，经济诉讼程序才能有效展开，诉讼文书的质量也会更有保证。
- **行文的规范性：**同其他的应用文一样，经济诉讼文书具有统一的书写格式和语体特点，内容要素也是固定的，这样的行文更为规范、有效。

2. 经济诉讼文书的作用

经济诉讼文书的作用包括以下几个方面。

（1）经济诉讼文书是产生纠纷的当事人请求法院裁判，寻求法律保护的书面述求文书，是当事人保护自己合法权益的重要法律形式。

（2）由于人民法院审理民事纠纷时秉持“不告不理”的原理，因此呈递诉讼文书是保证经济诉讼程序合法的重要条件。

（3）经济诉讼文书会对纠纷的事实真相做出阐释和例证，是人民法院正确运用法律、做出裁决的重要凭证。

9.2.2 经济纠纷起诉状

经济纠纷起诉状指的是在经济活动中的受害人认为自己的权益受到侵犯而向法院陈述纠纷事实、阐明起诉理由以及提出诉讼请求的书面起诉状。

1．经济纠纷起诉状的写作格式

经济纠纷起诉状的写作格式较固定，这体现了其严谨性和公正性。写作格式包括标题、状头、案由或事由、诉讼请求、事实和理由、证据和证据来源、结尾和附项等部分，下面分别进行介绍。

经济纠纷起诉状	标题
原告： 法定代表人： 委托代理人： 被告（填写信息与原告基本相同）：	状头
×××××××××××，××××××××××××××××。	案由或事由
1. ××××××××××，××××。 2. ××××××××××××。	诉讼请求
×××××××××××，××××××××××××××××。	事实和理由
1. ××××××××××，××××。 2. ××××××××××××。	证据和证据来源
此致 ××人民法院 起诉人：××× ××年×月×日	结尾
附： 1. 本状副本×份 2. 书证×份 3. 物证×件	附项

- **标题**：标题为“经济纠纷起诉状”或“起诉状”。
- **状头**：状头应写明当事人的基本情况，包括原告人、被告人、法定代表人、委托代理人等的姓名、职位、住址等信息。
- **案由或事由**：写明因何事起诉，主要写明当事人之间讼争的法律关系及其争议。
- **诉讼请求**：写明请求人民法院依法裁决的具体事项，或诉讼要达到的最终目的。
- **事实和理由**：事实和理由是经济纠纷起诉状的正文，也是核心部分，直接关系到人民法院是否受理此案，应写明事实经过、证据、理由和法律依据等内容。
- **证据和证据来源**：分条列举证据，并写明证据的来源。
- **结尾**：包含“此致”“×××人民法院”；起诉人签名或盖章；年、月、日等内容。
- **附项**：主要包括本状副本份数，物证件数，书证件数等信息。

2．经济纠纷起诉状的写作注意事项

撰写经济纠纷起诉状时，需要注意以下几点。

（1）提出请求时要做到事实具体、全面，不得笼统或含糊不清，数字必须准确无误。

（2）诉讼理由要建立在充分确实的证据和明确清楚的事实基础之上，说清楚案件事实与理由之间存在的因果关系，建议引用法律条文，但必须准确、完备。

（3）注意人称的一致性。在陈述事实与理由时，陈述的人称要前后一致，例如用第三人称时要称原告与被告。

（4）语言准确、严谨，表述具备逻辑性。

9.2.3　经济纠纷上诉状

经济纠纷上诉状指的是经济纠纷诉讼当事人或其法定代理人不服人民法院一审判决或裁定，依照法定程序在规定期限内向上一级人民法院提起上诉，请求撤销、变更一审判决或裁定，或重新审判而提出的诉状。经济纠纷上诉状是二审法院受理案件并进行审理的依据。二审法院可以通过经济纠纷上诉状了解上诉人不服一审判决的理由，对二审法院全面了解案情，审理案件，保护当事人的合法权益，提高办案质量，具有重要的作用。

1. 经济纠纷上诉状的写作格式

经济纠纷起诉状的写作格式包括标题、状头、案由、上诉请求、上诉理由、结尾、附项等部分。

经济纠纷上诉状	标题
上诉人： 法定代表人： 委托代理人： 被上诉人： 法定代表人：	状头
××××××××××，×××××××××××× ××××。	案由
1. ×××××××××××，××××。 2. ×××××××××××。	上诉请求
×××××××××××，×××××××××。××× ×××，××××××××××。	上诉理由
此致 ××人民法院 上诉人：××× 法定代表人：××× 委托代理人：××× ××年×月×日	结尾
附： 1. 本状副本×份 2. 书证×份 3. 物证×件	附项

- **标题：**标题为“经济纠纷上诉状”或“上诉状”。
- **状头：**写明当事人的基本情况，内容与起诉状相同。

- **案由**：写明不服一审判决或裁定的原由，需要具体说明是哪起案件，是由于不服人民法院于何时、以何字号（×字第×号）发出的判决或裁定而提出的上诉。
- **上诉请求**：写明请求二审法院撤销或变更原审判决或裁定，或请求重新审理。
- **上诉理由**：上述理由是经济纠纷上诉状的关键所在；一般的理由主要有原审判决和裁定对事实的认定有错误、出入和遗漏，或证据不足，或定性不当，或引用的法律条文不准确，或原审判决或裁定不合法定程序等。
- **结尾**：结尾包含“此致”“×××人民法院”，上诉人签名或盖章，年、月、日等内容。
- **附项**：附项主要包括本状副本份数，物证件数，书证件数等信息。

2. 经济纠纷上诉状的写作注意事项

经济纠纷上诉状在写作时应注意以下几点。

（1）上诉理由的针对性要强，不能长篇大论，胡搅蛮缠，而应当有的放矢，一针见血。

（2）语言运用要简洁明了，层次分明，条理清楚，逻辑性要强。

9.2.4 经济纠纷申诉状

经济纠纷申诉状指的是经济案件的当事人或法定代理人，认为已经产生法律效力的判决、裁定有错误而向原审人民法院提出申诉，请求复查纠正或重新审理的一种文书，因此也叫做再审申请书。

1. 经济纠纷申诉状与上诉状的区别

经济纠纷申诉状与上诉状都是对原审法院的判决或裁定不服，要求纠正错误而出具的书面文书，但二者的用法有明显区别。

- **时间不同**：申诉状是申诉人对已经发生法律效力的判决、裁定不服而提出申诉，且申诉时，判决、裁定不能停止执行；只有当申诉人申诉成功，人民法院改判后才能根据改判后的结果来撤销或更换判决、裁定；上诉状则是对未发生法律效力的判决、裁定进行上诉。
- **时限不同**：申诉没有时间限制，上诉有时间限制，过期则失效。
- **对象不同**：申诉状是向原审判的法院提出的；上诉状只能向原审判法院的上一级人民法院提出。

2. 经济纠纷申诉状的写作格式

经济纠纷申诉状的写作格式包括标题、状头、案由、申诉请求、申诉理由、结尾、附项等部分，下面分别进行介绍。

经济纠纷申诉状	标题
申诉人： 法定代表人： 委托代理人： 被申诉人： 法定代表人： 委托代理人：	状头
×××××××××××，×××××××××××××××××。	案由

1. ××××××××××，××××。 2. ×××××××××××。	申诉请求
××××××××××，×××××××××××××××××。 根据上述理由，请求再审此案，××××。	申诉理由
此致 ××人民法院 申诉人：××× 法定代表人：××× 委托代理人：××× ××年×月×日	结尾
附： 1. ××××××判决书××份 2. ××××××听证笔录××份	附项

- **标题：**标题为“经济纠纷申诉状”或“申诉状”。
- **状头：**状头写明申诉人和被申诉人的基本情况，有时也可以省略被申诉人的信息。
- **案由：**案由写明申诉的案件名称，做出生效判决、裁定的人民法院的名称，判决、裁定编号及制作日期，并表明对该裁定、判决不服，提出申诉的态度。
- **申诉请求：**申诉理由应写明请求人民法院解决什么问题，说明申诉要求达到的目的。
- **申诉理由：**申诉理由应明确且具体地写出生效判决或裁定的错误，然后针对指出的错误，全面、客观、准确地陈述案件的有关事实，具体列出有关人证、物证、书证以及要害的证据线索，从而推出合理合法的请求事项。
- **结尾：**包含“此致”“×××人民法院”；申诉人签名或盖章；年、月、日等内容。
- **附项：**包含已生效的判决书、裁定书，以及可以支持其申诉请求的有关证据材料。

3. 经济纠纷申诉状的写作注意事项

撰写经济纠纷申诉状时，需注意以下几点。

（1）对申诉的事实务必求全、求真。原审裁判如果不是依据全面事实裁判的，申诉状应从案情事实、原来的处理经过及处理结果进行归纳叙述，阐明原审裁定的不当之处。

（2）要实事求是。对原审裁定中对的、属实的处理，应承认，不应反驳，做到实事求是。

（3）尽量列示例证。应将与请求目的相符的人证、物证和书证等在申诉状里明确列示，并加以说明，以实证服人。如能提供有助说明申诉事实的新证据，将更具说服力。

9.2.5 经济纠纷答辩状

经济纠纷答辩状是指被告针对原告的起诉状，或被上诉人针对上诉人的上诉状向人民法院做出答复，承认被诉内容属实或递交辩护、反驳类言论的一种文书。

1. 经济纠纷答辩状的写作格式

经济纠纷答辩状主要包括标题、状头、答辩缘由、答辩内容、答辩意见、结尾、附项等部分，下面分别进行介绍。

经济纠纷答辩状	标题
答辩人： 法定代表人： 委托代理人： 被答辩人： 法定代表人： 委托代理人：	状头
××××××××××，××××××××××××××××。	答辩缘由
1. ××××××××××，××××。 2. ×××××××××××。 3. ×××××××××××。	答辩内容
综上所述，×××××××××××××××××××××××。	答辩意见
此致 ××人民法院 答辩人：××× ××年×月×日	结尾
附： 1. 答辩书副本××份 2. 证据材料××份	附项

- **标题**：标题为“经济纠纷答辩状”或“答辩状”。
- **状头**：写明答辩人和被答辩人的基本情况，要求答辩人的信息应完整详细，包括答辩人和申诉人的姓名、单位全称、地址、开户银行、法定代表人姓名及其职务等，被答辩人的信息有时可省略。
- **答辩缘由**：答辩缘由是对何单位或对上述的何案进行答辩的概括说明，一般格式为“答辩人于××年×月×日收到××法院交来原告人因××一案的起诉状（上诉状）副本一份，现答辩如下：”。
- **答辩内容**：经济纠纷答辩状最关键的部分就是答辩内容，这是整张答辩状的重心，要求答辩人在以客观事实为基础的依据上，有针对性地回答起诉人或上诉人所提出的诉讼请求，有理有据、条理清晰地阐明本方对有争议的事实的明确观点及相应理由。
- **答辩意见**：在有针对性且充分地阐明答辩理由的基础上，答辩人应提出自己的答辩意见；答辩意见可包括根据确凿的事实与证据，证明己方行为的合理性；依据有关法律条文，说明己方答辩理由的正确性；归纳答辩事实，揭示对方当事人法律行为的错误；提出对本案的处理意见，请求人民法院予以合理的裁决。
- **结尾**：结尾包含“此致”“×××人民法院”；答辩人签名或盖章；年、月、日等内容。
- **附项**：附项包括当事人按照法律规定提供的各种证据的名称及份数，以及答辩状副本件数。

2. 经济纠纷答辩状的写作注意事项

在写作经济纠纷答辩状时，要注意以下几个方面的内容。

（1）注意答辩时间

《中华人民共和国民事诉讼法》规定“原审人民法院收到上诉状，应当在五日内将上诉状副本送达对方当事人，对方当事人在收到之日起十五日内提出答辩状。人民法院应当在收到答辩状之日起五日内将副本送达上诉人。”因此，答辩人应及时行使答辩权利，在规定期限内提交答辩状，否则，就是自动放弃争取合法权益的机会。

（2）抓住关键点

写作答辩状时，要找到双方当事人纠纷争执的核心问题或是焦点进行辩解或论说，一语中的、有理有据地进行回答，这样答辩状才有更强的针对性和说服力，让人印象深刻。

（3）要据理反驳

在进行答辩时，要抓住对方在法律或规定方面的语言漏洞，反驳对方的论点，再通过事实依据、分析论证和相关法规佐证自己的意见和主张，最后驳斥对方的请求并论述自己的结论和意见。答辩内容在事实和法律条文方面的依据相当重要，一定要有条有理，这样文书的质量才更高，也更有胜算。

9.2.6 范文点评：常见经济诉讼文书

【范文1】

经济纠纷起诉状

原告人：××市××区××公司

地址：××市××区××街×号

法人代表：×××，系公司经理

被告人：××市××区××商店

地址：××市××区××路×号

法人代表：×××，系商店经理

案由：追索货款，赔偿损失。

诉讼请求。

1. 责令被告偿还原告货款3万元。

2. 责令被告赔偿拖欠原告货款3个月的利息损失。

3. 责令被告赔偿原告因提起诉讼而产生的一切损失，包括诉讼费、律师费等。

诉讼事实和理由。

原告和被告于2018年10月18日商定，被告从原告处购进××商品，价值人民币××万元。原告于当年10月19日将××商品用车送至被告处，被告立即开出3万元的转账支票交付原告，原告在收到支票的第二天去银行转账时，被告开户银行告知原告，被告账户上存款只有××万余元，不足清偿货款。由于被告透支，支票被银行退回。当原告再次找被告索要货款时，被告无理拒付。后来原告多次找被告交涉，均被被告以经理不在为由拒之门外。

根据《中华人民共和国民法通则》第一百零六条第一款和第一百三十四条第一款第七项的

规定，被告应当承担民事责任，原告有权要求被告偿付货款，并赔偿由于被告拖欠货款而给原告带来的一切经济损失。

证据和证据来源。

1. 被告收到货后签收的收条1份。

2. 银行退回的被告方开的支票1张。

3. 法院和律师事务所的收费收据×张。

此致

××区人民法院

起诉人：××公司（公章）

2018年11月20日

附：

1. 本状副本××份

2. 书证××份

【点评】

这篇经济纠纷诉讼起诉状的状头介绍了双方当事人的名称、地址和法人代表的信息，案由明确，诉讼请求具体，事实简洁清楚，陈述理由合情合理，并准确引用了法规，人称前后一致。整篇诉状有理有据，起诉成功的几率很大。

【范文2】

经济纠纷上诉状

上诉人：××××有限公司

地址：××市××区××街××号

法定代表人：××× 职务：总经理

被上诉人： ××××公司

地址：××市××区××路××号

法定代表人：××× 职务：总经理

案由。

上诉人因×××一案，不服××市××区人民法院××年××月××日（××）初字第××号判决，现提出上诉。

上诉请求。

1. 依法撤销原审判决，予以改判。

2. 判决被上诉人给付因其违约所欠款项人民币××万元整。

3. 本案一、二审诉讼费用由被上诉人全部承担。

上诉理由。

1. 原审判决认定事实错误

2018年8月15日，上诉人与被上诉人签订广告代理合同。合同约定：上诉人自2018年8月28日起至10月18日止在××区××大街两侧为被上诉人粘挂印有被上诉人标志的广告吊旗，被上诉人支付广告代理费××万元。

合同订立后，经上诉人保有相关主管部门批准，于2018年8月28日起开始在指定路段粘挂由被上诉人总经理×××审定认可的广告吊旗。自9月7日起天气状况恶化，连日刮风下雨，使粘挂的广告吊旗破损较多，虽然上诉人一再补挂，仍不能保证持久。为此，有关部门下令自9月20日停挂该广告吊旗，并摘除已挂的吊旗。

以上事实，有有关主管部门出具的证明为证。然而，原审判决却认定上诉人悬挂广告吊旗未经有关部门批准，属非法悬挂，且未能按约定的期限悬挂，这一认定违背了事实真相，是错误的。

2. 原审判决适用法律错误

原审判决在对事实认定错误的基础上，将上诉人与被上诉人之间订立的广告代理合同认定为无效合同，并适用《中华人民共和国合同法》中关于无效合同处理的规定判决上诉人承担责任，返还被上诉人交付的××万元广告代理费。在适用法律上亦属错误的。

而事实上，上诉人与被上诉人依据各自真实的意思表示签订的广告代理合同符合《中华人民共和国合同法》基本原则，属合法、有效合同，合同订立后，上诉人又依据广告代理的相关规定向有关部门办理了相应的手续，并实际履行了该合同确定的义务，应当适用有关法律予以保护。

根据上述事实和有关法律，特请求依法撤销原审判决，予以改判。

此致

××市中级人民法院

上诉人：×××公司

××年×月×日

附：

1. 本状副本××份。

2. 证据材料××份。

【点评】

这则经济纠纷上诉状的上诉请求共有3条，写作很明确。上诉理由从事实的认定和法律的适用两个方面，阐述原审判决的错误，理由很充分。之后又以总括性语言重申改判请求，结构标准，简单有效，是较为典型的一篇经济纠纷上诉状范文。

【范文3】

经济纠纷申诉状

申诉人：××建筑安装公司

地址：××市××路××号

法定代表人：高××　职务：经理

被申诉人：××工贸公司

地址：××市××路××号

法定代表人：朱××　职务：经理

案由。

钢材购销合同纠纷。

申诉人对××市××区人民法院2019年2月16日（2019）×字×号判决不服，现向人民法院提起申诉。

申诉请求。

1. 撤销××市××区人民法院（2019）×字×号判决。

2. 退还货款50万元人民币并支付违约金5.5万元人民币。

申诉理由。

申诉人与被申诉人××工贸公司于2018年12月16日签订购销合同一份。合同约定：××工贸公司供给申诉人“××钢铁厂”生产的盘条300吨，每吨价格1 850元，总货款55.5万元人民币。同年12月29日，申诉人将一张50万元汇票交给××工贸公司，并用车拉走盘条30吨。经检验，该30吨盘条不是“××钢铁厂”生产，且规格、质量不符合建筑要求。2019年1月14日，申诉人向××市××区人民法院起诉，要求××工贸公司退还货款并支付违约金。

××区人民法院经审理判决：××工贸公司在2019年5月前将剩余270吨由“××钢铁厂”生产盘条全部交付，并保证质量、规格符合合同要求；申诉人已拉走的30吨盘条，每吨降价50元由申诉人处理。但判决书生效后，××工贸公司根本无货可供，既不执行判决，也不退还货款，致使申诉人不得不向其他公司购买钢材。

原判决认定事实不清，没有调查清楚××工贸公司是否有能力供货，就判决让××工贸公司继续履行判决，导致生效判决无法执行，申诉人的合法权益长期不能实现。

基于上述事实，特向人民法院提起申诉，请求人民法院重新审理本案，撤销原判决，判令××工贸公司退还货款50万元人民币并支付违约金5.5万元人民币，以维护申诉人合法权益。

此致

××省高级人民法院

申诉人：××建筑安装公司（盖章）

2019年3月29日

附：

1. 原审判决书1份

2. 申诉人与被申诉人钢材购销合同1份

【点评】

这是一篇关于钢材购销合同纠纷的申诉状，全篇内容简单明了，要素齐全，结构正确。在对申诉理由的阐述部分，前面部分较为详细，逻辑性也不错，但在后面部分对原判决的举证这一方面力度还稍有欠缺，没有其他事实和证据的加持，不利于申诉成功。因此在撰写申诉状时，一定要结合各种真实有利的事实和数据，或举证，或引用，通过各种方式来增加申诉的合理性，这样才能提高申诉成功的概率。

【范文4】

答辩状

答辩人：深圳××食品工业有限责任公司（原深圳市×××工贸有限公司）

地址：深圳市宝安区××街道××××路××工业区×号

营业执照注册号：××××××

法定代表人：梁××，男，任公司总经理

委托代理人：卢××，男，任公司体系部经理，电话：×××××××××

委托代理人：刘××，男，任公司法务专员，电话：×××××××××

被答辩人：李××，男，住深圳市××区×××××，电话：×××××××××

因原告诉我公司买卖合同纠纷一案，现依法作出如下答辩意见。

一、针对原告的第 1、2 项诉讼请求，我方认为其陈述的理由与事实、法律不符，理由如下。

第一，我方委托黑龙江省×××食品有限责任公司（以下简称黑龙江×××）生产的××牌玉米渣产品合法取得相关第三方权威机构出具的检测合格报告和认证证书，无食品安全质量问题，符合国家相关食品安全质量标准，且在保质期内，并不会对人体健康造成任何损害，有黑龙江省牡丹江市质量技术监督检验检测中心于 20××年×月×日出具的《检验报告》（牧质检食×××××号）……予以证明。以上事实均可证明我方该批次的××牌玉米渣产品符合国家相关法律、法规及食品安全标准的规定，且在保质期内，可以安全食用，不会对人体健康造成任何损害。

第二，《食品安全法》第九十六条规定："违反本法规定，造成人身、财产或者其他损害的，依法承担赔偿责任。……"……

综上所述，我方涉案××牌玉米渣产品并无产品质量问题，不会对消费者人身、财产造成任何损害，原告也并未举证证明自己因食用涉案产品而遭受了人身、财产方面的损害事实，而我方涉案产品预包装标签缺少单一配料表仅属于标注不规范的情形，依法属于市场监督管理部门的管辖范围，原告作为消费者可以向有关行政部门反映情况，其单以标签标注不规范为由要求退货及十倍赔偿，混淆了行政责任与民事责任的界限范畴。因此，原告第 1、2 项主张无法律、事实依据，系对法律条文的误读，请求人民法院依法判令驳回原告的此两项诉讼请求。

二、针对原告第 3 项诉讼请求，我方认为其主张无事实、法律依据，理由如下。

原告提交的购物清单表明其于 20×年×月×日于深圳××百货有限公司一次性购买了 16 种不同厂家生产的产品，但并未举证证明其主张的交通费、误工费损失系因购买、食用我方涉案产品所致，因此，无证据表明其主张的损失与我方涉案产品有法律上的因果关系。因为我方承担原告第 3 项诉讼请求中主张的损失是以原告因购买、食用我方涉案产品而受到人身、财产损害的事实为前提，所以既然原告不能证明其主张的损失与我方涉案产品有事实上和法律上的因果关系，那么我方也就无赔偿其任何费用损失的法律义务，因此请求人民法院依法判令驳回原告的此项诉讼请求。

基于上述理由，请求人民法院判令驳回原告的全部诉讼请求。

此致

深圳市福田区人民法院

答辩人：深圳×× 食品工业有限责任公司

20××年 10 月 24 日

附：

1. 证据复印件 5 份，共 9 页

2. 答辩状副本 2 份

【点评】

该经济纠纷答辩状是对买卖合同涉及的纠纷进行的答辩，首先写明答辩人、被答辩人的相关信息，然后介绍答辩缘由和具体的答辩事项，针对性强，有理有据，颇具信服力。最后依法提出自己的答辩意见并规范结尾，附上附件，内容全面完备，格式正确，是一篇经济纠纷答辩状范文的标准写法。

写作训练

训练9-1 要求付清货款的经济纠纷起诉状

成都奥赛果通信电子技术有限公司起诉四川电化联技术开发有限公司拖欠货款的行为，现需要根据以下材料撰写一篇经济纠纷起诉状。

【背景材料】

（1）原告信息：成都奥赛果通信电子技术有限公司。法定代表人：罗岚。住所地：四川省成都市上城区中河中路102号207室。

（2）被告信息：四川电化联技术开发有限公司。法定代表人：刘丽。住所地：四川省泸州市文宗路184号。

（3）起诉理由和要求：成都奥赛果通信电子技术有限公司（以下简称奥赛果）起诉四川电化联技术开发有限公司（以下简称：电化联）自2018年5月至10月多次从奥赛果采购产品，总额为213 050元，10月20日曾电汇还款20 000元，至今尚未结清的余额为193 050元；奥赛果请求依法判决被告履行合同，付清所欠货款，并按合同约定支付催款费用、欠款利息及违约金，并要求本案全部诉讼费用由被告承担。

（4）纠纷详细情况：2018年5月至10月，电化联向奥赛果采购产品，所签订合同共13份，签订金额为213 050元，奥赛果均已发货，能提供对账单和购销合同，按照双方合同约定，付款周期不超过20天，供货周期为7～15天；5月23日，奥赛果将已发货物增值税发票38 300元给电化联，6月初电化联公司提出发票上有文字错误，要求调换发票，奥赛果即重开发票并派员工张宏送到电化联办公室，6月25日，奥赛果收到电化联CWHZHT04007057号采购合同，奥赛果发货，此后，电化联又少量多次向奥赛果发出订单，奥赛果积极配合，及时发货；奥赛果曾以各种渠道多次向电化联进行催款，但都未果，且电化联公司缺乏诚心合作的态度，奥赛果能提供2份催款函。11月24日、12月6日，奥赛果总经理刘凯两次到电化联公司为欠款事项商谈，电化联提出货款下浮12%的要求，奥赛果能提供电化联要求奥赛果所有产品降价12%的函1份予以证明。

（5）奥赛果发货渠道：通过电化联在成都上城区设立的办事处交货；通过中诚快递交货，有快递凭证；通过成都北站的长途汽车带货；发货次数及数量均可查证。

（6）希望：请求法院依法确认双方所签订合同的法律效力，判令被告履行合同，全额支付所欠款项，并赔偿奥赛果由此带来的损失，包括欠款利息及违约金。

（7）时间：2018年12月18日。

（8）可以提供的证据：购销合同 14 份（其中按订立时间的先后顺序 1～7 份为同一格式合同文本，8～14 份为同一格式合同文本）；对账单 2 份；四川增值税专用发票 4 份；成都奥赛果通信电子技术有限公司催款函两份；电化联于 2018 年 11 月 30 日要求成都奥赛果通信电子技术有限公司所有产品降价 12%的函 1 份；中诚快递交货存根 4 份。

【实训分析】

首先充分吸收材料，明确经济纠纷的原因，然后按照经济纠纷起诉状的写作格式，整理出状头、案由、诉讼请求、事实和理由等要素，在这些材料的基础上，以事实和法律撰写出一篇标准的经济纠纷起诉状。注意前后逻辑关系和语气。例如，最后结尾可以撰写为“为此，根据《中华人民共和国民事诉讼法》的有关规定，请求贵院依法确认双方所签订合同的法律效力，判令被告履行合同，全额支付所欠款项，并赔偿我公司由此带来的损失，包括欠款利息及违约金。求贵院支持。”

训练9-2　货款纠纷上诉状

知州市里克电瓶制造有限公司因货款纠纷，不服香城区人民法院（2018）香民初字第 47 号民事判决，提出上诉。请根据以下材料撰写一篇上诉状。

【背景材料】

（1）上诉人信息：知州市里克电瓶制造有限公司。住所地：知州市香城区人民南路 145 号。法定代表人：刘国辉。

（2）被上诉人信息：知州市泉林有色金属厂。

（3）上诉请求：撤销香城区人民法院（2018）香民初字第 47 号民事判决第一条；诉讼费用全部由被上诉人承担。

（4）上诉理由。

证人仅就其所知道的客观事实作证。本案证人罗明亮、孙涛分别是被上诉人方的原工程师及工作人员，具有关于蓄电池方面的专业知识，他们证实被上诉人提供给上诉人的极板确实存在质量问题，并多次随被上诉人法定代表人一同前往处理，并因产品质量问题产生纠纷，对这一事实应当予以认定。一审判决以被上诉人提供给上诉人的质量问题需鉴定为由予以否定，属对证据认定不当。证人唐林杰证言证实，因被上诉人所供产品质量存在问题，双方曾协商将上诉人用被上诉人所供极板生产的蓄电池由被上诉人收购，但因价格未谈成，协商未果，但也能证明被上诉人方当时对极板质量存在问题一事是认可的。对该证言，一审判决也以需鉴定为由予以否定，也属不当。对被上诉人所供极板的质量问题，上诉人不仅有前述证人证言证实，而且提供样品，申请鉴定。被上诉人对样品予以否认，就应当提供其产品或模板进行对比，指出差异，但被上诉人并未提出否定性的依据。由于对比样品及模板只能保存在被上诉人方，上诉人不提供上述对比材料，应当依法做出对其不利的认定。一审判决将提供对比检材的责任分配给上诉人，属举证的责任分配不当。判决超越被上诉人诉讼请求。被上诉人在庭审中最终明确的诉讼请求是要求判令陈子华承担付款责任，由被上诉人承担连带责任。从一审判决可知，法庭依法已驳回被上诉人对陈子华的诉讼请求，那么要求上诉人承担连带责任的请求也就不能成立。何况被上诉人并未提供要求上诉人承担连带责任的法律依据。根据被上诉人最终明确的诉讼请求，并没有要求上诉人直接承担付款责任的内容，一审判决直接判决上诉人承担付款责任，超出了其请求范围，属越权裁决。上诉人的未付款，是因为被上诉人所供产品存在质量问题，因此具有合法的抗辩理由，不构成违约。产品购销合同中并没有滞纳金的法律规定，双方合同中关于滞纳金的规定，即使将其视为违约金，其约定比例也明显过高，最多应按人民币同期利率赔偿损失。一审判决按人民币利率3倍支付滞纳金不当。

（5）时间：2018年5月18日。

（6）附件：本状副本1份；代理词（打印件）2份。

【实训分析】

上诉状能否取得成功，关键在于上诉理由是否充分合理，而且并不是只要对理由长篇大论、夸夸其谈就能获得效果的，最根本的问题是要找准切入点，据理力争，提供证据。就本实训而言，重点应当放在阐述上诉理由上，其他内容按经济纠纷上诉状的格式撰写即可。在上诉理由方面，应根据材料确立“一审判决对证据认定及举证责任分担不当”“判决超越被上诉人诉讼请求”“判决对滞纳金的判决不当”这3点上，每一点为一个标题来划分层次，循序渐进，让内容清晰明了，事件简洁可读。

思考与练习

（1）仲裁协议具有什么特点？

（2）简述仲裁申请书的写作格式。

（3）经济纠纷申诉状与上诉状有什么区别？

（4）简述经济纠纷答辩状的写作格式。

（5）根据以下材料撰写一篇经济纠纷申诉状。

① 申诉人信息：××××××有限公司。法定代表人：×××。地址：××市××区××路××号。

② 被申诉人信息：××××××××有限公司。法定代表人：×××。地址：××市××区××路××号。

③ 案由：申诉人与被申诉人买卖合同纠纷一案经××市人民法院和××省××市中级人民法院两审终审已作出生效判决，认定被申诉人欠申诉人货款88 969.54元；申诉人不服，特提起申诉。

④ 申诉请求：申诉人不服（2018）×商终字第××号民事判决书，请求对该案提起再审。

⑤ 申诉原因如下。

申诉人与被申诉人于2018年7月18日签订付款协议，约定：1.于2018年7月内付款90 000元；2.于2018年8月内付款190 000元；3.于2018年9月将余款全部付清。协议签订后，被申诉人仅在2018年8月7日向申诉人付款20 000元，也是对申诉人的最后一次付款。在双方履行买卖合同的过程中，被申诉人向申诉人交付的转账支票里有23张因账户余额不足或支票密码不符等原因而未得到兑付，票面金额共计724 947.54元。根据被申诉人提供的对账清单，在申诉人第一次遭到拒付，即2018年5月12日之后，被申诉人又向申诉人付款8笔共计235 221.45元，并称该款系为弥补出现退票的转账支票款。从2017年到2018年共支付给申诉人货款620多万元，现在还欠 50 000 元左右；4.发生 23 张银行退票后，被申诉人共向申诉人支付了462 929.1元，其中的382 277.25元是用于弥补23张遭到退票的支票款，实际尚有342 670.29

元未予弥补。山东省××市中级人民法院没有采信上述任何一组证据，而是在二审庭审过程中数次组织双方对账，将对账时双方均无争议的事实予以认定，但对争议事实未作全面审理，对不利于被申诉人的证据视若无睹，而直接采信了不利于申诉人的相关证据，从而武断地做出了被申诉人只欠申诉人 88 969.54 元货款的错误判决。

⑥ 申诉人认为，终审法院在庭审中组织双方对账违背了法官居中裁判的原则。终审法院在庭审过程中，回避了双方此前提交的付款协议、对账清单、转账支票、退票理由书以及当事人陈述等证据材料，而另行组织双方对账，这是一种典型的纠问式审判模式，严重违背了法官居中裁判的原则。终审法院应以“法律真实”为证明要求和以“高度盖然性”为证明标准对该案做出判决。终审法院不应回避被申诉人曾自认欠款总额为 39 万元左右的事实。当事人对事实的自认可以免除对方当事人的举证责任，这是我国民事诉讼法对自认制度的规定。在诉讼过程中自认一经做出，不仅对当事人产生约束力，对法院的裁判行为也产生约束力。对当事人而言，一方当事人的自认行为免除对方当事人的举证责任。对法院而言，法院应当受当事人自认的事实约束，依当事人自认的事实做出裁判。而本案中，被申诉人自认欠款 39 万元左右的事实就是赋予申诉人的最大的证据优势，而且本案中被申诉人的自认并不存在法律上规定的可以撤回的情形。但是，本案的终审法官回避了被申诉人自认的这一事实，又另外组织双方对账，对此前的审理程序中出现的各份有利于申诉人的证据拒绝采信，仅依据法庭组织的对账结果这一单一证据就做出了一个明显不利于申诉人的判决，并未全面、客观地审核认定证据，这显然是不符合证据认定规则的。

⑦ 结尾：本案终审法官未全面综合的去认定证据，故意回避当事人在诉讼过程中提交的各份书证以及当事人自认的事实，仅仅依据单一证据最终做出了明显不利于申诉人的错误判决；为维护申诉人的合法权益、维护法律的公平正义，申诉人特提起申诉，恳请贵院予以再审。

⑧ 附项：申诉状副本 3 份。

第10章

社交礼仪文书

人的社会属性决定了人与人之间交往具有必然性，尤其是在商业活动中，少不了交流与联系，社交礼仪文书作为一个重要载体成为人们交际往来，建立良好关系的工具。它是人们在人际交往、社交场合中沟通往来的书信的总称，既可加强企事业单位之间的密切联系，又可在节日庆典、致谢慰问时使用，是企事业单位间往来必不可少的文书类型之一。

知识目标

① 掌握介绍信的写作格式和注意事项。
② 掌握证明信的写作格式和注意事项。
③ 掌握表扬信、慰问信和感谢信的写作格式。
④ 熟悉表扬信、慰问信和感谢信的区别。
⑤ 掌握邀请信的写作格式 。
⑥ 了解贺信的特点和类型。
⑦ 掌握贺信的写作格式。

技能目标

能够正确且熟练地撰写介绍信、证明信和表扬信、慰问信、感谢信、邀请信与贺信。

10.1 介绍信

介绍信是用来介绍联系接洽事宜的一种公务文书，是党政机关、企事业单位派人到其他单位联系工作、了解情况或参加各种社会活动时所用的一种文书。它具有介绍、证明的双重作用，可以使对方单位了解来人的身份和目的，以便得到对方的信任和支持。

10.1.1　介绍信的适用范围

介绍信适用于单位与单位之间的工作来往需要，是一种较为正规的且具有一定凭证作用的信件，主要适用于以下几种情况。

（1）本单位派人到其他单位实习或参加活动。

（2）本单位人员外出调查或前往其他单位商讨大事。

（3）本单位派人到其他单位宣传推销自己的产品。

（4）本单位派新人与其他单位进行业务交流。

（5）为他人进行各种推荐，或向他人求教问题但互不相识。

10.1.2　介绍信的写作格式

介绍信一般有便函式和存根式两种，总体来说，介绍信的内容和写法都是相同的，主要应当写清楚派遣人员的姓名、人数、身份、职务和职称等基本信息，说明所要联系的工作、接洽的事项等，这是介绍信的核心内容。然后可以在结尾时写上对收信单位或个人的希望或要求，如“请予接洽”等，并可写上表示致敬或者祝愿的话，如“此致　敬礼”等。但具体来看，便函式介绍信与存根式介绍信的写作格式也有所不同。

介绍信	标题
××××单位（或：先生、女士）：	称谓
兹介绍××××××××××××××××。 请予接洽。 此致 敬礼	正文
（有效期间×天）	附注
×××××××（印章）	单位名称
××年×月×日	成文日期

1. 便函式介绍信的写作格式

便函式介绍信包括标题、称谓、正文、附注、单位名称和成文日期几部分，下面分别进行介绍。

- **标题**：第一行居中写“介绍信”3 个字，一般用二号宋体字；有要求的还可以在标题下注明介绍信编号。
- **称谓**：称谓需另起一行，顶格写收信单位名称或个人姓名，姓名后加“同志”“先生”“女士”等称呼，再加冒号。
- **正文**：正文另起一行，开头空两格写正文，一般不需要分段。
- **附注**：附注应注明介绍信的有效期限，具体天数用大写。
- **单位名称和成文日期**：在正文的右下方写明派遣单位的名称和介绍信的开出日期，并加盖公章，日期写在单位名称下方。

2. 存根式介绍信的写作格式

存根式介绍信一般由存根、间缝、正文 3 部分组成，下面分别进行介绍。

- **存根**：由标题、介绍信编号、正文和开出时间等部分组成，供出具单位备查。
- **间缝**：写明介绍信编号，应与存根部分的编号一致，并加盖出具单位的公章。
- **正文**：与便函式介绍信相同。

10.1.3 介绍信的写作注意事项

介绍信是介绍来人身份的文件，为了起到介绍和证明的作用，写作时应注意以下几点。

（1）被介绍人的真实姓名、身份等信息必须如实填写，不得虚假编造，冒名顶替。要坚持实事求是的原则，优点要突出，缺点不避讳，用成就和事实替代华而不实的修饰语，恰如其分地进行介绍。

（2）所接洽办理的事项应交代清楚，与此无关的不必写。介绍信篇幅不宜过长，应言简意赅，在有限的篇幅中突出重点，同时文字要顺畅，字迹要工整。

（3）介绍信的用语应当态度诚恳，措辞得当。用语应委婉而不隐晦，自信而不自大。

（4）介绍信务必加盖公章，以免给后续工作造成不必要的麻烦。查看介绍信时也要核对公章和介绍信的有效期限。

（5）有存根的介绍信，存根联和正式联要内容完全一致。存根底稿要妥善保存，以备今后查证。

（6）介绍信书写不得涂改，有涂改的地方可加盖公章，否则此介绍信将被视为无效。

10.1.4 范文点评：存根式介绍信

【范文】

介 绍 信 存 根

第 012 号

兹介绍我单位刘晓明同志等 2 人前往世纪城电脑公司联系有关学习财务软件操作技术事宜。（有效期三天）

成都市蓝天科技有限公司

2018 年 10 月 18 日

介 绍 信

第 012 号（其上需加盖公章）

世纪城电脑公司：

兹介绍我单位刘晓明同志等 2 人前来你处联系以下事宜：

学习财务软件操作技术。

请予以接洽并协助为荷。

此 致

敬 礼

（有效期三天）

成都市蓝天科技有限公司

2018 年 10 月 18 日

【点评】

这篇存根式介绍信使用的语句恰如其分，避免了华而不实。言简意赅，措辞得当，态度诚恳，不卑不亢，体现了介绍信简明扼要、直截了当的特点。

10.2　证明信

证明信也称“证明”或“证明书”，是党政机关、社会团体、企事业单位或个人凭借确凿的证据来证明一个人的身份、经历的真实性或一件事情的真实情况的文书。

10.2.1　证明信的特点与分类

1．证明信的特点

证明信一般具有凭证和书信的双重特点，下面分别进行介绍。

- **凭证的特点：**证明信的主要作用就是证明，是持有者用以证明身份、经历或某事的真实性的一种凭证，这是证明信最明显且最重要的特点。
- **书信的特点：**证明信的写作形式较为灵活，但无论哪种形式，其写法同书信的写法基本一致，大部分采用书信体进行写作，因此具有书信的特点。

2．证明信的分类

证明信有很多分类标准，如：按内容可分为证明身份、证明工作经历或证明事件的证明信；按存在方式的不同，又可将证明信分为公文式、书信式和便条式等 3 种类型。这里将从开具证明信的对象不同而将证明信分为以单位名义所发的证明信和以个人名义所发的证明信两种，下面分别进行介绍。

- **以单位名义出具的证明信：**多用于证明身份、经历和职务，以及同该单位的所属关系等真实情况，可采用普通书信形式，也可事先设置格式印好，在印刷出的信件上书写；这类证明信的篇幅可长可短，具体视情况而定。
- **以个人名义出具的证明信：**这类证明信由个人书写，内容格式更为灵活，一般都采用书信体格式。

10.2.2　证明信的适用范围

证明信可以证明某人身份、经历或事情真相，常用于以下几种情况。

（1）申请加入某个组织或团体时，原单位或有关人员要为申请人开出具证明信。

（2）需要澄清事实真相时，由亲身经历的人写出证明。

（3）为单位办理某些事项，或由于具体情况而必须向单位做出解释说明时，需要相关人员出具证明。

10.2.3　证明信的写作格式

证明信一般由标题、称谓、正文和落款 4 个部分组成，下面分别进行介绍。

证明信	标题
××××单位（或：先生、女士）：	称谓
××××××××，×××××××××。 特此证明。	正文
××××××××（印章）	单位名称
××年×月×日	成文日期

- **标题**：标题一般为“证明信”或“有关××问题的证明”，常用二号加粗宋体字。
- **称谓**：称谓在标题下另起一行，顶格写上单位名称，之后加冒号。
- **正文**：正文写明需要被证明的内容，然后以“特此证明”收尾。
- **落款**：落款为署名并写上成文日期，出具人为单位的需加盖公章。

10.2.4　证明信的写作注意事项

写作证明信时，应当注意以下几点。

（1）以个人名义所发的证明信，要写明证明信的作者本人的政治面貌、工作情况等内容，以便审阅证明信的人了解证明人的情况，以便鉴别证明材料的真伪与可信程度。

（2）个人所写的证明信的内容如果本人不太熟悉，应写“仅供参考”的提示性语言。因为证明信有时是作为结论性证据的，所以要实事求是，严肃认真，要尽量言之有据。

（3）对于随身携带的证明信，一般要求在证明信的结尾注明有效时间和有效期限。

（4）证明信的语言要十分准确，不可含糊其辞。证明信不能用铅笔、红色笔书写，若有涂改，必须在涂改处加盖公章。

10.2.5　范文点评：关于身份的证明信

【范文】

证　明　信

××中学党支部：

××年×月×日来信收到，根据信中要求，现将你校××同学的父亲，××同志的情况介绍如下。

××同志，现年××岁，中共党员，是我院计算机系副教授，其本人和家庭历史以及社会关系等均清楚；该同志对教学工作认真负责，近年来多次被评为市模范教师。

特此证明。

××学院人事处

××年×月×日

【点评】

这篇证明信内容简短，开篇就说明了写作证明信的目的，并用简练的语句将需要证明的内容做了陈述，再以“特此证明”结尾，是典型的证明信写作结构，值得借鉴。

10.3 表扬信

表扬信是在日常工作和生活中较常使用的一种专用文书，一般是发文者因受益或感动于被表扬者的高尚品行，特向被表扬者所在单位或其上级领导致信，以期使被表扬者受到表彰、奖励，发扬其先进精神。表扬信既可以以个人的名义行文，也可以以组织或单位的名义行文。

10.3.1 表扬信的写作格式

表扬信一般由标题、称谓、正文和落款等组成，下面分别进行介绍。

表扬信	标题
×××单位（或：先生、女士）：	称谓
××××××××××，××××××××××××××××××。×××××××××××××××××××××××××××××。	正文：包括事情发生的经过，被表扬者行为的意义及建议表扬等
×××××××	发文单位名称或个人姓名
××年×月×日	成文日期

- **标题：**表扬信的标题直接由文种构成，即“表扬信”。
- **称谓：**表扬信的称谓部分应写明被表扬单位名称或个人姓名，写给个人的表扬信，需要在姓名后加上“同志”“先生”等词语，直接在单位张贴的表扬信可无称谓。
- **正文：**表扬信的正文首先要交代表扬的理由，说明事情发生的整个过程，称赞被表扬者的好思想、好作风以及先进事迹；接着可以向对方单位建议给予被表扬者表扬，号召向其学习；若对象是本单位人员，同样应予以表扬，并提出向其学习的号召，若是直接写给被表扬者的信函，可写“我们深受感动”之类的话语，最后若要表示祝愿，可用“谨表谢意”“祝好”“此致敬礼”等用语收尾。
- **落款：**在表扬信文尾的右下方依次编排发文单位署名或个人姓名，以及成文日期。

10.3.2 表扬信的写作注意事项

写作表扬信时应当注意以下 3 点。

（1）在表扬信中，要通过真实动人的事迹反映对方的可贵品质、先进精神，以具体事实为表扬的依据。

（2）进行表扬和赞颂时，叙述的人、事要准确真实，恰如其分，不过分夸大。另外在叙述过程中可适当加以议论、评价，突出其先进的思想境界。

（3）语气应热情、恳切，行文应短小精悍、朴素贴切。

10.3.3 范文点评：对学校的表扬信

表扬信

××学校领导：

在开展“全民文明礼貌月”活动中，你校的师生员工，不仅从自己做起，从本校做起，搞好了清洁卫生，注意了文明礼貌，而且多次利用休息日走上街头清理垃圾，维持交通秩序，开展法律咨询与宣传，义务为群众做好事，为精神文明建设做出了可喜的成绩。在此，市政府特授予你校“精神文明先进集体”光荣称号。希望你校师生，发扬优良作风，再接再厉，为取得更大的成绩而努力！

××市人民政府

××年×月×日

【点评】

表扬信一般依次写明事件发生的情况，提出表扬，给予表扬建议等内容即可。该篇情况稍有不同，是一篇直接写给受表扬方的内容，写信方是有权直接进行表扬的单位，因此在介绍具体情况之后，文尾直接进行表扬，并提出了继续保持、再接再厉的号召，这也是表扬信的一种典型写法，可以参考借鉴。

10.4 慰问信

慰问信是有关组织或个人，以组织的名义在节假日或灾害、事故发生后向某一方表示安慰、问候、鼓励和致意的一种文书，一般是同级或上级单位对下级单位、个人，这种书信言辞恳切，充满真情实感，能表达作者的衷心慰问和祝愿。

10.4.1 慰问信的类型

慰问信一般是根据针对对象和内容的不同进行划分的，可将其分为慰问遇难者、慰问杰出者和节日慰问 3 种类型，下面分别进行介绍。

- **慰问遇难者**：对由于某种原因遭受巨大损失或困难的集体或个人表示难过、安慰、问候和关心，鼓励他们克服困难，重拾信心，内容要情真意切。
- **慰问杰出者**：指对在工作中做出了巨大贡献，如发明了重要科技成果的单位、集体或个人发出的慰问，信中要称赞对方的卓越成绩和贡献，并鼓励他们继续前进，以取得更大的成就。
- **节日慰问**：在传统节日来临前对有关单位或群众进行的一种节日问候，一般是表示对仍在岗坚守的工作人员的称颂和对其工作的肯定和赞扬，以及对已退休干部及其家属的节日问候等，并对其以后的工作或生活表示美好的祝福和祈愿。

10.4.2 慰问信的写作格式

慰问信包括标题、称谓、正文和落款等部分，下面分别进行介绍。

慰问信	标题
××××单位（或：先生、女士）：	称谓
××××××××，×××××××××。 此致 敬礼	正文
××××××××（印章）	单位名称
××年×月×日	成文日期

- **标题**：慰问信的标题写法与感谢信类似，一般直接由文种构成，即“慰问信”，有时也可以按“致×××的慰问信”或“×××致×××的慰问信”的结构书写。
- **称谓**：慰问信的称谓应当包含表示尊敬的内容，如写给个人，可在姓名前面加上“敬爱的”“尊敬的”和“亲爱的”等字样，同时还应在姓名之后加上“同志”“先生”等敬语；有的慰问信也可以没有称谓。
- **正文**：慰问信的正文需简要说明慰问的原因、背景，然后全面具体地叙述事实、表示慰问或学习，最后提出希望，表达共同愿望和决心，以勉励的话结束全文。
- **落款**：慰问信的落款在正文的右下方依次编排发文单位署名或个人姓名，以及成文日期。

10.4.3 范文点评：慰问受难者的慰问信

【范文】

慰问信

亲爱的灾区同胞们：

大家好，××月份以来的强降雨，给××带来了严重的洪涝灾害。我们××遭受了50年一遇的特大洪灾。×月×日至×日，肆虐的××洪水先后两次撕裂了××大堤，××、××等镇顿时被洪水淹没，你们的家园被淹，良田被毁，蒙受了巨大的损失。灾情发生后，党中央、国务院及我省各级领导高度关注此事，迅即指挥和调动各级政府机关人员、公安干警、特警、交警和民兵预备役人员等多种社会力量，投入到抢险救灾，安置灾民的工作之中（**第一段说明灾后情况**）。

×月×日清晨，省委书记××同志紧急约见我校党委书记××、校长××等领导，亲自部署妥善安置灾民的工作。当日，我校立即部署，迅速行动，成立了临时安置灾民工作领导小组，各级领导率先垂范，亲临一线；千余名教职员工放下手头工作，全身心地投入到安置灾民的工作之中；万名学生冒雨离校返家，留下了自己的生活用品和情深意切的祝愿，其中几千名毕业生更是来不及和同窗好友话别，来不及和师长互致临别赠言，甚至来不及在离别前深情告别自己的母校；我们的志愿者更是义无反顾地投身于救援服务工作。（**表明重视抗灾的态度，学校各方面人员都立即行动起来，积极投身相关救援工作，进行支援建设**）

很快，我们为灾民安置准备了近万张床位，组建起了灾民后勤服务保障系统。策划好了灾民安置期间的心理疏导、文化娱乐和技能培训等系列活动。随着你们入住校园，全新的受灾同胞安置工作模式迅速启动，我校各级领导和师生员工全员参与，力争让遭受巨大自然灾害的你们，在我们学校有如居家的感觉。我们欣喜地听到，在大灾大难的悲情中，响起了孩子们稚嫩的歌声，在亲人离散家园破损的愁苦中，露天电影场响起了会心的笑声。整个校园洋溢着尊老爱幼、互相照顾、军民同心、师生同义的主旋律（**肯定了灾后行动的结果**）。

亲爱的灾区同胞们，目前××决堤溃口已被成功堵上，随着灾区消杀防疫等工作的顺利完成，乡亲们就可以离开我校，重返你们日思夜想的家园了。共同度过的时光虽然短暂，但这次的经历让我们共同体会到了“洪水无情，人间有爱”的真谛。

我们坚信，有党中央、国务院和各级党委政府的深切关怀，有社会各界的广泛支持，有你们自己的勤劳勇敢、顽强拼搏的精神，你们一定能够渡过难关，战胜灾难，重建美好家园。

我们衷心祝愿灾区同胞们的明天更加美好，未来的生活更加甜蜜、幸福（**为受灾群众加油、进行精神鼓舞，并表达美好的祝愿**）。

××市××大学党委办公室

××年×月×日

【点评】

这是一篇鼓舞受灾人民的慰问信，首先在开头叙述了灾害情况，然后表达对安置灾民、抢险救灾的立场和具体的处理措施，肯定了各种救援行动带来的充满希望的结果，最后表达了大家众志成城、战胜灾难的希望和祈愿。全文用语平实、精炼质朴，却情感真挚、令人动容，有一种巨大的鼓舞力量。

10.5 感谢信

感谢信是向帮助、关心和支持过自己的集体（党政机关、企事业单位、社会团体等）或个人表示感谢的专业文书，它有着感谢和表扬的双重意思，在公司事务及日常生活中使用得较为广泛。

10.5.1 感谢信的特点与分类

1. 感谢信的特点

感谢信具备确指性、事实性和感激性 3 大特点，下面分别进行介绍。

- **确指性**：被感谢者是特定的单位或个人。
- **事实性**：写感谢信的缘由为既定事实，时间、地点和事件都是真实的。
- **感激性**：感谢信中主要表述的就是对对方的感激之情。

2. 感谢信的分类

按照感谢对象范围的不同，感谢信有普发性和专指性之分，下面分别进行介绍。

- **普发性感谢信**：普发性感谢信是对众多的单位或大众表示感谢的感谢信类型，一般是作者在处于困境时，得到了集体的帮助，并在集体的关心和支持下克服困难，渡过难关，摆脱困境。
- **专指性感谢信**：专指性感谢信的被感谢者为特定的单位或个人；这类感谢信可以是个人也可以是单位为了感谢某个人或单位曾经给予的帮助或照顾而写的。

10.5.2 感谢信、表扬信与慰问信的区别

感谢信与表扬信有所不同。表扬信一般用于长辈因受到小辈的帮助而表示赞扬夸奖，也有感谢的意思；而感谢信则不分年龄辈分，重在感谢。

感谢信与慰问信相比，虽然二者都是书信体文书，即发送方式一样，书写格式也相同，而且都有表扬的成分，但区别还是很明显的。具体来说，首先二者内容的侧重点不同，感谢信重在表示谢意，多讲对方对自己的帮助和支持，而慰问信则重在表示慰问，多讲对对方的勉励和激励；其次，二者写作对象略有不同，感谢信可以是感谢单位的，也可以是感谢个人的，而慰

问信则多是对某些单位、集体或群众表示慰问。

10.5.3 感谢信的写作格式

感谢信一般由标题、称谓、正文、结语、落款等几大部分构成，下面分别进行介绍。

致×××的感谢信	标题
×××单位（或：先生、女士）：	称谓
××××××××××，×××××××××××××××××。	正文：感谢的原因以及表达感谢之情
再次表示诚挚的感谢。	结语
×××××××	发文单位名称或个人姓名
××年×月×日	成文日期

- **标题**：标题常见的格式有 3 种，分别为“感谢信”“致×××的感谢信”“×××致×××的感谢信”。
- **称谓**：称谓即感谢对象的单位名称或个人姓名，如果是对个人表示感谢，应加上“先生（女士）”或职务（职称）后缀。
- **正文**：正文主要应写出两层意思，一是感谢对方的理由，二是直接表达感谢之意。感谢理由要交代人物、时间、地点、事迹、过程和结果等基本情况；表达谢意则应对对方的品德作出评价和颂扬，表示感谢及表示希望向对方学习的态度和决心。
- **结语**：结语一般用“此致敬礼”或“再次表示诚挚的感谢”之类的敬语。也可自然结束正文，不写结语，如中秋节写给员工的感谢信时，可在感谢员工做出的贡献后，在结尾自然表达对员工真挚的祝愿，如“愿我们的每一个员工，在健康快乐中建功立业，与公司一道走向成功，愿大家中秋快乐、全家幸福！”等话语。
- **落款**：落款分别书写感谢者的单位名称或个人姓名，以及成文日期。

经验之谈

写作感谢信时应注意：叙事要简洁，内容要真实，有关人物、事件、时间、地点和原因等要交代清楚；评价和颂扬对方良好的行为及品德，既要有一定的高度，又要注意适度；情感要真挚，文字要简练。

10.5.4 范文点评：致市民的感谢信

【范文】

致全市人民的感谢信

尊敬的市民朋友们：

为应对××年×月×日至×日的空气重污染问题，本市依据新修订的《空气重污染应急预案》，及时启动了红色预警。此次空气重污染持续时间长、影响范围广、污染程度重，给全市人民工作生活带来严重不便和影响。对此，全市人民克服许多困难，并以实际行动积极参与治污减排行动，展现了全体市民顾全大局、无私奉献的良好精神风貌。有关企业和施工单位自觉落实主体责任，严格执行停限产和停工措施，为遏制空气重污染进一步加剧做出了积极贡献（**交代事情背景，说明市民配合政府工作，同时也说明了发布此感谢信的原因**）。

据初步分析，应急措施已有效降低了本地污染物排放强度，减缓了累积速度，削减了浓度峰值。与此同时，应急预案的实施，也进一步使全社会凝聚起了众志成城、同心协力参与治污的强大正能量。在此，市政府对全市人民的奉献精神和全力支持表示衷心的感谢，并致以崇高的敬意（**这一段说明了降低污染的效果，肯定了市民的支持与配合，表达了对市民们的感谢之情**）！

我们深深感到，治理大气污染离不开全市人民的支持和参与。我们将牢固树立绿色发展理念，把生态文明建设放在更加突出的位置，紧紧依靠全市人民，以更加有力的措施，持续改善空气质量，坚决打赢大气污染防治攻坚战（**这一段主要是展望未来的工作**）。

再一次感谢全市人民！

××市人民政府

××年×月×日

【点评】

这是一篇政府向全体市民写的感谢信，这类感谢信的语言更为理性，但感谢之情同样溢于言表。从结构上看，这篇感谢信首先说明了事情的背景，进一步说明了感谢的原因，然后自然过渡到对市民表达感谢的部分，用语规范、自然且真诚。最后还对以后的工作进行了展望，表达了完成工作的决心，也再次对市民表示了感谢。全文循序渐进，即使没有过多地进行修饰，也丝毫没有减弱情感。

10.6 邀请信

邀请信又可称邀请书、邀请函，是表示国家机关、社会团体、企事业单位或个人出于商业需要或某种目的，邀请对方出席正式的庆典宴会等与商务事务相关的重要活动的文书，双方可以通过活动增进友谊与联系，促进后续业务的展开。邀请信的适用范围很广，在举办招投标、会议、展览、宴会、比赛、交流会或见面会等活动时都可使用邀请信发出正式的邀请。

10.6.1 邀请信的写作格式

邀请信的内容由标题、称谓、正文、结尾、落款 5 个部分组成，下面分别进行介绍。

邀请信	标题
××××单位（先生、女士）：	称谓
×××××××××××××××××，×××××××××××××××××××××××	正文
敬请光临	结尾
×××××××	署名
××年×月×日	成文日期

- **标题**：标题一般直接由文种构成，即“邀请信”“邀请函（书）”“请柬”等，有时也可以用“事项+文种”的结构撰写标题，如“××公司客户答谢会邀请书”等。
- **称谓**：邀请信的称谓应写明被邀请单位或个人的名称或姓名；邀请个人需在姓名后加上“同志”“先生”等敬称，前面可以添加“尊敬的”等敬语。
- **正文**：正文内容一般简洁明了，写清本次邀请的缘由、时间、地点，以及有关要求或注意事项等内容即可。
- **结尾**：邀请信的结尾要表现希望对方接受邀请前来参加活动的诚意，一般用“敬请光临”“恭请莅临”“请届时光临指导”等表示恭敬和礼貌的习惯用语来结尾。
- **落款**：邀请信的落款包括发文单位名称或个人姓名，以及成文日期。

10.6.2 范文点评：不同邀请信的写作

【范文1】

邀请书

××大学校长：

今年是我校建校××周年。兹定于×月×日上午×时，在我校大礼堂举行校庆庆典。

届时敬请光临！

××学校××周年校庆筹备组

××年×月×日

【点评】

该篇邀请书内容虽短，但格式规范，要素齐全，包含了邀请原因、时间、地点等因素，并以“敬请光临”发出邀请之意，但难免显得热情不足，若正文内容再多一些客气话，就能更显尊敬和诚意。

【范文2】

邀请函

尊敬的××教授：

我们学会决定于××年×月×日在省城××宾馆举办民间文学理论报告会。恭请您就有关民间文学的现状与发展发表高见。务请拨冗出席。

顺祝健康！

××省文学研究会

××年×月×日

【点评】

该篇邀请函相比第一篇，多了希望对方在报告会上发表意见的内容，“务请拨冗出席”“顺祝健康”等用语则更显周全有礼，是一篇邀请函写作的经典范文。

【范文3】

新春晚会邀请函

××先生：

仰首是春、俯首成秋，××公司迎来了她的第×个新年（邀请原因）。我们深知在发展的道路上离不开您的合作与支持，我们取得的成绩中有您的辛勤工作。久久联合、岁岁相长，作为一家成熟、专业的××公司，我们珍惜您的选择，我们愿意与您一起分享对新年的期盼（表达感谢）。故我们在此邀请您参加××公司举办的新年酒会，与您共话友情、展望将来。如蒙应允，不胜欣喜。

地点：×××××××××××

时间：××年×月×日

备注：期间抽奖，请随赐名片（**特别提醒**）

××公司

××年×月×日

【点评】

这篇晚会邀请函情感充沛，声情并茂。在介绍邀请原因时，这篇邀请函着重表述了对受邀方的感谢之情和对其应邀前来的期盼，因而使邀请诚意十足。另外文末的备注也十分贴心，丰富了邀请函的内容，值得大家借鉴学习。

10.7 贺信

贺信是庆祝书信的总称，是党政机关、企事业单位、社会团体或个人向取得重大成绩、做出卓越贡献的有关单位或人员表示祝贺的文书，常用来表彰、赞扬、庆贺对方在某个方面所做的贡献，在各个领域均使用较广。

10.7.1 贺信的特点与分类

1. 贺信的特点

贺信具有间接性和祝贺性两个特点，下面分别进行介绍。

- **间接性**：庆贺者之所以发出贺信是因为由于某些原因不能或不方便当场向受贺者表示祝贺，而只能是以电子邮件或人工投递的方式送到对方手中，因此贺信具有间接性的特点。
- **祝贺性**：发出贺信的目的是为对方取得的成就而进行祝贺，并增进双方感情。

2. 贺信的分类

按作者和行文方向的不同，可以将贺信分为下级给上级的贺信、上级给下级的贺信、平级单位之间的贺信、国家之间的贺信、个人之间的贺信以及对有杰出贡献的知名人士发出的贺信等，下面分别进行介绍。

● **下级给上级的贺信：**下级给上级的贺信一般是对整体全局性的工作成绩表示祝贺，同时表明作为下级，有完成有关任务的决心和信心。

● **上级给下级的贺信：**上级给下级的贺信一般是节日祝贺或对下级的工作成绩表示祝贺，这类贺信的最后常会提出对下级单位的希望和要求。

● **平级单位之间的贺信：**平级单位之间的贺信一般会就对方单位所取得的工作成绩表示祝贺，同时点明向对方学习的谦虚态度，以及保持和发展双方关系的良好愿望。

● **国家之间的贺信：**在有外交关系的国家新首脑就职，或友好国家有重大喜事之时，出于礼节需要和对双方合作发展关系的维护，理应使用贺信表达恭贺与祝福之情。

● **个人之间的贺信：**这类贺信一般用于亲朋好友之间在重要节日、重大喜事中互相祝贺、慰勉、鼓励，或者祝贺某人在工作、学习中取得了好成绩，以分享快乐；个人间的贺信行文会显得更亲近、热情、自然。

● **祝贺知名人士的贺信：**这类贺信一般是对有杰出贡献的艺术家、科学家等发出的贺信，其内容可以是祝贺其取得的巨大成就，也可以是祝贺对方的寿辰等。

10.7.2 贺信的写作格式

贺信的内容由标题、称谓、正文和落款等部分组成，下面分别进行介绍。

贺信	标题
××××单位（或先生、女士）：	称谓
××××××××，×××××××××，×××××××××××××××××××。 此致 敬礼	正文
××××××××（印章）	单位名称
××年×月×日	成文日期

● **标题：**贺信的标题通常由文种构成，即“贺信”“贺电”；有时可在文种前面加上发文者、受文者或者祝贺事由等，如“××学校十周年校庆贺信”“致集团公司贺信”等；个人之间的贺信也可不写标题。

● **称谓：**贺信的称谓应写明被祝贺单位的全称或个人的姓名；若被祝贺的是个人，需在姓名后加上“同志”“先生”等敬称。

● **正文：**贺信的正文中需写明写贺信的原因，即对方取得成绩的背景或者历史条件，然后肯定对方取得的成绩，也可进一步分析对方成功的主客观原因等，最后写上祝愿的话或对其的期望、要求等，如“此致敬礼”“祝大会圆满成功”“祝贵公司来年取得更大的成绩”“祝愿您生活快乐，身体健康！”等。

● **落款：**贺信的落款包括发文单位名称或个人姓名，以及成文日期。

10.7.3 范文点评：恭贺得奖的贺信

【范文】

贺信

××杂志社：

我们怀着十分欣喜与钦佩的心情通知您，贵刊在刚刚结束的“中国期刊奖”暨“第二届全国百种重点社科期刊”评选中荣获“中国期刊奖”暨“第二届全国百种重点社科期刊”称号。在此，向贵刊表示衷心的祝贺与诚挚的敬意。

处于世纪之交的“中国期刊奖”与“第二届全国百种重点社科期刊”的评选，是本世纪最后一次对全国期刊界的检阅，承先启后，继往开来，预示着新世纪中国期刊业进一步繁荣、腾飞的灿烂前景。吮吸着悠久历史的芬芳，化育着时代奋进的精神，祝愿贵刊早日成长为中国期刊之林的一棵参天大树。

中国出版杂志社敬贺

××年×月×日

【点评】

这是一篇祝贺杂志社获取荣誉称号的贺信，也是一篇直接由颁奖单位发来的贺信，因此内容首先是通知成绩并对杂志社取得的成绩予以祝贺，表示对被祝贺单位的敬意，然后点明这次评选的重要程度和获奖者的杰出成就，最后提出鼓励、劝勉和真诚的祝愿。该范文虽然内容简短，但语言简明轻快，又饱含感情，处处表现着真诚与衷心的祝贺，是一篇经典的贺信范本。

写作训练

训练10-1 便函式介绍信

石柱县人民政府需要派遣多位同志到所属三益乡联系发展良种柑橘树苗的事宜，现需要撰写一篇便函式介绍信，以便前往三益乡的同志和三益乡政府接洽。请根据以下材料进行写作。

【背景材料】

称谓：三益乡政府。派遣人员：李嘉华等 3 人。联系事宜：发展良种柑橘树苗。有效期限：3 天。发文单位：石柱县人民政府办公室。成文日期：2017 年 4 月 2 日。

【实训分析】

便函式介绍信的书写格式较为固定，除了标题、称谓、有效期限、发文单位和成文日期外，正文可按照“兹介绍我单位×××等×位同志前来你处联系×××等事宜”为模板来撰写，后面附上“希予接洽为荷”的惯用语即可。

训练10-2 关于抗洪救灾的感谢信

2013年10月，“菲特”台风重创余姚，凤山街道同光村是受灾最为严重的村之一。在各行各业爱心人士的帮助下，同光村顺利渡过难关，现需要面向社会撰写一篇感谢信，请根据以下材料进行写作。

【背景材料】

（1）受灾情况：2013年10月，“菲特”台风重创余姚，余姚遭受了百年一遇的大洪灾，凤山街道同光村是受灾最为严重的村之一，水淹面积将近100%，农业、企业和基础设施等各个领域普遍受损，经济损失巨大。

（2）救灾工作：同光村在上级部门的坚强领导和相关部门的帮助支持下，全力组织开展抗灾救灾工作，设置了新、老办公楼和同光小学3个灾民安置点，转移受灾群众千余人；兄弟县市有关部门、企事业单位、社会团体及各界人士纷纷伸出援助之手，发扬“一方有难，八方支援”的大爱精神，积极捐款捐物，亲切致电慰问。

（3）特别感谢：镇海红十字会、浙商企业家联合会、东风悦达起亚企业、衢州安监局、宁波安监局、慈溪市万捷电子有限公司、余姚杭越海鲜、上海爱心联盟、宁波红十字会以及兄弟县市慈溪的爱心人士，大家第一时间赶到同光村，为受灾村民送来应急物资，确保每个灾民有水喝、有食物吃，还送来了应急药品，使灾区百姓免受病菌感染；无私的帮助给了村民莫大的温暖，极大地鼓舞了大家战胜困难、恢复生产的勇气和决心，帮助同光村村民树立起了重建家园的坚定信心。

（4）感谢并表达决心：凤山街道同光村村委会代表全体村民向援助单位和个人表示衷心的感谢和崇高的敬意；感谢各界人士无私的关怀和援助，让受灾群众感受到世界的温暖，感受到人间的爱，使大家燃起了希望，也请社会各界所有关心灾民的朋友们放心，我们同光村一定不负众望，以自强不息、艰苦奋斗、勇于拼搏的精神，全力做好灾后恢复重建工作。

（5）发文单位：凤山街道同光村村委会。

（6）成文日期：2013年10月31日。

【实训分析】

该实训按照标准的感谢信结构撰写即可，即先说明受灾情况，然后说明灾后爱心人士所做的救灾工作，由于材料给出了特别感谢的名单，因此可将这个内容在救灾工作之后撰写出来，最后便是表示感谢和表达决心的内容，只需循序渐进写作即可。对于材料中没有给出的标题和称谓，前者可以直接用“感谢信”为标题，也可以“抗洪救灾感谢信”为标题，称谓由于涉及许多单位和个人，可以通过概述的方式写作，如“宁波市市级机关各部门、各兄弟乡镇（街）、企业事业单位以及社会各界爱心人士”。

思考与练习

（1）便函式介绍信与存根式介绍信的写作格式有何不同？

（2）证明信的写作格式包含哪些内容？

（3）感谢信、慰问信和表扬信有什么区别？

（4）简述邀请信的写作格式。

（5）根据以下材料撰写一篇证明信。

张××同学系××职业技术学院××级数控专业 1 班学生，现在××公司顶岗实习。由于毕业证书还未发放，该同学进入××公司实习时，对方要求出具证明信。请根据以上材料，以学校的身份为该同学撰写一篇证明信。

参考文献

[1] 方有林，娄永毅．经济应用文写作[M]．上海：复旦大学出版社，2009.

[2] 谷颖．现代实用文体写作[M]．北京：清华大学出版社，2009.

[3] 严军，袁凤英．经济应用文写作[M]．北京：对外经济贸易大学出版社，2009.

[4] 司晓辉．财经应用文写作[M]．上海：立信会计出版社，2009.

[5] 牟岩，王瑾娟．实用语文[M]．天津：南开大学出版社，2011.

[6] 王立名．财经应用文写作[M]．北京：经济科学出版社，2009.

[7] 杨先顺，等．广告文案写作原理与技巧[M]．广州：暨南大学出版社，2009.

[8] 张中伟，白波．新编应用文写作[M]．成都：西南财经大学出版社，2009.

[9] 张俊，等．应用文写作[M]．北京：北京理工大学出版社，2009.

[10] 杨柳明，梅柳．财经应用文写作教程[M]．长沙：中南大学出版社，2009.

[11] 吴为之．应用文写作教程[M]．北京：首都经济贸易大学出版社，2009.

[12] 洪威雷．大学应用文写作[M]．天津：天津大学出版社，2008.

[13] 丁晓昌．应用文写作[M]．苏州：苏州大学出版社，2009.

[14] 伟业管理咨询公司．中小公司商务文书示范文本[M]．北京：中国言实出版社，2009.

[15] 俞纪东．经济写作[M]．上海：上海财经大学出版社，2009.

[16] 闫秀荣．市场调查与市场预测[M]．上海：上海财经大学出版社，2009.

[17] 胡明扬．财经专业写作[M]．北京：中国人民大学出版社，2003.

[18] 邱心镜．公文写作与处理[M]．北京：人民卫生出版社，2013.